How to Write English s

미국 100대 기업

비즈니스
영어문서 작성법

미국 100대 기업과 그들이 쓰는
비즈니스 영어문서

1. 미국 100대 기업이란?

미국 100대 기업(뒤 페이지의 기업 명단 참고)은 다양한 산업 분야에서 거대한 집단을 이루며 미국에서 가장 큰 매출을 올리고 있는 초대형 기업들입니다. 미국 100대 기업의 매출, 미국 국내 총생산(GDP)을 차지하는 비율, 그리고 그 기업들이 제공하는 일자리 수를 고려하면, 미국에서뿐만 아니라 전 세계적으로도 어마어마한 영향력을 미치고 있는 세계적인 기업들이라고 할 수 있습니다.

2. 이들이 쓰는 비즈니스 영어문서란?

100대 기업 비즈니스맨들의 가장 주된 업무 소통 방식은 이메일, 계약서, 보고서, 견적서 등의 영어문서라고 볼 수 있습니다. 오늘날 이러한 영어문서의 비중은 세계적으로 점점 더 커지고 있습니다. 한국 비즈니스맨들 역시 각종 영어문서를 통해 이러한 외국계 기업들과 업무 소통을 해야 합니다. 비즈니스 영어문서는 그 형태가 다양하여 읽거나 작성할 때 혼동이 되는 경우가 많습니다. 즉, 문서를 보면 단어를 다 아는 것 같은데도 해석이 잘 안 되고, 문서를 작성해야 할 때 역시 어떠한 순서에 따라 어떠한 양식으로 작성해야 할지 제대로 모르는 경우가 많습니다.

3. 비즈니스 영어문서 작성법을 배워야 하는 이유는?

미국 100대 기업 비즈니스맨들이 작성하는 영어문서는 특정한 양식을 갖추고 있기 때문에, 이와 같은 양식 및 관련 표현들을 잘 알아 둬야 합니다. 본 교재에서는 이들이 다루는 다양한 문서 샘플을 소개하며 문서 작성 방법 및 문서의 뼈대, 관련 주요 표현들까지 효율적으로 학습할 수 있도록 하였습니다. 본 교재는 47개 종류의 비즈니스 영어문서와 함께 83개의 문서 샘플을 수록하였기 때문에 이 책 한 권만으로도 비즈니스 영어문서 작성법을 깨끗이 마스터할 수 있습니다. 실제 현장에서 쓰이는 문서 양식들이 풍부하게 수록되어 있기 때문에 직장에서 바로 활용하기에도 좋고, 취업을 준비하시는 분들께도 많은 도움이 될 것입니다.

Top 100 Companies

001	Walmart	036	Bank of America	071	Merck
002	Amazon	037	Johnson &Johnson	072	New York Life Insurance
003	Apple	038	Archer Daniels Midland	073	Caterpillar
004	CVS Health	039	FedEx	074	Cisco Systems
005	UnitedHealth Group	040	Humana	075	TJX
006	Exxon Mobil	041	Wells Fargo	076	Publix Super Markets
007	Berkshire Hathaway	042	State Farm Insurance	077	ConocoPhillips
008	Alphabet	043	Pfizer	078	Liberty Mutual Insurance Group
009	McKesson	044	Citigroup	079	Progressive
010	AmerisourceBergen	045	PepsiCo	080	Nationwide
011	Costco Wholesale	046	Intel	081	Tyson Foods
012	Cigna	047	Procter &Gamble	082	Bristol-Myers Squibb
013	AT&T	048	General Electric	083	Nike
014	Microsoft	049	IBM	084	Deere
015	Cardinal Health	050	MetLife	085	American Express
016	Chevron	051	Prudential Financial	086	Abbott Laboratories
017	Home Depot	052	Albertsons	087	StoneX Group
018	Walgreens Boots Alliance	053	Walt Disney	088	Plains GP Holdings
019	Marathon Petroleum	054	Energy Transfer	089	Enterprise Products
020	Elevance Health	055	Lockheed Martin	090	TIAA
021	Kroger	056	Freddie Mac	091	Oracle
022	Ford Motor	057	Goldman Sachs Group	092	Thermo Fisher Scientific
023	Verizon Communications	058	Raytheon Technologies	093	Coca-Cola
024	JPMorgan Chase	059	HP	094	General Dynamics
025	General Motors	060	Boeing	095	CHS
026	Centene	061	Morgan Stanley	096	USAA
027	Meta Platforms	062	HCA Healthcare	097	Northwestern Mutual
028	Comcast	063	AbbVie	098	Nucor
029	Phillips 66	064	Dow	099	Exelon
030	Valero Energy	065	Tesla	100	Massachusetts Mutual Life
031	Dell Technologies	066	Allstate		
032	Target	067	AIG		
033	Fannie Mae	068	Best Buy		
034	UPS	069	Charter Communications		
035	Lowe's	070	Sysco		

★★★ 100대 기업에서 활용되는 다양한 영어문서 양식 예시 ★★★

이력서

DANIEL ALMEIDA
markclark@msn.com | C: 755-7834-5684 | LINKEDIN.com/in/daniel-almeida

Summary

Ambitious and results-driven individual with strong academic credentials and substantial intern experience. Independent professional with high energy and superb communication skills.

Highlights

- Attention to detail
- People oriented
- Multitasker
- Good communicator

Experience

Rogu Ad — Chicago, IL
Ad Sales Intern — Summer 2016
- Worked closely with sales team on organizing strategic plans.
- Coordinated ad campaigns for both radio and print.

MGT Center — Springfield, IL
Sales Intern — Summer 2015
- Interacted with clients in all sales stages.
- Made outbound telephone calls to prospective clients (50 calls a day).
- Arranged orders and delivers for more than 50 clients.

Education

Maruchs College — Chicago, Illinois — 2015-2016
Marketing, — Magna Cum Laude

Activities

- Vice President, Student Bureaucracy Club, 2016
- Treasurer, Beta Gamma Honors Society, 2015-2016

근로 계약서

EMPLOYMENT CONTRACT

This Employment Contract (herein "Contract") is made effective as of February 14, 2017, by and between Rocklyn Corporation (herein "Employer") of and Rudy L. Adams (herein "Employee").

1. EMPLOYMENT. Employer hereby employs the Employee as a sales associate for the period beginning March 1, 2017 and ending on the date on which the employment is terminated. Employee agrees to devote fully to the sales affairs of the Employer's products and goods and perform his duties faithfully, industriously and to the best of Employee's ability and experience. Work hours are 40 hours a week.

2. COMPENSATION. As compensation for the services provided by Employee, Employer will pay an annual salary of $30,000 in accordance with payroll procedures.

3. CONFIDENTIALITY. Employee agrees that Employee will not at any time divulge, disclose or communicate any company confidential information to any third party without the prior written consent of Employer. A violation of this will justify legal and/or equitable action by Employer which may include a claim for losses and damages.

4. BENEFITS. Employee shall be entitled to 21 days of paid vacation and 5 days of sick leave per year.

5. TERM/TERMINATION. This Contract may be terminated by Employer upon 1 month written notice, and by Employee upon 1 month written notice.

Laura Swann
Laura Swann, HR Manager
Rocklyn Corporation (EMPLOYER)

Rudy L. Adams
Rudy L. Adams
(EMPLOYEE)

홍보 이메일

견적서

ESTIMATE

Date: September 24, 2013
Estimate #: 48131311
Valid Until: September 30, 2013
Customer ID: PI719

TIEMA

To: Pineup Corporation
2303 Liberty Avenue
Irvine, CA 92618
714-422-0076

Quantity	Description	Unit Price	Line Total
20	Tiema A4 80 gsm Office Paper (500 sheets)	$9.50	$190.00
2	Basics Stapler (with 1,000 staples)	$4.50	$9.00
		Subtotal	$ 199.00
		VAT Rate %	7.50
		VAT $	14.90
		Total $	213.90

The above information is not an invoice and only an estimate of services/goods described above. Payment will be collected in prior to provision of services/goods described in this quote.

To accept this quotation, sign here and return : _____

Thank you for your business!
Should you have any inquiries concerning this quote, please contact:
Ronald A. Hensley (530-773-9081)
[Tiema Co., Ltd.] [2484 Byers Lane Redding, CA 96001]
Phone [530-773-9069] Fax [071-114-4932] [info@tiemapaper.com] [www.tiema.com]

책의 구성 & 특징

1. 실제 현장 비즈니스 영어문서 47종 수록

현재 미국 100대 기업에서 가장 많이 통용되고 있는 채용 공고, 이력서, 추천서와 같은 고용 서류부터 시작해 보고서, 회의록, 브로셔와 같은 기본 업무 관련 서류, 그리고 각종 이메일 및 계약서에 이르기까지 다양한 종류의 비즈니스 영어문서들을 총 47종으로 정리하여 실제 작성 양식 그대로 수록해 놓았습니다.

2. 총 83개에 달하는 비즈니스 영어문서 샘플 수록

채용 공고엔 경력직 채용 공고나 신입사원 채용 공고, 이메일엔 홍보 이메일이나 항의 이메일과 같이, 문서마다 다양한 주제와 내용을 가진 문서들이 등장할 수 있습니다. 따라서 학습자들이 각기 다른 내용의 문서 샘플들을 보며 보다 폭넓게 학습할 수 있도록 비즈니스 영어문서 샘플을 최대 83개까지 수록해 놓았습니다.

3. 100대 기업 비즈니스 영어문서
작성 팁 수록

47개 종류의 비즈니스 영어문서는 내용이나 구성에 있어 각각 저만의 특징이 있고, 따라서 각문서는 그에 맞는 작성 방식에 따라 알맞게 작성되어야만 합니다. 본 교재에서는 실제 미국 기업에서 발췌한 문서들을 바탕으로 현장 실무 담당자의 조언을 함께 수록하여 보다 정확한 문서 작성법을 익힐 수 있도록 하였습니다.

4. 비즈니스 영어문서 작성을 위한 뼈대 학습

작성 방법을 익히고 난 후엔, 주어진 문서가 구체적으로 어떠한 구성과 흐름으로 작성되어 있는지 한 눈에 살펴볼 수 있도록 '문서 뼈대 차근차근 분석해보기' 코너를 함께 수록하였습니다. 수록된 문서를 '제목—서론—본론—마무리'와 같이 나누어 각 부분이 어떠한 내용을 중심으로 어떻게 작성되는지 꼼꼼히 살펴볼 수 있습니다.

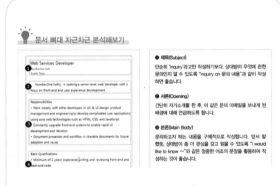

5. 주요 표현 및 어휘 모음 소책자 제공

교재에서 배웠던 비즈니스 영어문서별 주요 표현 및 어휘들을 언제 어디서든 손쉽게 훑어볼 수 있도록 '주요 표현 및 어휘 모음집 소책자'를 부록으로 제공해 드립니다(교재 뒤쪽에 수록). 소책자엔 학습한 내용을 제대로 숙지하고 있는지 스스로 확인해 볼 수 있도록 간단한 미니 퀴즈를 함께 제공합니다.

Table of Contents

목 차

미국 100대 기업 비즈니스
영어문서 작성법

—

Basic Foundation

기초 다지기

영작문의 기본 원칙

1. 비즈니스 영어문서의 5가지 원칙

❶ 명확한 목적

모든 비즈니스 문서는 목적이 명확해야 합니다. 그 이유는 비즈니스 문서를 통해 미팅 요청, 합의, 거래, 계약 등의 중요한 업무가 이루어질 수 있기 때문입니다. 따라서 문서를 받는 사람이 문서 작성자의 의도를 명확히 파악하여 그 의도에 맞게 대응할 수 있도록 목적이 명확히 드러나게끔 작성합니다.

❷ 간단명료

직장인들은 비즈니스 문서를 통해 특정 정보를 정확하게 전달하기를 원합니다. 그러기 위해서는 문서를 간단명료하게 작성해야 합니다. 문서의 내용이 길면 길수록 바쁜 직장인들은 잘 읽지 않게 됩니다. 따라서 문서는 핵심만을 살려 간단명료하게 작성해야 상대방이 제대로 읽고 잘 파악할 수 있습니다.

❸ 예상 독자의 인식

문서를 작성할 때엔 이를 받게 되는 상대방을 잘 알아야 합니다. 문서를 받게 되는 상대방이 누구인지 제대로 파악하여 오해의 소지를 만들 가능성이 있거나 기분을 상하게 할 수 있는 표현 및 용어를 자제하고, 상대방이 알아야 할 것과 몰라도 되는 것을 확실히 구분하여 문서를 작성합니다. 또한 문서를 받게 되는 대상에 따라 어조(tone), 즉 비격식인 어조와 격식을 갖춘 어조를 잘 구분하여 사용합니다.

❹ 정확함

정확한 문법, 오류 없는 철자, 제대로 된 구조의 문장으로 문서를 작성해야 합니다. 한두 가지 정도의 오류는 허용될 수 있지만, 반복되는 오류는 문서를 받는 상대방의 신뢰를 잃게 만들 수도 있습니다.

❺ 양식 주의

비즈니스 문서는 제안서, 계약서, 이메일 등 그 종류에 따라 기본적으로 사용하는 표준 양식이 있습니다. 기업 또는 국가별로 포맷이 조금 다를 수도 있지만, 일반적인 표준 양식에 따라 문서를 작성하게 되면 상대방이 내용을 보다 쉽게 이해할 수 있게 되어 내용 파악 시 혼란을 최소화할 수 있습니다.

2. 영작문의 16가지 원칙

❶ 쉬운 단어를 사용할 것

어려운 단어를 써서 영작을 해야 영작의 수준이 높아 보인다고 생각하는 사람들이 꽤 많습니다. 하지만 쉬운 단어를 사용할 수 있는데도 일부러 어려운 단어를 사용하여 영작할 필요는 없습니다.

utilize (X) → use (O)

❷ 불필요한 단어를 사용하지 말 것

비즈니스 문서라는 이유로 화려하게 보이기 위해 불필요한 단어를 추가할 필요는 없습니다.

I **have met** you yesterday. (X)

→ I **met** you yesterday. (O)

❸ 비유적인 표현을 사용하지 말 것

영어가 아닌 외국어 어구, 과학적인 표현, 비유적인 말(jargon)은 가급적 사용하지 않습니다. 특히 비즈니스 문서에 touch base, think outside the box와 같은 표현을 쓰면 상대방이 문서의 내용을 오해하게 될 가능성이 있으므로 절대로 써서는 안 됩니다.

see eye to eye (X) → agree (O)

❹ 구체적으로 쓸 것

구체적으로 작성한다는 것은 장황하게 쓴다는 것이 아니라 세부사항을 쓰는 것을 의미합니다. 예를 들어 '현재 상황'이라고 하기보다 '회사의 어려운 재정상태'와 같이 구체적으로 작성하는 것이 좋습니다.

Due to the **current situation**, (X)

→ Due to the **ongoing fraud investigation**, (O)

❺ 구두점과 대문자의 사용

마침표나 느낌표, 물음표 등을 연속으로 두 개 이상 쓰지 말고, 단어나 문장 전체를 대문자로 표기하는 것도 피합니다. 왜냐하면, 전체를 대문자로 표기하는 경우 영어권에서는 독자가 소리를 지르는 느낌을 받을 수 있고, 불편하게 여길 수 있기 때문입니다. 내용을 강조할 경우 굵은 글씨나 이탤릭체를 사용하면 좋습니다.

Would you send me the **REPORT**??? (X)

→ Would you send me the **report**? (O)

❻ 피동사와 행위동사

피동사(수동형 동사)보다 행위동사(능동형 동사)를 사용합니다. 일반적으로 '주어 – 동사 – 목적어'의 순서로 문장을 작성해야 독자들이 쉽게 읽을 수 있습니다.

The meeting **was led by** Tony. (X)

→ Tony **led** the meeting. (O)

❼ 대명사를 잘 선택할 것

대명사(you, they, me 등)를 잘 선택할 필요가 있습니다. 원어민들도 자주 실수하는 부분이 바로 me 대신 myself를 쓰는 것인데, 문장 내에서 주어와 목적어가 같으면 myself를 쓰고, 다르면 me를 사용하도록 합니다. 또한 me와 I를 혼동할 때가 많은데 주어일 땐 I, 목적어일 땐 me를 써야 합니다.

Send the memo to Jane and **myself**. (X)

→ Send the memo to Jane and **me**. (O)

Billy and **me** give you greetings. (X)

→ Billy and **I** give you greetings. (O)

❽ 주어와 동사의 수 일치

문장 속 주어와 동사의 수 일치에 주의해야 합니다. 주어가 단수 명사라면 동사에 s를 붙이고, 복수 명사라면 s를 붙이지 않습니다. 참고로 everybody, everyone, nobody, someone, each, either, neither 등이 문장의 주어로 올 경우, 이들 모두 단수로 취급하여 동사 끝에 s를 붙여야 합니다.

Everyone **know** where it is. (X)

→ Everyone **knows** where it is. (O)

❾ 관사의 사용

한국인들이 어려워하는 것 중 하나가 바로 관사입니다. 관사의 경우 부정관사 a(n), 정관사 the를 명사 앞에 붙이거나 관사를 생략하는 3가지 옵션이 있습니다. 소유격 대명사(my, your 등)나 지시 형용사(this, that 등), 숫자(two, three 등)가 나올 경우가 아니라면 위 세 가지 옵션 중의 하나를 택해야 합니다.

관사	정의	예문
a(n)	'하나의'라는 뜻을 가진 관사로서 특정한 대상이 아닌 일반적인 1개의 대상을 지칭할 때 쓰입니다. 단수 명사이면서 셀 수 있는 명사에만 사용 가능합니다.	I ate **a bananas**. (X) I drank **a water**. (X) I ate **a banana**. (O)
the	'그'라는 뜻을 가진 관사이며, 특정한 대상을 가리킬 때 쓰입니다. 단수 명사, 복수 명사, 셀 수 있는 명사, 셀 수 없는 명사에 모두 적용될 수 있습니다.	I ate **the banana**. (O) I ate **the bananas**. (O) I drank **the water**. (O)
"생략"	특정 대상을 지칭하는 것이 아닌 일반적인 복수 명사일 경우 관사를 생략합니다. 특정 대상을 지칭하는 것이 아니면서 셀 수 없는 명사일 경우에도 생략 가능합니다.	I ate **banana**. (X) I ate **bananas**. (O) I drank **water**. (O)

❿ That vs Which

문장과 문장을 연결하는 데 있어 that과 which를 정확히 쓸 줄 알아야 합니다. that은 선행사의 '필수정보'를 소개할 때, which는 선행사의 '추가정보'를 소개할 때에 씁니다.

[that + 선행사의 필수정보]
This is our only product **that** sells well right now.

[which + 선행사의 추가정보]
I'd like to introduce a new product, **which** has the potential to revolutionize the market.

⓫ Affect vs Effect

Affect와 effect는 비즈니스 문서에서 자주 등장하는 단어입니다. 단, affect는 '영향을 주다'라는 동사로 많이 쓰이고, effect는 '결과'를 의미하는 명사로 주로 쓰이니 이를 잘 알아두시기 바랍니다.

[동사로 자주 쓰이는 affect] – The weather **affected** the day's activities.

[명사로 자주 쓰이는 effect] – The new release had a great **effect** on the company's sales.

⓬ He vs She vs They

원어민들도 혼란스러워하는 부분인데, 바로 특정한 대상을 지칭하지 않는 단수형 3인칭 대명사의 성별 문제입니다. 보통 대명사 he를 사용하는 편이었는데, 성별이 다른 독자들을 의식하여 복수형 they를 많이 쓰기 시작했습니다. 하지만 이 방법에도 동의하지 못하거나 혼동하는 독자들이 많기 때문에 user, person, you 등과 같이 아예 다른 어휘를 사용하는 편이 좋습니다. he or she라고 해도 무방하지만 어수선하게 보일 수 있으니 사용을 자제하고, he/she 또는 s/he 역시 사용을 자제하는 편이 좋습니다.

If a member has enough points, **he** may receive a free gift. (X)
→ **A member** with enough points may receive a free gift. (O)
Right click **their** name and click Select. (X)
→ Right click the **user's** name and click Select. (O)

⑬ 따옴표의 위치

""와 같이 따옴표가 들어간 구문이 있는 영어 문장에서는, 문장 끝의 마침표나 쉼표가 따옴표 안에 위치하게 됩니다. 생각보다 실수가 잦은 부분이오니 주의하시기 바랍니다.

Many critics call it **"business jargon".** (X)

→ Many critics call it **"business jargon."** (O)

⑭ 숫자 표기

0부터 10까지는 문자로 표기하고, 11 이상의 수는 아라비아 숫자로 표기합니다. 단, 측정단위로 쓸 경우 10 이하의 수도 아라비아 숫자로 표기하며, 측정단위에서 백만(million)의 어림수를 표기할 경우 아라비아 숫자에 million을 붙여서 표기합니다. 이와 같은 측정단위에는 거리, 온도, 부피, 크기, 무게 등의 단위가 포함되며, kb(kilobyte), mb(megabyte) 등도 측정단위에 포함됩니다.

3 computers (X) → **three** computers (O)

eight km (X) → **8** km (O)

zero megabytes (X) → **0** megabytes (O)

five million (X) → **5** million (O)

6 **million** 980 **thousand** (X) → **6,980,000** (O)

⑮ 날짜 표기

미국에서는 날짜를 January 1, 2017 와 같이 월–일–년 순으로 표기합니다. 일(日)를 읽을 땐 '1(1일) → first'와 같이 서수(ordinal number)로 읽지만, 문서에 표기할 땐 반드시 'January 1'와 같이 아라비아 숫자(cardinal number)로 표기해야 합니다. 그리고 문서에서는 월(月)을 아라비아 숫자나 줄임말로 표기하지 않습니다. 예를 들어 3월, 4월을 '3, 4, Mar., Apr'과 같이 표기하지 않는 것이 원칙이지만 좁은 공간 등의 이유로 줄여서 표기하는 경우도 있다는 것을 알아두시기 바랍니다. 또한 유럽, 중남미, 호주 등에서는 일–월–년 순으로 날짜를 표기하니 이에 주의하시기 바랍니다.

January 1st, 2017 (X) 1/1/2017 (X) Jan. 1, 2017 (X)

January 1, 2017 (O) 12 November 2013 (O)

⑯ 시간 표기

글로벌 비즈니스 분야에서는 '오후 3시 → 15시'와 같이 24시간 표기를 쓰는 것이 좋습니다. 그 대신 자정은 24:00 아니라 0:00으로 표기합니다. 단, 미국인들은 A.M.(오전)과 P.M.(오후)을 쓰는 것을 좋아하며 이를 쓸 때엔 점을 포함해 대문자로 쓰는 것이 원칙입니다(예를 들어 pm 아니라 P.M.). 오전 12시나 오후 12시를 표기할 경우, 12:00 A.M. or 12:00 P.M.이라고 표기하면 혼동하기가 쉽기 때문에 noon(정오), 또는 midnight(자정)이라는 용어를 쓸 것을 추천합니다. 그리고 공식적인 비즈니스 문서에서는 1 o'clock과 같이 o'clock은 사용하지 않는 편이 좋으며, 다른 나라 사람과 소통 중일 때에는 시간대를 함께 표기해줘야 합니다.

The meeting is at **12:00 P.M**. (X)

→ The meeting is at **noon**. (O)

We will arrive at **1 o'clock in the afternoon**. (X)

→ We will arrive at **13:00 Pacific Time**. (O)

한국인들의 가장 흔한 영작문 실수

01. Mr. John

이메일에서 Mr./Ms. 다음에 성이 아니라 이름을 쓰는 경우가 많이 있는데, 이 뒤엔 반드시 성을 써야 합니다. Mr./Ms. 뒤에 full name(이름과 성으로)을 쓰는 것도 드물긴 하지만 문제는 없습니다.

Dear **Mr. John**, (X)

→ Dear **Mr. Reynolds**, (O)

Dear **Mr. John Reynolds**, (O)

02. I have a promise/schedule.

많은 한국인들이 어떠한 약속이나 일정이 있다고 영어로 말할 때에, '약속'이라는 뜻의 promise나 '일정'이라는 뜻의 schedule이라는 단어를 많이 씁니다. 하지만 어떠한 일정이 있다고 영어로 말할 때에는 promise나 schedule이 아닌, plans나 appointment를 쓰는 것이 옳습니다.

I have **a promise** with my boss. (X)

I have **a schedule** on Tuesday. (X)

→ I have **plans** tonight. (O)

I have **an appointment** at 8 P.M. (O)

03. Hong Gil-dong

서양에서는 이름 다음에 성이 오기 때문에, 외국인들과 소통할 때에는 '이름—성'의 형식에 따라 작성하면 좋습니다. 특히 외국인들은 한국인들의 성과 이름을 잘 구분하지 못하기 때문에 혼동을 줄이기 위해 이 같은 형식으로 쓰는 것이 좋습니다. 또한, 이름 중간에 대시(–) 기호를 넣는 것이 일반적이지만, 기호 없이 그냥 붙여 쓰기도 합니다. 단, 이름이 두 글자인 경우엔 이름 중간에 띄어쓰기를 하지 않습니다. 외국인들이 middle name으로 혼동할 수도 있기 때문입니다.

Hong Gil-dong (X)   Gil Dong Hong (X)

→ Gil-dong Hong (O)   Gildong Hong (O)

04. Kim President

한국에서는 '김 부장님, 박 과장님'과 같이, 성 다음에 직책이나 직급을 붙여서 부릅니다. 미국에서도 사람의 성에 직급을 붙여 부르는데, 주의할 것은 직급 다음에 성이 온다는 것입니다.

Kim President (X)

→ President Kim (O)

05. I'm David. vs This is David.

이메일에서 자기 이름을 소개할 때 I'm David., I am Sumin Kim.이라고 하면 틀린 표현은 아니지만 문서에 쓰기엔 어색한 표현입니다. 이런 경우엔 This is ~, 혹은 My name is ~를 쓰는 것이 좋습니다.

I'm David Choi. (X)

→ **This is** David Choi. (O)

My name is David Choi. (O)

06. Its vs It's

미국 사람들도 많이 틀리는 부분이며, it's라고 써야 하는데 its라고 잘못 쓰는 경우가 상당히 많이 있습니다. it's는 it is의 줄임말이고, its는 '그 것의'라는 뜻을 가진 소유대명사입니다. 이 둘은 뜻이 완전히 다르므로 아포스트로피를 넣을지 안 넣을지를 정확히 구분해서 써야 합니다.

Its the CEO's private folder. (X)

→ **It's** the CEO's private folder. (O)

07. Whose vs Who's

It's와 its를 헷갈려서 잘못 쓰는 것과 비슷하게, whose와 who's 역시 모양이 비슷해 헷갈려서 잘못 쓰는 실수를 범할 때가 많습니다. Whose는 who의 소유격이고, who's는 who is의 축약형입니다. 아포스트로피를 쓰고 안 쓰고 여부에 따라 엄청난 의미 차이가 생기니 항상 조심해야 합니다.

Who's contract is it? (X)

→ **Whose** contract is it? (O)

08. Lose vs Loose

Lose와 loose는 서로 모양이 비슷하여 문서 작성 시 오타를 자주 내게 됩니다. Lose는 '잃어버리다,' '지다'라는 뜻을 가진 동사이고, loose는 '풀린'이라는 뜻을 가진 형용사입니다. 철자 'o' 하나에 따라 엄청난 의미 차이를 발생시킬 수 있으니 문서 작성 시 오타에 주의해야 합니다.

Do not **loose** the keys. (X)

→ Do not **lose** the keys. (O)

09. It was nice meeting you.

누군가를 만나서 반갑다는 표현을 할 때, 아래의 두 표현을 자주 헷갈리는 경향이 있습니다. 누군가를 처음 만났을 때에는 meeting을, 아는 사람을 만났을 때에는 seeing을 써서 말해야 합니다.

[처음 만났을 때] – It was nice **meeting** you.

[아는 사람을 만났을 때] – It was nice **seeing** you.

10. Conference vs Meeting

많은 사람들이 conference를 단순히 '회의'라고 생각하여 meeting 대신 conference가 쓰는 경우가 있습니다. Meeting은 주로 사내 회의실에서 다른 직원들 및 고객들과 하는 소규모 회의를 말할 때, conference는 비교적 규모가 큰 회의, 즉 공식적인 행사를 지칭할 때 씁니다.

Why don't we have **a conference** at my office tomorrow? (X)

→ Why don't we have **a meeting** at my office tomorrow? (O)

11. Juniors, Seniors

많은 한국인들이 직장 내 후배, 선배를 지칭할 때 junior와 senior라는 용어를 사용합니다. 하지만 미국에서는 junior/senior라는 말로 후배/선배라 부르지 않고 junior engineer, senior analyst와 같이 직책/직급을 언급하며 부릅니다. 꼭 후배, 선배라 부르고 싶다면 junior/senior colleague라 부르면 됩니다.

I had a drink with my **juniors**. (X)

→ I had a drink with my **junior colleagues**. (O)

12. Expect

많은 한국인들이 look forward to와 expect가 같은 뜻이라고 오해하는 경우가 많습니다. 하지만 look forward to는 어떠한 일을 '기대한다'고 말할 때에 쓸 수 있는 표현이고, expect는 어떠한 일이 일어날 것으로 '예상한다'고 말할 때에 쓸 수 있는 표현이니, 이 둘을 잘 구분해서 써야 합니다.

I'm **expecting** to meet you. (X)
→ I'm **looking forward to** meeting you. (O)

13. Eat dinner

'저녁을 먹다'를 'eat dinner'라고 해도 의미 전달엔 큰 문제가 없습니다. 하지만 eat이라는 표현을 비즈니스 문서에서 쓰게 되면 다소 유치하게 보일 수 있으므로, eat 대신 have dinner, have breakfast 등의 표현을 써야 좀 더 격식을 갖춘 문서로 보일 수 있습니다.

We are scheduled to **eat dinner** at 6 P.M. (X)
→ We are scheduled to **have dinner** at 6 P.M. (O)

14. I have many works to do.

영어에서는 셀 수 있는 명사와 셀 수 없는 명사가 구분되어 있기 때문에 이를 잘 알아두고 써야 합니다. 특히 혼동하기 쉬운 명사엔 work, research, evidence, equipment, truth 등이 있습니다. 셀 수 없는 명사의 수량을 말할 때엔 many, few가 아니라 much, little을 써야 합니다.

I have **many works** to do. (X)
→ I have **much work** to do. (O)

15. Can I...?

어떤 것을 해도 되는지 물을 때엔 can이나 may를 쓸 수 있습니다. 하지만 can은 육체적으로 할 수 있는 것에 관해 물어볼 때 적합하므로, 이메일과 같은 비즈니스 문서에서는 may를 써야 합니다.

Can I visit your office next week? (X)
→ **May** I visit your office next week? (O)

16. ASAP

친구나 개인적으로 잘 아는 사이에선 약어를 써도 큰 문제가 없지만, 공식적인 비즈니스 문서에서는 ASAP(as soon as possible), FYI(for your information), BTW(by the way), ATTN(attention), N/A(not applicable), e.g.(예를 들어), i.e.(즉) 등의 약어 사용을 자제해야 합니다. 성의 없이 보일 수가 있을뿐더러 실제로 무슨 뜻인지 상대방이 이해하지 못할 수도 있습니다.

We need the press release **ASAP**. (X)
→ We need the press release **as soon as possible**. (O)

17. I received it well.

'잘 받았다'라는 말을 I received it well.이라고 쓰는 경우가 많은데, 이럴 때엔 well 없이 그냥 I received it.라고 쓰면 됩니다. 또한 '잘 들었다'와 같이 무엇을 해서 즐거웠다고 말할 땐 I listened to it well.이 아니라 I enjoyed listening to it.과 같이 enjoy(즐기다)를 써서 말하면 됩니다.

I **received** the package **well** today. (X)
→ I **received** the package today. (O)

18. a(n) vs the

앞서 Unit 1에서 말한 바와 같이, 관사 사용에 주의해야 합니다. 특히 한국인들은 관사를 빠뜨리는 경우가 많으므로, 명사가 나오면 a(n)나 the가 안 들어가도 되는지 여부를 꼭 확인해야 합니다.

I used **computer**. (X)

[아무 컴퓨터 1대를 쓸 때] – I used **a computer**.

[특정한 어떤 컴퓨터 1대를 쓸 때] – I used **the computer**.

19. I'm doing good.

How are you?라는 질문엔 I'm doing good.이라는 문장으로도 많이 답합니다. 하지만 이 표현은 문법을 벗어난 완전한 구어체 문장이므로, 비즈니스 문서와 같은 문서에서는 쓰지 말아야 합니다.

The company is **doing good**. (X)

→ The company is **doing well**. (O)

20. Notebook? Laptop?

최근 미국에서는 노트북 컴퓨터를 laptop이라고만 부르다가, 몇 년 전부터 notebook이라는 용어도 쓰기 시작했습니다. 제조사별로 사용하는 용어가 다른데, 예를 들어 애플 사의 노트북 컴퓨터는 notebook, HP 사의 노트북 컴퓨터는 laptop으로 표기합니다. 일반 소비자들은 이 두 용어를 구분하지 않고 사용합니다. 단, 공책과 헷갈릴 수 있는 상황에서는 notebook computer라고 정확히 써주는 것이 좋습니다.

We ordered 23 **notebooks**. (X)

→ We ordered 23 **notebook computers**. (O)

We ordered 23 **laptops**. (O)

We ordered 11 desktops and 23 **notebooks**. (O)

21. A.M. 7:30

'오전 7시 30분'과 같은 한국식 표기법을 생각하여 'A.M. 7:30'이라고 표기하는 실수를 범하지 않도록 합니다. 영어에서는 A.M.(오전)과 P.M.(오후)을 시간 뒤에 표기해야 합니다.

The seminar will be held at **P.M. 3:30**. (X)

→ The seminar will be held at **3:30 P.M.** (O)

22. Everyday vs Every day

Everyday는 매일같이 하는 일(명사)을 수식할 때 쓰는 '형용사'이며, every day는 every라는 형용사와 day라는 명사로 만들어진 단어로서, 매일 하는 활동(동사)를 수식하는 '부사'입니다.

I go to work **everyday**. (X)

→ I go to work **every day**. (O)

These are my **everyday** activities. (O)

23. 괄호 뒤에 띄어쓰기?

한국인들은 괄호를 바로 앞 단어와 붙여서 쓰는 습관이 있으나, 영어에서는 이를 띄어 써야 합니다.

It must be generated from Team Foundation **Server(TFS)**. (X)

→ It must be generated from Team Foundation **Server (TFS)**. (O)

24. My vs Our

한국인들을 소유격을 쓸 때 '우리 사장님, 우리 회사'와 같이 my보다 our를 쓰는데, 미국인들은 반대로 my를 씁니다. 따라서 our boss, our company보다는 my boss, my company라고 써야 적합합니다.

Our boss will also be there. (X)

→ **My boss** will also be there. (O)

25. 날짜에서 on 또는 in?

On은 날짜나 요일, 특정한 날 앞에 쓰고, in은 달이나 연도 앞에 쓰는 것이 원칙입니다.

[on을 쓰는 경우] – Mr. Jenkins will arrive **on** August 31.

[in을 쓰는 경우] – They will inspect the factory **in** December.

26. Especially

많은 한국인들이 부사 especially를 문장의 맨 앞에 놓는 것을 자주 볼 수 있습니다. 하지만 영어에서는 especially를 동사 앞이나 형용사 앞, 또는 문장 끝에 둡니다.

Especially, young drivers like fast cars. (X)

→ Young drivers **especially** like fast cars. (O)

  Young drivers like fast cars **especially**. (O)

27. Konglish

한국에는 수많은 콩글리시가 존재하며, 특히 비즈니스 문서에서는 이 같은 콩글리시를 사용하지 않도록 각별히 주의해야 합니다. 하단의 표를 통해 콩글리시의 정확한 표기법을 익혀보도록 합시다.

어휘	콩글리시 (X) → 올바른 영어 (O)
애프터 서비스	after service (X) → warranty service (O)
퀵서비스	quick service (X) → messenger/courier service (O)
샐러리맨	salary man (X) → white-collar worker, office worker (O)
스펙	spec (X) → qualification (O)
네임 카드	name card (X) → business card (O)
(컴퓨터의) 하드	hard (X) → hard disk drive, hard drive (O)
핸드폰	handphone (X) → cell phone (O)
화장실	toilet (X) → bathroom, restroom (O)
유에스비	USB (X) → USB flash drive, USB drive, USB stick (O)
피티	PT (X) → presentation (O)
와이셔츠	Y-shirt (X) → dress shirt (O)
노트(공책)	note (X) → notebook (O)
할인	DC (X) → discount (O)
오티	OT (X) → orientation (O)
셀프	self (X) → self-service (O)
사인	sign (X) → signature (O)

원어민들도 잘 모르는 어려운 단어를 급하게 쓰게 되면 철자가 틀리는 경우가 종종 발생합니다. 특히 비즈니스 문서 작성 시 자주 쓰이는 아래와 같은 단어들을 적을 때엔 오타에 주의하시기 바랍니다.

올바른 철자	자주 발생하는 오타 형태
accommodate	accomodate, acommodate
column	colum
committed	commited, comitted
committee	commitee
consensus	concensus
disappoint	disapoint
embarrass	embarass
immediately	imediately
independent	independant
interrupt	interupt
foreign	foriegn
forty	fourty
grateful	gratefull
guarantee	garantee
leisure	liesure
license	licence
misspell	mispell, misspel
necessary	neccessary
occasionally	occasionaly, occassionally
occurred	occured
omission	ommision, omision
personnel	personell, personel
plagiarize	plagerize
pronunciation	pronounciation
receipt	reciept
separate	seperate
successful	succesful
questionnaire	questionaire, questionnair

미국 100대 기업 비즈니스
영어문서 작성법

고용 서류

문서 샘플 1 경력직 채용 공고

○ 해석 & 어휘 p.196

Web Services Developer

NumberOne Soft

Austin, Texas

NumberOne Soft is seeking a senior-level, web developer with a focus on front-end and user experience development.

Responsibilities

• Work closely with other developers in UX & UI design, product management and engineering to develop complicated user applications using core web technologies such as HTML, CSS, and JavaScript.

• Constantly upgrade front-end systems to enable rapid UI development and iteration.

• Document processes and workflow in sharable documents for future adoption and reuse.

Basic Qualifications

• Minimum of 2 years' experience reviewing and writing front-end and back-end code.

• An expert-level grasp of HTML, CSS, and JavaScript.

• Expertise in at least one back-end language such as Node.js, Ruby on Rails or PHP.

• Strong comfort working with database programs like MongoDB or MySQL.

• Experience in building, maintaining, and supporting server environments with dedicated hosting providers.

Preferred Qualifications

• A mobile-first approach to web design.

• A habit of browser testing all of your output.

• Empathy for the users of your products and anticipation of their needs.

• Familiarity with design tools like Photoshop, Illustrator and Sketch.

Job posting은 직원을 고용하기 위한 채용 공고입니다. 특히 미국 대기업의 채용 공고 서류를 보면 "지원자격"을 중심으로 내용을 전개하되 근무환경 및 복리후생에 대한 언급은 자제하는 것을 알 수 있습니다. 외국계 기업들은 특히 "적합한 경력"을 가장 중요시하고 특별한 배경이나 근무자세, 학력사항 등은 요구하지 않는 편입니다. 신입 및 인턴 채용 공고에서는 경력보다는 "기술이나 인격"에 대한 요구사항이 있을 수 있습니다. 세계적인 대표 채용 사이트로는 Indeed.com, Monster.com, LinkedIn.com 등이 있습니다.

>> 실무 담당자의 한 마디!

담당업무와 자격요건을 중심으로 최대한 자세하게 작성합니다. 그리고 나이나 성별과 같이 경력과는 상관없는 요구사항은 자제하고, 불릿포인트를 이용하여 쉽게 읽을 수 있도록 구성합니다.

 ## 문서 뼈대 차근차근 분석해보기

Web Services Developer

❶ NumberOne Soft

Austin, Texas

---

❷ NumberOne Soft is seeking a senior-level, web developer with a focus on front-end and user experience development.

Responsibilities

❸
- Work closely with other developers in UX & UI design, product management and engineering to develop complicated user applications using core web technologies such as HTML, CSS, and JavaScript.
- Constantly upgrade front-end systems to enable rapid UI development and iteration.
- Document processes and workflow in sharable documents for future adoption and reuse.

Basic Qualifications

- Minimum of 2 years' experience reviewing and writing front-end and back-end code.
- An expert-level grasp of HTML, CSS, and JavaScript.
❹ - Expertise in at least one back-end language such as Node.js, Ruby on Rails or PHP.
- Strong comfort working with database programs like MongoDB or MySQL.
- Experience in building, maintaining, and supporting server environments with dedicated hosting providers.

Preferred Qualifications

- A mobile-first approach to web design.
❺ - A habit of browser testing all of your output.
- Empathy for the users of your products and anticipation of their needs.
- Familiarity with design tools like Photoshop, Illustrator and Sketch.

---

❶ **표제(Heading)**

가장 상단에 직무와 회사명, 근무 조건(지역, 고용 형태 등)을 기재합니다.

❷ **직무설명(Job Description)**

해당 직무에 대한 간략한 설명과 함께 주요 사항을 기재합니다. 여기엔 직무에 대한 특징을 포함시킬 수 있습니다.

❸ **담당업무(Responsibilities)**

구체적인 업무 내용을 나열합니다. 경력직 공고에서는 보다 자세하게 작성되는 경우가 많습니다.

❹ **자격요건(Basic Qualifications)**

지원자격에 있어 중요한 항목부터 나열합니다. 업무 내용과 마찬가지로 자세하게 작성합니다.

❺ **우대사항(Preferred Qualifications)**

필수 조건은 아니지만 사람을 채용하는 데 있어 회사가 특별히 추구하는 사항을 나열합니다. 추가적으로 우대사항 하단 "Education" 항목에 요구하는 학력사항을 기재할 수 있습니다.

01 ▶ be seeking ~ ~을 찾고 있다

Startup Enterprise is seeking an entry level accountant.

Startup Enterprise에서는 신입 회계사를 찾고 있습니다.

02 ▶ (have) expert-level grasp of ~ ~에 대한 전문지식

Expert-level grasp of PHP and Perl.

PHP 및 Perl에 대한 전문지식

03 ▶ (have) experience in/with ~ ~에 대한 경험

Experience in working with business associates and consultants.

동업자 및 컨설턴트와 일한 경험

04 ▶ this is a unique opportunity to ~ ~할 수 있는 특별한 기회이다

This is a unique opportunity to develop leadership skills.

리더십 기술을 개발할 수 있는 특별한 기회입니다.

05 ▶ be exposed to ~ ~에 노출되다, ~을 접하다

You'll be exposed to a broad range of actuarial work.

귀하는 광범위한 보험통계 업무에 노출될 것입니다.

06 ▶ assist with/in ~ ~을 지원

Assist with organizing analytical data.

분석 자료의 정리 지원

07 ▶ collaborate with/in/on ~ ~와 협업 (with는 사람/회사, in/on은 업무)

Collaborate with sales strategists on marketing campaigns.

마케팅 캠페인에 있어 판매 전략가들과의 협업

08 ▶ (have) familiarity with ~ ~에 대한 능숙함

Familiarity with CAD tools such as AutoCAD 360.

AutoCAD 360와 같은 CAD 툴에 대한 능숙함

Actuarial Analyst
Calloway Insurance
New York, New York

Employment type: Full-time
Experience: Entry level

Position Overview
Calloway Insurance is seeking an entry level actuarial analyst for our New York City location. This is a unique opportunity to be exposed to a broad range of actuarial work in one of the leading companies in the field.

Job Functions
• Conduct pricing analysis of individual accounts.
• Analyze data and calculate the probability of costs associated with events such as accidents, property damage, injury and death.
• Produce reports covering underlying data.
• Assist with organizing actuarial data and analytics to enhance processes and maintain a high standard of data integrity.

Requirements
• Bachelor's degree or equivalent training in actuarial science, mathematics, or statistics
• 0 to 2 years of related experience
• One or more actuarial exams passed
• Intermediate to advanced Excel skills
• SQL proficiency preferred
• Excellent problem solving skills
• Solid verbal and written communication skills

Company Description
Calloway started operations in 1921 in the field of insurance investment and now employs more than 11,000 associates worldwide.

 **문서 샘플 1** 경력직 이력서

해석 & 어휘 p.198

Mark C. Clark

2220 Conner St. Gulfport, FL 39501 | Cell: (494) 7834-5684 | markclark@msn.com

WEB CONTENT MANAGER

Senior content manager with 15 years of online marketing experience. Managed more than 150 websites for various companies.

- Growth strategies
- Multimedia experience
- Proactive e-commerce
- Superior collaboration
- Cross-media expertise
- Customer service oriented

PROFESSIONAL EXPERIENCE

Webgem Corporation   **Jacksonville, FL**
Senior web content manager   **20×× - Present**
- Increased web traffic 40% in first six months.
- Reduced online marketing costs by 12%.
- Developed and designed company staff portal.

Web consultant   **20×× - 20××**
- Advised and improved traffic for 22 Fortune 500 companies and numerous startup companies.
- Worked with marketing team in search engine optimization (SEO).

Digital A Company   **Tampa, FL**
Web analyst   **20×× - 20××**
- Analyzed online marketing data for new business opprtunities.
- Optimized more than 200 professional websites.

EDUCATION

Information Technology, 20××. University of Colorado, Boulder, Colorado

TECHNICAL SKILLS

Proficient in CMS, Sitefinity, Ektron, XML, and CSS.

미국 100대 기업 문서 작성 팁!

Resume는 입사 지원을 위해 제출하는 서류, 즉 "이력서"를 뜻합니다. 경력직 이력서의 경우 경력사항 위주로 작성해야 하며, 신상정보는 자제하고 숫자를 기반으로 최대한 자세하게 기술하는 것이 좋습니다. 또한 채용 공고에 뜨는 키워드 및 회사가 찾는 자격, 기술, 경력을 이력서에 포함시키는 것이 유리합니다. 신입(entry level)일 경우 상대적으로 학력사항을 좀 더 봅니다. 3인칭 주어로 작성하는 것이 기본이며, 요즘엔 Contact Information, Summary, Highlights, Experience, Education, Other 순으로 작성합니다.

>> 실무 담당자의 한 마디!

읽기 쉬운 레이아웃으로 가급적 한 장 이내로 작성하고 오타, 문체 등을 정확히 확인합니다. 너무 평범해 보이지 않도록 색을 조금 넣거나 링크드인(LinkedIn) 링크를 추가하면 이력서를 좀 더 부각시킬 수 있습니다.

문서 뼈대 차근차근 분석해보기

---

❶
Mark C. Clark
2220 Conner St. Gulfport, FL 39501 | Cell: (494) 7834-5684 | markclark@msn.com

WEB CONTENT MANAGER

❷ Senior content manager with 15 years of online marketing experience. Managed more than 150 websites for various companies.

❸
- Growth strategies
- Multimedia experience
- Proactive e-commerce
- Superior collaboration
- Cross-media expertise
- Customer service oriented

PROFESSIONAL EXPERIENCE

Webgem Corporation   Jacksonville, FL
Senior web content manager   20×× - Present
- Increased web traffic 40% in first six months.
- Reduced online marketing costs by 12%.
- Developed and designed company staff portal.

❹ **Web consultant**   20×× - 20××
- Advised and improved traffic for 22 Fortune 500 companies and numerous startup companies.
- Worked with marketing team in search engine optimization (SEO).

Digital A Company   Tampa, FL
Web analyst   20×× - 20××
- Analyzed online marketing data for new business opprtunities.
- Optimized more than 200 professional websites.

❺
EDUCATION
Information Technology, 20××. University of Colorado, Boulder, Colorado

❻
TECHNICAL SKILLS
Proficient in CMS, Sitefinity, Ektron, XML, and CSS.

---

❶ 연락처(Contact Information)

이름, 집 주소, 전화(휴대폰)번호, 이메일 주소 등을 기재합니다. 최근에는 링크트인(LinkedIn) 프로필의 링크를 명시하기도 합니다

❷ 간단 프로필(Summary)

지원하는 직무, 본인의 경력 및 특기를 기재합니다.

❸ 핵심사항(Highlights)

이 부분은 Qualities, Areas of Expertise 등으로도 표기가 가능하며, 여기서는 자신의 특기나 장점을 기재합니다.

❹ 경력사항(Experience)

회사명, 근무지, 직책, 기간, 실적 등을 상세히 기재합니다.

❺ 학력사항(Education)

학교명, 위치, 전공, 졸업 연도를 기재합니다. 경력이 다소 빈약한 경우 학내 활동사항 및 학점, 우등 졸업 여부를 구체적으로 명시하면 좋습니다.

❻ 기타(Other)

이 부분에선 본인의 기량 및 소유하고 있는 자격증, 수상경력, 사회활동 등을 기재합니다. 직무와 관련 없는 사항이나 운전면허증과 같은 평범한 자격증은 기재하지 않는 것이 좋습니다.

01 ▶ **with ~ year(s) of ~ experience** ~년의 ~ 경력을 가진
Senior accountant **with** 10 **years of** fund managing **experience**.
자금관리 경력 10년의 선임 회계사

02 ▶ **increase web traffic/revenue by ~** 웹트래픽/수익을 ~까지 증가시키다
Increased revenue by 30% for all company products.
회사 전 제품의 수익을 30% 증가시킴.

03 ▶ **reduce costs by ~** 비용을 ~까지 감소시키다
Reduced marketing **costs by** over 20% in one quarter.
1/4 분기 마케팅 비용을 20% 이상 감소시킴.

04 ▶ **graduate from ~** ~을 졸업하다
Graduated from Seohan University with a degree in physics.
물리학 전공으로 서한대학교 졸업

05 ▶ **build rapport with ~** ~와 친분을 형성하다
Built rapport with local clients for future business opportunities.
미래 사업 기회 도모를 위한 지역 고객들과의 친분 형성

06 ▶ **(be) responsible for** ~을 담당하다
Responsible for writing reports and correspondence for senior management.
경영진을 위한 보고서 및 서신 작성을 담당

07 ▶ **meet/achieve/exceed sales goals** 매출 목표를 충족/달성/초과하다
Met sales goals for first half of **20××**.
20××년도 상반기 매출 목표 달성

08 ▶ **proficient in ~** ~에 능숙
Proficient in Excel and creating spreadsheets.
엑셀과 스프레드시트 작성에 능숙

DANIEL ALMEIDA

daniel@maruchs.edu | C: (755) 7834-5684 | LINKEDIN.com/in/daniel-almeida

Summary

Ambitious and results-driven individual with strong academic credentials and substantial intern experience. Independent professional with high energy and superb communication skills.

Highlights

- Attention to detail
- People oriented

- Multitasker
- Good communicator

Experience

Rogu Ad   **Chicago, IL**

Ad Sales Intern   **Summer 20××**

- Worked closely with sales team on organizing strategic plans.
- Coordinated ad campaigns for both radio and print.

MGT Center   **Springfield, IL**

Sales Intern   **Summer 20××**

- Interacted with clients in all sales stages.
- Made outbound telephone calls to prospective clients (50 calls a day).
- Arranged orders and deliveries for more than 50 clients.

Education

Maruchs College   **Chicago, Illinois**   **20××-20××**

Marketing   Magna Cum Laude

Activities

- Vice President, Student Bureaucracy Club, 20××
- Treasurer, Beta Gamma Honors Society, 20××-20-××

Diana Gardner
Virtual Sales Account Manager at Utley

Utley • Indiana State University

Evansville, Indiana • 500+ &

Send inMail   Connect

I graduated from the Scott College of Business at Indiana State University with a degree in business administration. I recently joined Utley Systems through the CRAD program and am currently working with and learning account management.

Experience

Virtual Sales Account Manager
Utley Systems
Dec 20×× – Present • 5 mos
Evansville, Indiana
As a Virtual Sales Account Manager in Evansville I drive business in the entire Midwestern region. My responsibilities include:
• Cultivate client relationships and consult with decision makers of small businesses and Fortune 500 companies to achieve their business objectives
• Sales forecasting on a weekly basis

Associate Sales Representative
Kay Fusion Inc.
Jan 20×× – Dec 20×× • 2 yrs
Bloomington, Indiana
• Built rapport with potential clients online and through personal visits
• Responsible for timely billing and processing of 75% of company revenue
• Exceeded yearly sales goals for both 20×× and 20××

Education

Indiana State University
B.S. in Business Administration, Scott College of Business
20××-20××
Dean's List 20××-20××

Diana Gardner

가상 판매 계정 관리자

Utley · 인디애나주립대학교

인디애나 에반스빌 · 500명 이상(인맥)

InMail 보내기 / 1촌 맺기

저는 경영학 전공으로 인디애나주립 경영대학을 졸업했습니다. 저는 최근 CRAD 프로그램을 통해
Utley Systems에 입사했고 현재 계정 관리에 대해 배우며 일하고 있습니다.

경력사항

가상 판매 계정 관리자

Utley Systems

20××년 12월 – 현재 (5개월) | 인디애나 에반스빌

에반스빌에서 근무하는 가상 판매 계정 관리자로서 중서부 전 지역에서 사업을 추진하고 있습니다. 제 업무는 다음과 같습니다:

- 고객 관계 구축 및 사업 목표 달성을 위한 중소기업 및 포춘 500대 기업 의사 결정자들과 상담
- 주간 판매 실적 예측

판매원

Kay Fusion Inc.

20××년 1월 – 20××년 12월 (2년) | 인디애나 브루밍턴

- 온라인과 개인 방문을 통한 잠재 고객과의 친분 형성
- 회사 수입 75%에 대한 시기적절한 청구서 발부 및 처리
- 20××년 및 20××년 연간 판매 목표 초과

학력사항

인디애나주립대학교

경영학, Scott 경영대학

20××–20××

우등상 20××–20××

---

virtual sales 가상 판매
business administration 경영학
recently 최근에
account management 계정 관리
drive business 사업을 추진하다
business objective 사업 목표

sales forecasting 판매 예측
weekly basis 주간의
rapport 친분
timely 시기적절한
Dean's list 학장의 명단(우등생 명단)

 문서 샘플 1 경력직 커버레터

○ 해석 & 어휘 p.200

Gregory Jenkins

3326 Chatham Way, College Park, MD 20741

Cell: (522) 3737-4576

mjenkins@mail.com

Dear Mr. Ken Hillman,

I read with great interest your posting at AngelList for a new network engineer and would like to apply for the job as I'm eagerly pursuing a career in computer networks.

I found Geodirect's model of network streamlining innovative and intriguing. In particular, I have great interest in your firm's use of the latest hardware and security technology in building network infrastructures.

I am currently working as a network technician in the D.C. area and have experience troubleshooting and resolving network issues. One of my areas of expertise is problem solving and would like to continue in this line of work in the future. I believe this skill would be a great asset to your company.

I've attached my resume for your review. Please contact me if you have any questions. I look forward to hearing from you.

Sincerely,

Gregory Jenkins

Cover letter는 입사지원 시 편지 형식으로 작성하여 이력서와 함께 제출하는 문서입니다. 기본적인 목적은 인사 담당자에게 자신을 소개하는 것이지만, 본인이 해당 포지션에 가장 적합한 사람이라는 것을 어필하고자 하는 목적이 큽니다. 대부분의 인사 담당자들은 커버레터를 이력서만큼 중요시하진 않지만 꼼꼼히 읽는 담당자도 있기 때문에 잘 쓸 필요가 있습니다. 커버레터를 쓸 땐 이력서의 내용을 단순 반복하기보단, 이력서엔 드러나지 않았던 내용까지 보완할 수 있는 방향으로 작성하는 것이 좋습니다.

>> 실무 담당자의 한 마디!

딱딱하게 쓰기보단 자유롭게 자신의 강점 및 해당 포지션에 대한 열정이 드러날 수 있도록 작성합니다. 직무 관련 활동 및 경력을 중심으로 인사 담당자의 관심을 충분히 끌 수 있도록 흥미롭게 작성하면 좋습니다.

 문서 뼈대 차근차근 분석해보기

Gregory Jenkins

3326 Chatham Way, College Park, MD 20741

Cell: (522) 3737-4576

mjenkins@mail.com

❷ Dear Mr. Ken Hillman,

❸ I read with great interest your posting at AngelList for a new network engineer and would like to apply for the job as I'm eagerly pursuing a career in computer networks.

❹ I found Geodirect's model of network streamlining innovative and intriguing. In particular, I have great interest in your firm's use of the latest hardware and security technology in building network infrastructures.

I am currently working as a network technician in the D.C. area and have experience troubleshooting and resolving network issues. One of my areas of expertise is problem solving and would like to continue in this line of work in the future. I believe this skill would be a great asset to your company.

❺ I've attached my resume for your review. Please contact me if you have any questions. I look forward to hearing from you.

❻ Sincerely,

Gregory Jenkins

---

❶ 연락처(Contact Information)

이력서와 같이 이름, 주소, 전화번호, 이메일 주소 등을 기재합니다.

❷ 받는 사람(Recipient)

Dear Mr./Ms.로 시작하여 이 뒤에 담당자의 이름을 기재합니다. 이름을 모를 경우 Dear Hiring Manager(채용 담당자)과 같이 작성합니다. 참고로 To Whom It May Concern과 Dear Sir or Madam은 구식이라 요즘엔 잘 사용하지 않습니다.

❸ 서론(Opening)

눈길을 끌 수 있는 문구로 서문을 열며 간단한 자기소개와 함께 지원 이유를 언급하도록 합니다.

❹ 본론(Main Body)

본인이 회사에 어떻게 기여할 수 있고 해당 포지션에 본인이 왜 적합한지 설명합니다. 지원 회사에 관한 자신의 지식 및 관련 경력을 언급하는 것도 좋습니다.

❺ 결론(Conclusion)

입사에 대한 희망, 또는 이를 읽는 담당자에게 감사를 표하며 연락을 기다리겠다는 내용으로 정리합니다.

❻ 마무리(Closing)

Sincerely,가 가장 흔하며 그 외에 Regards, Yours truly, 등의 문구를 쓰며 마무리합니다.

01 **be excited/thrilled to apply** 지원하게 되어 기쁘다

I **am thrilled to apply** for your firm as a health care technician.

의료 기사로서 귀사에 지원하게 되어 기쁩니다.

02 **be currently working as ~** 현재 ~으로 근무하고 있다

I **am currently working as** a receptionist at Ritzy Hotel.

저는 Ritzy 호텔에서 접수원으로 근무하고 있습니다.

03 **one of my areas of expertise is ~** 저의 전문분야 중 하나는 ~이다

One of my areas of expertise is designing professional banners.

저의 전문분야 중 하나는 비즈니스 현수막 디자인입니다.

04 **continue (in) this line of work** 이 (분야의) 일을 지속하다

I would to **continue in this line of work** in the near future.

가까운 장래에 이 분야의 일을 계속해서 하고 싶습니다.

05 **as a recent graduate of ~** ~의 최근 졸업생으로서

As a recent graduate of Brown University I know the area very well.

브라운대학교의 최근 졸업생으로서, 저는 그 지역에 관해 잘 알고 있습니다.

06 **one of my responsibilities is ~** 저의 담당업무 중 하나는 ~이다

One of my responsibilities was selling ads to local businesses.

저의 담당업무 중 하나는 지역 기업에 광고를 판매하는 것이었습니다.

07 **I learned how to ~** ~하는 법을 배우다

I **learned how to** use Office Suite at my previous company.

저는 전 직장에서 Office Suite 활용법을 배웠습니다.

08 **be a great asset to ~** ~에 큰 자산/강점/인재가 되다

I will work feverishly to **be a great asset to** your company.

귀사에 유용한 인재가 될 수 있도록 열심히 일하겠습니다.

Jung-hwan Kim

2F, 397 Sungam-ro, Mapo-gu, Seoul, 03930

Cell: 010-3737-4576

junghwan173@mail.co.kr

Dear Hiring Manager,

My name is Jung-hwan Kim and I'm excited to apply for a position as an entry-level journalist at *Financial Times*.

As a recent graduate of Gangnam University I worked as the editor-in-chief of my school newspaper. One of my many responsibilities was ad sales which opened my eyes to margin and profit. I learned how to create, manage, and maintain professional relationships with business owners around our campus.

I really enjoy reading the advice section on the *Financial Times*. It's got a great blend of modern tips, many of which I've taken to heart. I've already thought of my own tips that I could share if I were to contribute to the section.

Please review my attached resume for additional details regarding my activities and achievements. Thank you for your time and consideration.

Best regards,

Jung-hwan Kim

 문서 샘플 1 채용 추천서

○ 해석 & 어휘 p.202

Dear Mr. Lee,

It's my absolute pleasure to recommend Alice Curtis for the assistant HR manager position with your firm. Alice and I worked together at The Terra Company, where I was her manager and direct supervisor from 20×× to 20××.

I thoroughly enjoyed working with Alice in the HR department due to her dependability and hard-working attitude. She has great people skills and has an eye for spotting talented workers. Her educational background was a huge advantage to us as she was responsible for staff training. She developed an effective in-house training program that we still use to raise morale of our employees. She's a true team player and has always inspired those around her.

I highly recommend Ms. Curtis to your team. I'm positive that she will be a valuable addition to your company. Please feel free to contact me at 555-153-4557 or by email if you have any future questions regarding her qualifications and experience.

Best wishes,

Calvin Kuhlman
Director of Human Resources
The Terra Company

미국 100대 기업 문서 작성 팁!

Recommendation letter 또는 reference letter는 특정 인물의 채용, 학교 입학, 장학금 혜택 등을 장려하기 위해 해당 인물의 특기, 재능, 기술 등을 평가하고 추천하는 내용을 담은 편지입니다. 이 서신은 보통 추천 인물과 함께 많은 시간을 보낸 전 직장 상사 및 교수, 동료 등이 작성합니다. 기업들이 추천서를 요구하는 경우는 그리 많지 않지만, 대학이나 대학원에서는 요구하는 경우가 종종 있습니다. 객관적인 의견을 요구하기 때문에 추천서를 작성할 시엔 추천사항의 증거가 되는 세부사항까지 포함시키면 좋습니다.

>> 실무 담당자의 한 마디!

보다 알찬 추천서 작성을 위해 지원자에게 샘플 초안, 이력서, 채용 공고 등을 보내달라고 요청하십시오. 또한 지원자를 잘 안다는 것을 입증할 수 있도록 지원자와 관련된 사건이나 스토리를 중심으로 작성하면 좋습니다.

 문서 뼈대 차근차근 분석해보기

---

❶ Dear Mr. Lee,

❷ It's my absolute pleasure to recommend Alice Curtis for the assistant HR manager position with your firm. Alice and I worked together at The Terra Company, where I was her manager and direct supervisor from 20×× to 20××.

❸ I thoroughly enjoyed working with Alice in the HR department due to her dependability and hard-working attitude. She has great people skills and has an eye for spotting talented workers. Her educational background was a huge advantage to us as she was responsible for staff training. She developed an effective in-house training program that we still use to raise morale of our employees. She's a true team player and has always inspired those around her.

❹ I highly recommend Ms. Curtis to your team. I'm positive that she will be a valuable addition to your company. Please feel free to contact me at 555-153-4557 or by email if you have any future questions regarding her qualifications and experience.

❺ Best wishes,

Calvin Kuhlman
Director of Human Resources
The Terra Company

---

❶ 받는 사람(Recipient)

Dear Mr./Ms.로 시작하여 이 뒤에 받는 사람의 이름을 기재합니다.

❷ 서론(Opening)

지원자를 어떻게 아는지, 지원자와 얼마 동안 같이 근무했는지, 그리고 지원자와 어떤 관계였으며 그를 직접 관리했는지 여부도 언급합니다.

❸ 본론(Main Body)

본론에서는 추천하는 사람의 강점, 특기, 자질 및 기술 등에 관해 언급합니다. 지원자를 추천하는 이유에 대해 설명하며 가급적 증거가 될 수 있는 구체적인 사례까지 함께 언급하도록 합니다.

❹ 결론(Conclusion)

지원자를 적극적으로 추천한다는 것을 다시 한번 강조하며 지원자가 회사에 귀중한 직원이 될 것이라는 말로 마무리합니다. 여기서 담당자가 연락할 수 있는 연락처를 남기는 것도 좋습니다.

❺ 마무리(Closing)

Best wishes, 등의 인사와 함께 자신의 이름 및 직책, 소속 기관 등을 기재하며 마무리합니다.

01 **It's my pleasure to recommend ~** ~을 추천하게 되어 기쁘다
It's my pleasure to recommend Josh Lim to your organization.
귀사에 Josh Lim 씨를 추천하게 되어 기쁩니다.

02 **enjoy working with ~** ~와 즐겁게 일하다
I **enjoyed working with** Ms. Kime during my time at Intel.
저는 Intel 사에서 Kime 씨와 함께 즐겁게 일하였습니다.

03 **have great people skills** 대인관계를 잘 맺다
John surely **has great people skills**.
John 씨는 대인관계가 매우 좋습니다.

04 **has an eye for ~** ~을 보는 눈(안목)이 있다, ~에 감각이 있다
She **has an eye for** finding good employees.
그녀는 좋은 인재를 보는 안목을 갖고 있습니다.

05 **have known ~ for ~ years** ~년간 알아 오다
I **have known** Ms. Ewing **for** two **years**.
저는 Ewing 씨를 2년 동안 알고 지내왔습니다.

06 **go the extra mile** 특별히 애를 쓰다(노력하다)
Jake always **goes the extra mile** to please his boss.
Jake 씨는 늘 상사를 만족시키기 위해 노력합니다.

07 **build trust with ~** ~의 신뢰를 얻다
He strives to **build trust with** contractors and clients alike.
그는 도급업자와 고객의 신뢰를 얻기 위해 노력합니다.

08 **be eager to learn ~** ~을 배우고(공부하고) 싶어하다
Minhee **is eager to learn** about the poultry business.
민희 씨는 가금업에 대해 공부하고 싶어합니다.

Trinity University, College of Business

Admissions - Executive MBA Program

4495 Glendale Avenue

Pomona, CA 91766

Dear Admissions Committee,

I'm writing to recommend Darius Choi for admission into Trinity University's Executive MBA program. I have known Darius for more than six years as he and I worked together as colleagues at the UP's Pacific Branch here in Seoul.

He was a unique worker in that he always went the extra mile to build trust with clients. As a result he oversaw 110% sales growth in his last three years here. Prior to that, he helped organize our accounting department which saved the company more than $22,000 in annual operating expenses.

During the years I've known him as a colleague he always energetic, optimistic and eager to learn. It is my belief these qualities would make him an outstanding student for your program. Please feel to contact me at any point should you have questions about this recommendation.

Best regards,

Seo-young Hwang

Business Plan Manager

UP, Pacific Branch (Seoul, Korea)

미국 100대 기업 비즈니스
영어문서 작성법

PART 3

—

Basic Work Documents

기본 업무 서류

 **문서 샘플 1** 팩스 표지

● 해석 & 어휘 p.204

St. Paul Health Services

Geriatric Consult Team
Westland Office
St. Paul, MN 9524
Phone : 070-393-4800
Fax : 070-393-4880

FAX COVER SHEET

www.stpaulhealthservices.org

Date: *June 6, 20×x*

Pages: *5*
(Including cover sheet)

To
Name: *James E. Walden*
Fax: *070-7836-4880*
Phone:

From
Name: *Michael Loza*
Fax: *070-393-4880*
Phone: *070-393-4844*

Message: (Please do <u>NOT</u> include confidential or personally identifiable information on the cover sheet.)

James,

Here's a copy of the signed sales agreement. This is to confirm that we agree to the conditions that you laid out yesterday. Please let me know if you need anything else.

Mike

미국 100대 기업 문서 작성 팁!

Fax(팩스)는 전화선을 이용하여 문서의 복사본을 전송하는 전자 통신 기술입니다. 이메일 등의 등장으로 사용 빈도수가 줄었지만 기업 간엔 아직도 팩스를 많이 사용합니다. 특히 서명이 포함된 문서를 전송할 때에 팩스를 많이 활용합니다. 최근엔 인터넷을 활용한 eFax(인터넷 팩스)도 생겨 팩스기기 대신 PC를 통해 보다 손쉽게 문서를 확인할 수 있고, 전화 비용까지 줄일 수 있습니다. 기본적으로 팩스에는 발신자, 발신 목적, 팩스번호 등이 들어가야 하므로 팩스에 fax cover sheet(팩스 겉장)를 포함시키는 것이 좋습니다.

>> 실무 담당자의 한 마디!

팩스 겉장이 꼭 필요한 것은 아니지만 수신자가 답장을 할 수 있도록 팩스번호가 포함된 연락처를 어디든 기재하면 좋습니다. 특히 처음 보내는 팩스라면 이름, 전화번호, 팩스번호 등을 기재하는 것이 기본입니다.

 문서 뼈대 차근차근 분석해보기

St. Paul Health Services

Geriatric Consult Team   FAX COVER SHEET
Westland Office
❶ St. Paul, MN 9524
Phone : 070-393-4800
Fax : 070-393-4880

www.stpaulhealthservices.org

❷ Date: *June 6, 20xx*   Pages: 5
(Including cover sheet)

To	From
Name: *James E. Walden*	Name: *Michael Loza*
Fax: *070-7836-4880*	Fax: *070-393-4880*
Phone:	Phone: *070-393-4844*

❸

Message: (Please do <u>NOT</u> include confidential or personally identifiable information on the cover sheet.)

James,

❹ *Here's a copy of the signed sales agreement. This is to confirm that we agree to the conditions that you laid out yesterday. Please let me know if you need anything else.*

Mike

---

❶ 회사 정보(Company Information)

보내는 사람의 회사명, 주소, 전화번호, 팩스번호 등을 기재합니다.

❷ 날짜와 페이지 수(Date & Pages)

팩스를 보내는 날짜 및 팩스 겉장까지 포함한 전체 페이지 수를 기재합니다.

❸ 수신자와 발신자(To & From)

수신자 및 발신자의 이름과 연락처(팩스번호, 전화번호)를 기재합니다. 수신자가 회신을 보낼 수 있도록 발신자의 팩스번호를 반드시 기재합니다.

❹ 메시지 내용(Message)

팩스로 보내는 문서의 목적이 무엇인지 상세히 작성합니다. 여기서 발신자가 발송한 문서와 관련된 특별한 조치나 답장을 수신자에게 요청할 수도 있습니다.

01 here's a copy of ~ ~의 사본을 보내다
Here's a copy of the receipt that you requested.
요청하신 영수증의 사본을 보내드립니다.

02 let me know if ~ ~의 경우 연락 주세요
Let me know if you have any questions.
문의사항이 있으실 경우 연락 주시기 바랍니다.

03 serves as a(n) ~의 역할을 하다, ~이다
This letter **serves as a** response to your latest request.
이 서신은 최근 귀하의 요청에 관한 회신입니다.

04 inquiry/letter/request dated ~ (날짜)에 보낸 문의/편지/요청
This is to reply to your **letter dated** May 15, 20××.
이것은 귀하의 20××년 5월 15일자 서신에 대한 답장입니다.

05 if you need anything else 추가적으로 필요한 것이 있으면
Please contact me **if you need anything else**.
추가적으로 필요한 것이 있으실 경우 연락 바랍니다.

06 be of any further assistance 도움이 되다
Please let me know if I can **be of any further assistance**.
제가 무엇이든 도움이 될 수 있다면 연락 주시기 바랍니다.

07 this is to confirm ~ 이것(서신)은 ~을 확인하기 위한 것이다
This is to confirm that the price in the quote is our best offer.
본 서신은 견적서 표기 가격이 저희 측 최선의 가격임을 확인시켜드리기 위한 것입니다.

08 lay out conditions 조건을 제안하다(표시하다)
The **conditions are laid out** in the last page.
마지막 장에 조건이 표시되어 있습니다.

Centralnet Mutual

4210 Emma Street
Clovis, TX 88101

Telephone: (350) 388-6931
Fax: (350) 388-6930
www.centralnetmutual.com

October 13, 20××

Kathleen Long
Sentinnel News
3757 Ocala Street
Orlando, FL 32805

Dear Ms. Long:

This letter serves as a response to your inquiry dated October 10, 20×× on Centralnet Mutual's holding of certain documents.

1. Paper copy of electronics waste disposal and recycling contracts for 20××, 20×× and 20××.
   - **Centralnet Mutual no longer holds copies of such contracts for those years.**

2. Paper copy of hard drive disposal contracts for 20××, 20×× and 20××.
   - **Centralnet Mutual no longer holds copies of such contracts for those years.**

Please let me know if I can be of any further assistance.

Best regards,

Wallace Amos

Wallace V. Amos
Director, Audit Office
Centralnet Mutual

문서 샘플 1 분석 보고서

● 해석 & 어휘 p.206

COMPANY DRESS CODE ANALYSIS
Lynn M. Lowe - Human Resources Department
April 11, 20××

Table of Contents
Objective
Current Status
Analysis
Recommendation

Objective
The objective of this report is to report the findings of our review of the company dress code and make recommendations based on those findings.

Current Status
The company currently requires that all employees adhere to a strict formal dress code. This is to establish a professional working environment made necessary by the frequency of visits from clients, contractors and partners. Permissible attire includes suits, sports jackets, pants and skirt suits that are appropriate to a formal business setting.

Analysis
Outside of the Sales Department there isn't a great frequency of meetings with outside clients and partners. Workers seem to be genuinely uncomfortable with formal dress and have an assertion that a more casual code would raise worker morale and foster more freedom and creativity in the workplace. An anonymous survey conducted on April 2, 20×× reveals that a vast majority of employees, 83%, prefer a more casual dress code in the workplace.

Recommendation
The HR Department recommends that the dress code for the company be revised from formal dress to business casual for all employees. Business casual refers to suits, pants, jackets, shirts, skirts and dresses that, while not formal, are appropriate for a business environment. We trust that employees will use good judgment in determining what's appropriate and not appropriate for the workplace. Workers who wear attire that is deemed inappropriate or unprofessional will be dealt with on an individual basis.

미국 100대 기업 문서 작성 팁!

Report(보고서)는 특정 업무 현황이나 진행사항, 또는 연구 및 검토 결과를 보고하기 위해 작성하는 문서입니다. 보고서의 종류는 informational report, expense report, progress report, appraisal report, recommendation report, sales report, project report, handover report 등으로 다양합니다. Report는 상대방에게 회신을 요청할 수도, 안 할 수도 있으며 Report별로 목적이 상이할 수 있습니다. 단, Report는 누군가에게 정보를 전달한다는 공통의 목적이 있으므로 무엇보다도 내용을 잘 정리하는 것이 중요합니다.

>> 실무 담당자의 한 마디!

업무상 Report는 표준적인 형식에 맞추는 것보다는 받는 이가 알아야 할 내용을 정확하고 구체적으로 기술하는 것이 중요합니다. 즉, 전달하고자 하는 내용의 요약문을 최대한 명확하게 작성한다고 보면 됩니다.

문서 뼈대 차근차근 분석해보기

---

❶
COMPANY DRESS CODE ANALYSIS
Lynn M. Lowe - Human Resources Department
April 11, 20××

Table of Contents
Objective
❷ Current Status
Analysis
Recommendation

Objective
The objective of this report is to report the findings of our review of the company dress code and make recommendations based on those findings.

Current Status
The company currently requires that all employees adhere to a strict formal dress code. This is to establish a professional working environment made necessary by the frequency of visits from clients,
❸ contractors and partners. Permissible attire includes suits, sports jackets, pants and skirt suits that are appropriate to a formal business setting.

Analysis
Outside of the Sales Department there isn't a great frequency of meetings with outside clients and partners. Workers seem to be genuinely uncomfortable with formal dress and have an assertion that a more casual code would raise worker morale and foster more freedom and creativity in the workplace. An anonymous survey conducted on April 2, 20×× reveals that a vast majority of employees, 83%, prefer a more casual dress code in the workplace.

Recommendation
The HR Department recommends that the dress code for the company be revised from formal dress to business casual for all employees. Business casual refers to suits, pants, jackets, shirts, skirts and
❹ dresses that, while not formal, are appropriate for a business environment. We trust that employees will use good judgment in determining what's appropriate and not appropriate for the workplace. Workers who wear attire that is deemed inappropriate or unprofessional will be dealt with on an individual basis.

---

❶ 표제(Heading)

보고서의 제목, 작성자, 날짜 등을 명시합니다.

❷ 목차(Table of Contents)

보고서의 목차를 기재합니다.

❸ 본론(Main Body)

본론의 뼈대를 잡은 후 각 부분에 해당하는 내용을 작성합니다. 본론의 뼈대는 보고서의 종류에 따라 그 형태가 다양할 수 있습니다. 주어진 보고서의 경우 "목적 → 현황 → 분석"의 순서로 본론이 전개되고 있습니다.

❹ 결론(Conclusion)/추천사항(Recommendation)

앞서 전개한 내용의 최종 결론을 작성합니다. 조사나 연구 보고서라면 조사 및 연구 결과를 기재하게 됩니다. 또한, 보고서에서 다룬 문제 및 사안과 관련해 결론(결과)을 바탕으로 도출한 추천사항을 제공합니다.

01 **the objective of this report is to ~** 이 보고서의 목적은 ~이다
The objective of this report is to provide a current overview of the situation.
이 보고서의 목적은 상황에 대한 현재의 개요를 알려드리는 것입니다.

02 **make recommendations based on ~** ~을 기반으로 추천을 하다
We would like to **make recommendations based on** the results of the lab test.
실험 결과를 바탕으로 추천사항을 제안하고자 합니다.

03 **(have) an assertion that ~** ~이라고 주장을 하다
Comcast **had an assertion that** the press went too far.
Comcast 사는 언론이 선을 넘었다고 주장하였습니다.

04 **be appropriate for ~** ~에 적절하다
This extreme measure **was** not **appropriate for** this plant.
이 공장엔 이와 같은 극단적인 조치가 적절치 않았습니다.

05 **occur/last from ~ to ~** ~부터 ~까지 발생하다/지속하다
The sale **lasts from** August 10 **to** 31.
세일은 8월 10일부터 31일까지 지속됩니다.

06 **recommend that ~** ~을 추천하다
The committee **recommends that** the dress code be modified.
위원회에선 복장 규정을 조정할 것을 추천합니다.

07 **be well executed** 잘 실행되다
Walmart's marketing strategy **was well executed** on many levels.
월마트의 마케팅 전략이 여러 측면에서 잘 실행되었습니다.

08 **be dealt with** 처리되다, 다루어지다
Rule breakers will **be dealt with** severely.
규칙 위반자들은 엄중하게 처리될 것입니다.

After Action Review
Department of Environmental Protection
U.S. Oil and Refining
October 21, 20××

This report provides an After Action Review (AAR) of the Tacoma refinery fire incident and makes follow-up recommendations. The incident occurred from February 13, 20×× to February 16, 20×× at the Tacoma refinery in Tacoma, Washington.

This AAR contains four sections:
1. Summary of the Incident
2. Cause of the Incident
3. Effectiveness of the Response
4. Recommendations to Prevent Future Incidents

1. Summary of the Incident
On Tuesday, February 13, 20×× at approximately 0850, leaking of natural gas was discovered at the 9D tank. A fire soon broke out after about 20 minutes at 0910. At 0934, Gas Fire Control (GFS) was contacted for help. GFS staff began to arrive at the incident site at roughly 1100. Due to the continuous leak of gas the fire was only brought under control by 1300 on February 16.

2. Cause of the Incident
After a thorough investigation, the GFS investigative committee made the conclusion that the incident was caused by too much pressure in the 9D tank which allowed large quantities of methane gas to be emitted thus igniting the fire.

3. Effectiveness of the Response
GFS's response was well executed. Initial arrival was within two hours of the incident. Once they arrived, responders secured the site and addressed immediate safety concerns. However there were not enough personnel at the emergency site at least in the first few critical hours to properly combat the situation.

4. Recommendations to Prevent Future Incidents
a. The Department of Environmental Protection should develop a separate response protocol for major fire incidents. The protocol should identify and address proper emergency standards and measures.
b. A regular check-up should be started and maintained by the quality staff that focus on gas leaks particularly pertaining to that of methane gas.

 문서 샘플 1 월간 회의록

◎ 해석 & 어휘 p.208

Meeting Minutes

Planning Department
Monthly Team Meeting
September 13, 20××

Meeting called to order at 4:30 P.M. by meeting chair Krista Scott.

Members present
Krista Scott (chair)
Sheryl Walker
Mike Kiefer

Members not present
(none)

Approval of Minutes
Minutes from August 16, 20×× meeting approved without modification.

Motion
Motion: Chair Krista Scott made a motion to hold product testing on October 1, 20××.
Vote: 3 for, 0 opposed
Resolved: Motion carried.

Proceedings
• Monthly finance report provided by chair Krista Scott.
• Online promotion update provided by Sheryl Walker.
• Mike Kiefer announced that he had recently hired a new secretary, Georgia Denham.

Closing
October 15, 20××, 4:30 P.M. was designated as the date and time of the next meeting.

Meeting adjourned at 6:00 P.M. by meeting chair Krista Scott.

미국 **100**대 기업 문서 작성 팁!

Minutes(회의록)는 비즈니스 회의에서 이루어진 모든 내용을 작성하여 보관하는 문서입니다. 회의에 참석하지 않은 사람도 회의 내용을 한눈에 파악할 수 있도록, 회의가 이뤄진 일시부터 의결된 사항까지 상세하게 기록해야 합니다. 회의록은 상급자에게 보고하거나, 혹은 회의 내용을 참고할 수 있도록 참석자와 관계자들에게 이를 공유하기 위한 목적을 갖고 있으므로 체계적인 관리가 필요합니다.

>> 실무 담당자의 한 마디!

회의록에는 주관적인 요약이나 의견을 배제하고 회의에서 언급된 사실만을 객관적으로 기록합니다. 회의에서 결정된 사항을 증명할 수 있는 문서이기 때문에 누락된 내용 없이 정확하게 기록하는 것이 중요합니다.

 문서 뼈대 차근차근 분석해보기

Meeting Minutes

Planning Department
Monthly Team Meeting
September 13, 20××

❶

Meeting called to order at 4:30 P.M. by meeting chair Krista Scott.

Members present
Krista Scott (chair)
❷ Sheryl Walker
Mike Kiefer

Members not present
(none)

Approval of Minutes
❸ Minutes from August 16, 20×× meeting approved without modification.

Motion
Motion: Chair Krista Scott made a motion to hold product testing on October 1, 20××.
❹ Vote: 3 for, 0 opposed
Resolved: Motion carried.

Proceedings
• Monthly finance report provided by chair Krista Scott.
❺ • Online promotion update provided by Sheryl Walker.
• Mike Kiefer announced that he had recently hired a new secretary, Georgia Denham.

Closing
October 15, 20××, 4:30 P.M. was designated as the date and time of the next meeting.
❻
Meeting adjourned at 6:00 P.M. by meeting chair Krista Scott.

---

❶ 표제(Heading)
회의의 제목, 회의가 진행된 날짜 및 시작 시간 등을 기록합니다.

❷ 참석자/불참자 명단(Attendees/Absentees List)
참석자와 불참자의 이름을 모두 기록합니다. 때에 따라 참석자와 불참자의 직책도 함께 기록하게 됩니다.

❸ 회의록 승인(Approval of Minutes)
참석자들이 회의록에 이상이 없다는 것을 확인하고 승인합니다.

❹ 발의(Motion)
발의가 있으면 발의가 된 내용 및 그에 따른 결과를 기재합니다.

❺ 진행사항(Proceedings)
회의 때 언급되었던 보고 및 논의 등 회의의 모든 내용을 상세하게 기재합니다.

❻ 끝맺음(Closing)
의사결정 사항이나 다음 회의의 날짜/시간 및 회의 종료 시간 등을 기록하는 공간입니다.

01 ▶ **called to order by ~ at ~** ~시에 ~에 의해 개회 선언

Meeting **called to order by** Chair Peterson **at** 5:00 P.M.
오후 5시에 Peterson 의장에 의해 개회 선언

02 ▶ **approved without modification** 수정 없이 승인됨

Last meeting's minutes **approved without modification**.
전 회의의 회의록은 수정 없이 승인됨.

03 ▶ **made a motion to ~** ~하고자 발의하다

Leslie Hwang **made a motion to** introduce the beta version of Secreta 2.0.
Leslie Hwang 씨가 Secreta 2.0의 베타 판 도입안을 발의했다.

04 ▶ **consensus (was) reached that ~** ~이라는 합의에 도달하다

Consensus was reached that construction of the high rise should begin immediately.
고층 건물의 시공이 즉시 시작되어야 한다는 합의에 도달했다.

05 ▶ **be designated as the date and time of ~** ~의 날짜와 시간으로 지정되다

November 21, 20××, 11 A.M. **was designated as the date and time of** the next meeting.
20××년 11월 21일 오전 11시가 다음 회의의 날짜와 시간으로 지정되었다.

06 ▶

meeting adjourned at ~ by ~ ~에 의해 ~시에 회의가 종료됨

Meeting adjourned at 11:30 A.M. **by** chair Susan Lee.
Susan Lee 의장에 의해 오전 11:30시에 회의가 종료됨.

07 ▶

review the matter further 그 사안에 대해 추가 검토하다

The chair and vice chair agreed to **review the matter further**.
의장과 부의장이 그 사안에 대해 추가 검토하기로 하였다.

08 ▶

due to no further business 논의할 사항이 더 없으므로

Due to no further business the security meeting was adjourned at 15:50.
논의할 사항이 더 없는 관계로 보안 회의가 15:50시에 종료되었음.

Minutes of Marketing Strategy Meeting of March 3, 20××

CALL TO ORDER
Meeting was called to order at 9:35 A.M. by Chair Richard Chung.

ATTENDEES
Chair Richard Chung, Marketing Manager

Rhea Haynes, Sales Manager

John Maya, Assistant Manager, Marketing

Karla Jennings, Junior Manager, Marketing

ABSENTEES
Andres Brown, Assistant Manager, Sales

Motion
Motion: Sales Manager Rhea Haynes made a motion to eliminate 5% discount coupons.

Vote: 1 for, 3 opposed

Resolved: Motion failed.

DISCUSSION
- Briefing of ongoing online marketing campaign by John Maya.
- Alternatives to online advertising discussed such as radio and TV.
- Consensus reached that budget needs to be raised for more aggressive campaigns.

CONCLUSION
Participants agreed to further review the matter further before determining definite changes to marketing strategy on the next meeting at March 10, 20××.

ADJOURNMENT
Due to no further business, the meeting was adjourned at 11:15 A.M. by Chair Richard Chung.

Minutes submitted by designated minutes taker, Clara Johnson.

인수인계서 Handover Document

 **문서 샘플 1** 제작 관리자 인수인계서

○ 해석 & 어휘 p.210

Handover Note

Job title:	Production Supervisor
Date of handover note:	May 13, 20××
Handed over by:	Joseph Johnstone
Taken over by:	Judith Moss

Job description

Supervising the company's beverage production at Dyer plant to meet customer needs and achieve company standards related to cost, waste, safety, productivity and line efficiency.

Key documents

• 20×× operation and production schedule

• Health and safe regulations manual

Key responsibilities

• Develop production schedule for Dyer plant on an annual basis

• Achieve performance standards with regards to quality and safety

• Oversee equipment and its reliability to minimize downtime

• Build personnel capability through employee relations, hiring, training and effective communication

Status of recent and current projects

• Maintenance of production lines number 6 and 7 (Ongoing)

• Review of health and safety regulations (Due May 15, 20××)

미국 100대 기업 문서 작성 팁!

Handover document(인수인계서)는 전임자가 퇴직하거나 전근할 때에 후임자를 위해 작성하는 문서입니다. 이 문서는 후임자가 전임자의 업무를 파악하고 이해하도록 하는 것에 목적을 두고 있습니다. 직무 관련 업무, 주요 이슈, 현재 진행사항 등을 기술하며, 이 문서는 인수인계 여부를 증명하는 역할도 합니다. 상황에 따라 관계자의 연락처, 해당 파일의 위치, 보고 프로세스 등이 문서에 포함될 수 있으며 이 문서는 Handover note 또는 Handover report로 불리기도 합니다.

>> 실무 담당자의 한 마디!

인수인계서를 작성할 때엔 너무 자세하게 작성할 필요는 없습니다. 무엇보다도 인수인계서는 읽는 사람(후임자)이 전임자의 업무 내용을 잘 이해할 수 있도록 명확하게 작성하는 것이 가장 중요합니다.

문서 뼈대 차근차근 분석해보기

Handover Note

Job title:	Production Supervisor
Date of handover note:	May 13, 20××
Handed over by:	Joseph Johnstone
Taken over by:	Judith Moss

Job description

❷ Supervising the company's beverage production at Dyer plant to meet customer needs and achieve company standards related to cost, waste, safety, productivity and line efficiency.

Key documents

❸ • 20×× operation and production schedule
• Health and safe regulations manual

Key responsibilities

• Develop production schedule for Dyer plant on an annual basis
❹ • Achieve performance standards with regards to quality and safety
• Oversee equipment and its reliability to minimize downtime
• Build personnel capability through employee relations, hiring, training and effective communication

Status of recent and current projects

❺ • Maintenance of production lines number 6 and 7 (Ongoing)
• Review of health and safety regulations (Due May 15, 20××)

❶ **표제(Heading)**

직책명, 작성 날짜, 선임자의 이름, 후임자의 이름 등을 기재합니다.

❷ **직무 설명(Job Description)**

전임자의 직무, 즉 후임자가 맡게 될 직무를 간단하게 설명합니다.

❸ **주요 서류(Key Documents)**

해당 업무와 관련된 서류엔 어떤 것이 있는지 기재하며, 서류의 위치 또한 함께 기록해 넣을 수 있습니다.

❹ **주요 업무(Key Responsibilities)**

업무(책임)의 중요도 순위에 따라 업무의 내용을 나열합니다. 또한 내용을 쉽게 파악할 수 있도록 주요 키워드를 중심으로 작성하는 것이 좋습니다.

❺ **최근 및 현재 프로젝트의 현황(Status of Recent and Current Projects)**

최근에 종료한 업무 및 최근에 진행 중인 업무 내역을 기록합니다.

01 ▶ **be handed over by ~** ~가 인계하다
The responsibility **was handed over by** James Phillips.
James Phillips 씨가 본 업무를 인계하였습니다.

02 ▶ **be taken over by ~** ~가 인수하다
The project **was taken over by** the CS department.
CS 부서가 본 프로젝트를 인수하였습니다.

03 ▶ **meet customer needs** 고객의 요구를 충족시키다
Meet customer needs based on big data.
빅데이터 기반의 고객 요구 충족

04 ▶ **achieve company standards** 회사의 표준치를 달성하다
Achieve company standards in the production of AK batteries.
AK 건전지 생산에 있어 회사의 표준치 달성

05 ▶ **status of recent and current projects** 최근 및 현재 프로젝트의 현황
This is the **status of recent and current projects**.
최근 및 현재 프로젝트의 현황은 다음과 같습니다.

06 ▶ **ensure that ~** ~을 확인하다(보장하다)
Ensure that all rules are being observed.
모든 규정이 준수되고 있는지 여부 확인

07 ▶ **be in accord with ~** ~과 일치하다
The report needs to **be in accord with** the other department documents.
이 보고서는 다른 부서의 문서와 일치해야 합니다.

08 ▶ **minimize downtime** 중단(정지) 시간을 최소화하다
Minimizing downtime is of utmost priority.
중단 시간을 최소화하는 것이 최우선 사항입니다.

Handover Report

Written by: Gary Turner

Job Title: Technical writer

Date of Handover: July 11, 20××

Brief description of duties:

• Work closely with engineers and product managers to author comprehensive user and administrator software documentation

• Ensure that all technical manuals are uniform in style and are in accord with actual product functions

Supervisor and reporting procedure:

Mr. Anthony Nunez (Written activity report to be submitted every Friday by 18:00)

Regular meetings, reports or procedures:

• Weekly team meeting on Mondays at 9:00

Key Documents and reference material (attached with this report):

• Internal glossary of terms (Last updated June 20, 20××)

Status of recent and current projects:

• Development of AIPK 2.0 User Manual (Due August 31, 20××)

• Constant updating of internal glossary

Where to find work files (hardcopy and electronic):

"TW Team" folder at company server

Contacts (internal and external)

Name	Title	Phone No.	Email Address
Anthony Nunez	Supervisor	070-383-5844	anunez@mail.com
Jamie Hwang	Team member	070-383-5850	jhwang@mail.com
Jessie Bedford	Team member	070-383-5851	jessieb@mail.com

공지 Notice

 **문서 샘플 1** 피싱 이메일 공지

○ 해석 & 어휘 p.212

Identifying "Phishing" Emails

Recently email messages containing attachments or links to non-Northshore websites have been received by Northshore members. Most often, these attachments are malicious and should not be opened.

If any email or message asks for passwords or credit card information you are advised to ignore it and contact Northshore as soon as possible. It is Northshore's policy to never ask for personal or account information. Be on the lookout for any message asking for any of the following information:

• Northshore account ID and password
• Social security number
• Full credit card number
• Credit card CCV code

If you receive a suspicious email, please notify Northshore Support by forwarding the email to support@northshore.com.

미국 100대 기업 문서 작성 팁!

Notice(공지)는 공식적으로 알리고자 하는 정보 및 경고 등을 공지하는 글입니다. 이는 서면, 이메일, 웹사이트를 통해 서뿐만 아니라 구달의 형태로도 공지될 수 있습니다. 공지의 내용 또한 그 형태만큼 다양하며, 예를 들어 보안, 회의, 리콜, 이벤트, 서비스 중지 등과 관련된 공지가 있을 수 있습니다. 공지엔 중요한 정보가 포함되는 경우가 대부분이므로 핵심적인 내용을 중심으로 정확하게 작성할 필요가 있습니다.

>> 실무 담당자의 한 마디!

공지는 많은 사람들이 보게 되는 문서이기 때문에 정중하게 작성하는 한편 사실 그대로를 작성하는 것이 좋습니다. 또한 공지의 이유(목적)를 내용에 포함하여 모호하지 않게 명확하게 작성하는 것이 좋습니다.

 문서 뼈대 차근차근 분석해보기

❶ **Identifying "Phishing" Emails**

❷ Recently email messages containing attachments or links to non-Northshore websites have been received by Northshore members. Most often, these attachments are malicious and should not be opened.

If any email or message asks for passwords or credit card information you are advised to ignore it and contact Northshore as soon as possible. It is Northshore's policy to never ask for personal or account information. Be on the lookout for any message asking for any of the following information:

❸
- Northshore account ID and password
- Social security number
- Full credit card number
- Credit card CCV code

❹ If you receive a suspicious email, please notify Northshore Support by forwarding the email to support@northshore.com.

❶ 제목(Title)

사람들이 공지를 손쉽게 읽을 수 있도록 제목을 눈에 띄게 작성하면 좋습니다. 예를 들어 글자의 크기를 키우거나 굵은 글씨체 및 색을 입힌 글씨체를 활용하여 제목을 작성할 수 있습니다.

❷ 서론(Introduction)

공지의 목적, 혹은 공지를 하게 된 이유 등과 같은 배경 정보를 명시합니다.

❸ 본론(Main Body)

본론엔 공지하고자 하는 주요 내용이 들어갑니다. 이를테면 공지를 읽게 되는 이들이 주의할 부분, 조치해야 할 사항, 대응해야 할 상황 등과 같은 다양한 공지 내용이 들어가게 됩니다.

❹ 끝맺음(Closing)

본론에서 구체적인 공지 내용을 언급하고 난 후 마지막에 당부의 말씀, 꼭 기억해야 할 내용, 혹은 감사의 말 등을 넣어 마무리합니다.

01 **it is our policy to ~** ~하는 것이 우리의 방침이다
It is our policy to keep all personal information private.
모든 개인 정보를 비공개로 유지하는 것이 당사의 방침입니다.

02 **you are advised to ~** ~할 것이 권고된다(숙지해야 한다)
You are advised to report any discrepancies on the website.
웹사이트 상의 불일치 사항을 보고해야 함을 숙지하시기 바랍니다.

03 **be on the lookout for ~** ~을 경계하다, ~을 세심하게 살피다
Please **be on the lookout for** any suspicious activity in the area.
해당 지역의 의심스러운 활동을 세심하게 살펴주시기 바랍니다.

04 **close for maintenance** 정비를 위해 폐쇄하다
The Shanghai plant was **closed for regular maintenance**.
상하이 공장은 정기 정비 관계로 폐쇄되었습니다.

05 **thank you for your support** 지원(협조)에 감사하다
Thank you for your support the last two years.
지난 2년간의 협조에 감사드립니다.

06 **apologize for the inconvenience** 불편함에 사과하다
We **apologize for the inconvenience** the downtime may have caused.
가동 중단으로 인해 야기됐을지 모를 불편함에 사과드립니다.

07 **until further notice** 추후 공지가 있을 때까지
Please hold on to your receipt **until further notice**.
추후 공지가 있을 때까지 영수증을 소지하고 계시기 바랍니다.

08 **we invite you to ~** ~으로 초대하다, ~하기를 요청하다
We invite you to visit our newest theme park.
새로 개장한 저희 테마 파크에 귀하를 초대합니다.

Temporary Closing of Tmart Superstore

This location will close for maintenance and upgrades beginning today, June 15, 20×× at 7 P.M. At this time, we do not have a reopen date. We thank you for your support and apologize for the inconvenience.

Until further notice, we invite you to shop with us at one of our convenient nearby locations.

Tmart Superstore #344
3349 Hillcrest Lane
Irvine, CA 92718

Tmart Superstore #348
1313 Prospect Street
Irvine, CA 92718

Tmart Superstore #351
3261 Goldie Lane
Irvine, CA 92718

문서 샘플 1 비즈니스 제안서

● 해석 & 어휘 p.214

Business Proposal

Prepared for: T-Motors located at 1657 Eagle Drive, Southfield, MI
Prepared by: Spink Tire Company located at 3329 Bayo Drive, Joplin, MI

Summary

The purpose of this proposal is to forge a strategic business partnership between T-Motors and Spink Tire Company.

Introduction

Spink has developed quality automobile tires for over 100 years. We are known to manufacture tires with superior specifications and advantages compared to similar products in the industry.

Product and Service Overview

Spink specializes in products for coupes and sedans. Spink tires combine sporty looks, long duration and all-weather traction. The tires are especially well suited for wet and snowy roads.

Pricing

Size	Price (Per tire)
185/60R15	$119.45
185/65R15	$123.45
185/70R15	$127.45

Benefits

• All tires are certified by the SDA.

• Warranty of 6 years / 60,000 miles.

• 20% discount for bulk orders of 50 or more.

미국 100 대 기업 문서 작성 팁!

Proposal(제안서)은 잠재 고객에게 제공하게 될 서비스나 상품을 소개하며 이를 채택해줄 것을 요청하는 내용의 문서입니다. 즉, 특정 분야에 있어 본인이 최고라는 것을 어필하고자 하는 문서이며, 이는 크게 세 가지로 구성됩니다. 1) 먼저 쟁점 사안이나 고객의 수요와 관련된 내용을 제시하고, 2) 그 후 제안하고자 하는 상품 및 서비스를 상세하게 설명하며, 3) 마지막으로 제안하는 상품 및 서비스의 가격을 제시합니다. 이 외에 자격, 혜택, 기간, 기타 비용, 보험 등의 구체적인 내용을 덧붙여 제안서를 마무리합니다.

>> 실무 담당자의 한 마디!

제안서 작성 시 고객의 상태와 수요를 잘 파악한 뒤 이에 딱 맞는 솔루션을 제공하는 제안서를 작성하는 것이 좋습니다. 그리고 본인의 회사가 경쟁사보다 더 나은 이유를 제시하며 어필하면 더욱 좋습니다.

 문서 뼈대 차근차근 분석해보기

Business Proposal

❶ **Prepared for**: T-Motors located at 1657 Eagle Drive, Southfield, MI
Prepared by: Spink Tire Company located at 3329 Bayo Drive, Joplin, MI

Summary
❷ The purpose of this proposal is to forge a strategic business partnership between T-Motors and Spink Tire Company.

Introduction
❸ Spink has developed quality automobile tires for over 100 years. We are known to manufacture tires with superior specifications and advantages compared to similar products in the industry.

Product and Service Overview
❹ Spink specializes in products for coupes and sedans. Spink tires combine sporty looks, long duration and all-weather traction. The tires are especially well suited for wet and snowy roads.

Pricing

Size	Price (Per tire)
185/60R15	$119.45
185/65R15	$123.45
185/70R15	$127.45

❺

Benefits
❻
• All tires are certified by the SDA.
• Warranty of 6 years / 60,000 miles.
• 20% discount for bulk orders of 50 or more.

---

❶ 표제(Heading)
제안서의 제목 및 본 제안서를 받는 수신자가 누구인지 표시합니다. 또한 이와 함께 제안서를 작성한 날짜 등을 기재할 수 있습니다.

❷ 요약(Summary)
제안서의 목적 및 내용을 간략하게 요약해서 기재합니다. 특히 고객의 요구(수요) 및 현재 고객의 관심사를 중심으로 작성하면 좋습니다.

❸ 소개(Introduction)
작성자의 회사에 대해 소개합니다. 회사의 연혁 및 회사의 성과 등을 언급하며 작성자의 회사를 적극 어필하는 공간입니다.

❹ 제품과 서비스(Products and Services)
작성자가 제공하고자 하는 제품이나 서비스를 설명합니다.

❺ 가격(Pricing)
제품과 서비스의 가격을 표시합니다.

❻ 혜택(Benefits)
제품과 서비스와 관련된 혜택을 제시합니다.

01 the purpose of this proposal is ~ 본 제안서의 목적은 ~이다
The purpose of this proposal is to introduce a new line of toys.
본 제안서의 목적은 장난감 신제품을 소개하는 것입니다.

02 forge a strategic partnership with ~ ~와 전략적 제휴를 구축하다
You'll be interested to **forge a strategic partnership with** us.
귀사께서는 저희와 전략적 제휴를 맺는 것에 관심을 갖게 될 것입니다.

03 provide customers with ~ 고객에게 ~을 제공하다
The new device **provides customers with** fast Wi-Fi connection.
이 새로운 장치는 고객들에게 고속 와이파이 연결 서비스를 제공합니다.

04 compared to similar products in the industry 업계의 유사한 제품에 비해
The T2 is inexpensive **compared to similar products in the industry**.
T2는 업계 유사 제품에 비해 가격이 저렴한 편입니다.

05 specialize in ~ ~을 전문으로 하다
We **specialize in** over the counter drugs.
저희는 일반 의약품을 전문으로 하고 있습니다.

06 be well suited for ~ ~에 매우 적합하다
This project **is well suited for** Malaysia's tropical environment.
본 프로젝트는 말레이시아의 열대 환경에 매우 적합합니다.

07 offer a variety of ~ 다양한 ~을 제공하다
The organization **offers a variety of** health and human services.
본 기관은 다양한 건강 복지 서비스를 제공합니다.

08 be covered in the package 상품에 포함되어있다
Delivery **is** not **covered in the package**.
배송 서비스는 상품에 포함되어 있지 않습니다.

European Business Travel Proposal

Prepared for: Brandon Parker, Keithmore Trading Company
Prepared by: Randal Lee, ADS Travel Agency

About Us

ADS is a licensed travel agency located in Houston, Texas. We offer a variety of travel packages for companies, individuals and groups.

Package Overview

Our business travel package covers all countries in Europe including Turkey and the Mediterranean Sea islands. Trips may be as long as five days and uses all types of transportation including airplane, train and ship.

Pricing (Round trip)

Travel class	Price (Individual)	Price (Groups of 4 or more)
Economy	$2,150.00	$1,705.00
Business Class	$4,225.00	$3,805.00
First Class	$7,400.00	$6,555.00

Benefits

Travelers can choose their itinerary on our website. Options such as hotels and means of transportation can also be selected. Additional luxuries such as entertainment are not covered in the package.

Insurance

Travel insurance is paid for by the agency and covers cancellations, lost luggage, medical emergencies, and other unforeseen emergencies that might arise during your trip.

 **문서 샘플 1** 절차 매뉴얼

⊙ 해석 & 어휘 p.216

Procedure Manual – Annual Report

1.0 Purpose and Scope

1.1 This manual describes the process of preparing and submitting the annual report to the CEO at Meyer Corporation.

2.0 Responsibility

2.1 Chief responsibility of the task falls on the following:

2.1.1 Chief Operating Officer (COO)

2.1.2 Chief Financial Officer (CFO)

2.1.3 Marketing Director

3.0 Definitions

3.1 Annual Report – Comprehensive financial report issued to the CEO every January that lists the company's annual sales and profit.

4.0 Reference

4.1 20×× Annual Report

4.2 Annual Report Format

4.3 Invoice Register

5.0 Procedure

5.1. The annual report is prepared by the COO, in accordance with the requirements defined by the CEO.

5.2. The annual report uses the already established annual report format.

5.3. The COO and Marketing Director, after reviewing the report, must both approve it by the deadline of January 31 of each year.

Note: The annual report covers the period from January 1 to December 31 of the previous calendar year.

미국 100대 기업 **문서 작성 팁!**

Manual(매뉴얼)은 특정한 과정 및 업무 수행 시, 혹은 서비스나 제품을 사용하는 데 있어 지침을 제공하는 문서입니다. 매뉴얼은 보고서와 같이 그 형태와 목적이 다양합니다. 정책(policy), 절차(procedure), 사업 운영(operation), 교육(training) 등의 목적이 있을 수 있고, 그 중에서도 Policy and Procedure(정책 및 절차)와 Instructions Manual(사용 설명서)이 가장 흔합니다. 모든 매뉴얼의 공통된 목적은 정확한 지침을 전달하는 것이기 때문에 무엇보다도 독자가 쉽게 파악할 수 있도록 작성하는 것이 중요합니다.

〉〉 **실무 담당자의 한 마디!**

읽는 이가 주어가 되는 능동태 문장으로 매뉴얼을 작성하는 것이 좋습니다. 매뉴얼의 목적은 특정 목표 달성 및 과제 수행을 돕는 것이기 때문에 이를 달성하는 데에 불필요한 정보는 자제하며 명확히 작성합니다.

💡 **문서 뼈대 차근차근 분석해보기**

---

❶ **Procedure Manual – Annual Report**

1.0 Purpose and Scope

❷ 1.1 This manual describes the process of preparing and submitting the annual report to the CEO at Meyer Corporation.

2.0 Responsibility

2.1 Chief responsibility of the task falls on the following:

2.1.1 Chief Operating Officer (COO)

2.1.2 Chief Financial Officer (CFO)

2.1.3 Marketing Director

3.0 Definitions

3.1 Annual Report – Comprehensive financial report issued to the CEO every January that lists the company's annual sales and profit.

❸ **4.0 Reference**

4.1 20×× Annual Report

4.2 Annual Report Format

4.3 Invoice Register

5.0 Procedure

5.1. The annual report is prepared by the COO, in accordance with the requirements defined by the CEO.

5.2. The annual report uses the already established annual report format.

5.3. The COO and Marketing Director, after reviewing the report, must both approve it by the deadline of January 31 of each year.

❹ **Note**: The annual report covers the period from January 1 to December 31 of the previous calendar year.

---

❶ **표제(Heading)**

매뉴얼의 제목 및 작성 날짜, 그리고 매뉴얼이 주어지는 회사명(기관명) 등을 기재합니다.

❷ **목적(Purpose)**

매뉴얼의 전체적인 목적이나 취지를 명확히 요약하여 기재합니다. 매뉴얼의 핵심적인 취지가 잘 드러날 수 있도록 주요 키워드를 중심으로 작성하면 좋습니다.

❸ **본문(Main Body)**

매뉴얼의 핵심 절차 및 지침 내용을 기재합니다. 이와 함께 지침 적용 대상자 및 매뉴얼의 정의, 혹은 참고할 만한 기타 매뉴얼 등의 내용을 본문에 포함시키기도 합니다.

❹ **비고(Note)**

본문에서 다루지 못했던 주요 사항 등을 언급합니다. 예를 들어 주어진 샘플에서와 같이 매뉴얼 적용 날짜 등을 비고란에 기재할 수 있습니다.

01 describe the process of ~ ~의 절차(과정)를 설명하다
The following will precisely **describe the process of** running SDK 2.0.
다음 내용은 SDK 2.0을 실행하는 절차를 정확히 설명할 것이다.

02 be prepared by ~ ~가 준비하다
The agenda is to **be prepared by** the minutes taker.
본 의제는 회의록 작성자가 준비할 것이다.

03 responsibility of ~ falls on ~ ~의 책임이 ~에게 있다
The **responsibility of** testing **falls on** the chief engineer.
본 시험의 책임은 기관장에게 있다.

04 in accordance with ~ ~에 따라서
In accordance with company rules, the store must close at 7:30 P.M.
회사 규정에 따라 매장은 저녁 7:30시에 문을 닫아야 한다.

05 cover the period from ~ to ~ ~부터 ~까지 유효하다(다룬다)
The warranty **covers the period from** May 1, 20×× **to** April 30, 20××.
이 보증서는 20××년 5월 1일부터 20××년 4월 30일까지 유효하다.

06 provide guidelines to ~ ~에게 지침을 제공하다
This user guide **provides guidelines to** users of the security program ePrinter.
본 사용 설명서는 사용자들에게 ePrinter 보안 프로그램에 대한 지침을 제공한다.

07 is obligated to ~ ~할 의무가 있다
The manager in charge **is obligated to** hand out instructions.
담당 매니저가 지시사항을 배포할 의무가 있다.

08 be limited to ~ ~으로 제한되다
Promotional activities will **be limited to** the immediate vicinity.
판촉 활동은 가까운 인근으로 제한된다.

Policy and Procedure Manual

St. Joseph's Medical Center

Kansas City, Missouri

Policy No.: 133

Subject: Handling and dosing of K-101

Purpose: To provide guidelines to pharmacists regarding the dosing of the drug K-101 to eligible patients.

Policy and Procedure:

I. Eligible patients

- Is 18 years old or older.

- Is a patient at St. Joseph's Medical Center.

- Has written a prescription specific to K-101.

II. Procedure when a K-101 prescription is received:

- Pharmacist will verify the prescription by checking the central database.

- Pharmacist will hand out the exact amount of the drug as described in the prescription.

- Pharmacist will convey clear instructions to the patient regarding the taking of the drug.

- Pharmacist will be obligated to provide additional doses needed by the patient after the original amount is consumed.

III. Prescriptions Limits

- Patients are limited to 6 tablets a day, 42 tablets a week unless there's a special need as recommended by the physician.

Author: Dr. Eric M. Blakely

Effective Date: March 11, 20××

Revised Date(s): April 27, 20××, October 9, 20××

뉴스레터 Newsletter

 **문서 샘플 1** 사내 뉴스레터

○ 해석 & 어휘 p.218

Kesco Newsletter
- March 20×× Issue -

New Launch!

INOS 2.0 which was released on March 1, 20×× is a huge upgrade over INOS 1.0 with significant bug fixes and brand new functions. INOS which stands for Inter-Multitasking Operating System is a multitasking system which allows users to manage various tasks in an all-in-one solution. Click here to find out more.

Employee of the Month

March's member of the month is Rachel Shin from the software research center. Her dedication and constant efforts in the development of INOS 2.0 for the last two years has been invaluable in its successful launch. The launch is expected to garner much attention and investment to the multitasking field.

Upcoming Events

Wednesday, March 8: Launching of cloud service system Kesco PRL
Friday, March 17: Annual Kesco Developer Conference (Kesco Headquarters)
Monday, March 20: Release of Patch 4.5 for Ureka System

Virus Alert!

A malicious virus has been making the rounds in the last week of February. Be on the alert for emails titled "Outstanding invoice" which is known to have a suspicious attachment and "Amazing New Stamina Drug!" which has been verified as a harmful phishing email.

Kesco Public Relations Team

Frederick Creech | 070-3736-1100 | pr@kesco.com

미국 100대 기업 문서 작성 팁!

Newsletter(뉴스레터)는 기업, 기관 및 각종 공동체들이 자신들의 조직원을 위해 정기적으로 발행하는 간행물입니다. 뉴스레터는 다가오는 행사, 새로운 소식, 회의에 관한 내용 등을 다룹니다. 뉴스레터는 보통 발행 기관의 조직원에게 배포되지만, 기업이 홍보의 목적으로 그들의 잠재 고객들에게 배포할 수도 있습니다. 이전엔 뉴스레터가 인쇄물로 배포되었지만 최근엔 이메일 및 전자 파일의 형식으로 배포되는 추세입니다.

>> 실무 담당자의 한 마디!

뉴스레터는 독자의 흥미를 끌 수 있도록 매력적으로 제작하는 것이 중요합니다. 따라서 뉴스레터를 작성할 시엔 다채로운 이미지를 넣거나 화려한 레이아웃을 사용하는 경우가 많습니다.

💡 문서 뼈대 차근차근 분석해보기

❶
Kesco Newsletter
- March 20×× Issue -

New Launch!

INOS 2.0 which was released on March 1, 20×× is a huge upgrade over INOS 1.0 with significant bug fixes and brand new functions. INOS which stands for Inter-Multitasking Operating System is a multitasking system which allows users to manage various tasks in an all-in-one solution. Click here to find out more.

Employee of the Month

March's member of the month is Rachel Shin from the software research center. Her dedication and constant efforts in the development of INOS 2.0 for the last two years has been invaluable in its successful launch. The launch is expected to garner much attention and investment to the multitasking field.

❷

Upcoming Events

Wednesday, March 8: Launching of cloud service system Kesco PRL

Friday, March 17: Annual Kesco Developer Conference (Kesco Headquarters)

Monday, March 20: Release of Patch 4.5 for Ureka System

Virus Alert!

A malicious virus has been making the rounds in the last week of February. Be on the alert for emails titled "Outstanding invoice" which is known to have a suspicious attachment and "Amazing New Stamina Drug!" which has been verified as a harmful phishing email.

❸
Kesco Public Relations Team
Frederick Creech | 070-3736-1100 | pr@kesco.com

❶ 표제(Heading)

뉴스레터의 제목, 부제목, 호 번호, 날짜 등을 기재합니다.

❷ 본론(Main Body)

뉴스레터의 종류에 따라 본론엔 다채로운 형식의 다양한 내용이 들어갈 수 있습니다. 예를 들어 사내 뉴스레터의 경우, 회사에서 개발한 신상품과 같은 최근 이슈 및 이달의 사원 등과 같은 내용이 수록될 수 있습니다. 고객들에게 배부되는 뉴스레터의 경우 제품과 관련된 새로운 정보 및 각종 이벤트에 대한 내용이 수록될 수 있습니다. 또한 본문의 내용은 대부분 읽는 이의 흥미를 끌 수 있도록 다양한 이미지가 함께 삽입됩니다.

❸ 끝맺음(Closing)

뉴스레터 양식엔 특별한 끝맺음은 없으며, 독자의 피드백이나 문의사항을 받을 수 있도록 발행인(기관)의 연락처를 기재하면 좋습니다.

01 **be a huge upgrade over ~** ~보다 크게 업그레이드되었다
This new version of the program **is a huge upgrade over** the previous one.
이 프로그램의 신규 버전은 이전 버전보다 크게 업그레이드된 것입니다.

02 **allow users to ~** 사용자가 ~할 수 있도록 하다
This new function **allows users to** freely communicate with each other.
이 새로운 기능은 사용자들이 서로 자유롭게 소통할 수 있도록 해줍니다.

03 **be expected to garner ~** ~을 얻을 것으로 예상되다
The festival **is expected to garner** plenty of attention.
이번 축제는 많은 관심을 끌게 될 것으로 예상됩니다.

04 **make the rounds** 순회하다, 돌리다
The sign-up sheet is currently **making the rounds**.
참가 신청서는 현재 돌고 있는 중입니다.

05 **be known to have ~** ~가 있는 것으로 알려져 있다
The new facility **is known to have** a gym open to all employees.
새로운 시설엔 모든 직원이 사용 가능한 헬스장이 있는 것으로 알려져 있습니다.

06 **be verified** 확인되다(밝혀지다)
The promotion has **been verified** to be a hoax.
본 홍보 행사는 사실이 아닌 것으로 밝혀졌습니다.

07 **this edition contains ~** 이번 호에는 ~이 포함되어 있다
This edition contains numerous tips on how to use the Atrex machine.
이번 호에는 Atrex 기기의 사용 방법에 관한 팁이 많이 수록되어 있습니다.

08 **offer a free trial** 무료 체험을 제공하다
Amazon is now **offering a free trial** of its Air Premium service.
아마존은 현재 Air Premium 서비스의 무료 체험을 제공 중입니다.

The Professional

- Monthly newsletter for users of Pro Office 480 -

March 11, 20××

A Word From the Editor

Hello and welcome to the fifth edition of The Professional. This edition contains the latest information and advice on the cloud feature of Pro Office.

In This Issue

• Schedule Management on Pro Office 480

• Feature of the Month: Text Clouding

• Upcoming Updates

• Testimonial Section: IT Analyst Max Brown

Schedule Management? Easy Right? Make It Even Easier!

Schedule management has never been easier thanks to Work Manager in Pro Office 480. Work Manager is the brainchild of Marty Jones who worked on the program for more than three years. It offers convenient interconnection with other Pro Office 480 programs. Read More.

Free Trial!

The Professional is offering a free one month trial of **Community Help** to all registered members. Through **Community Help** members may use a 24 hour online help service if you have any questions or problems using Pro Office 480. Read More.

Unsubscribe

The Professional

Email: editor@theprofessional.com | Website: www.theprofessional.com

Unit 15 브로셔 Brochure

 문서 샘플 1 회사 브로셔

● 해석 & 어휘 p.220

Is Your Banking Safe?

Cyan Bank
Online Banking Done Right

Cyan Bank History

19×× Founded as Cyan Banking Co.

19×× Opens country's first online banking system

19×× Enters Chinese market

20×× Enters Indian market

20×× Celebrates 40th anniversary

Why Us?

Cyan Bank is one of America's biggest, most trusted banks. We specialize in safe, hack-proof online banking. Through our online and mobile banking system you can process safe bill payments, account transfers and fund transfers.

Questions?

Visit a Cyan Bank branch near your or www.cyanbank.com for more information.

Cyan Bank Corporate Center
2807 Columbia Boulevard
Windsor Mill, MD 21244

www.cyanbank.com

미국 100대 기업 문서 작성 팁!

Brochure(브로셔)는 기업이나 기관이 마케팅의 목적으로 자신들의 제품 및 서비스에 대한 내용을 정리하여 배포하고 자 하는 문서입니다. 이는 한 권의 책자가 될 수도 있고, 한 장의 종이가 될 수도 있습니다. 아직은 인쇄물의 형태로 많이 제작되지만 뉴스레터와 같이 온라인 또는 전자 브로셔로도 많이 배포되고 있는 추세입니다. 브로셔는 그 구성 및 들어갈 수 있는 내용이 다양하므로 제작 시 기획과 디자인을 잘 해야 합니다.

>> 실무 담당자의 한 마디!

일반적으로 독자는 브로셔의 표지만 보고 5초 내로 읽을지 안 읽을지를 결정합니다. 따라서 제목, 디자인, 이미지 등을 잘 부각해야 하며, 예를 들어 회사의 대표 이미지나 슬로건 등을 넣어 주의를 끌 수 있습니다.

문서 뼈대 차근차근 분석해보기

Is Your Banking Safe?

Cyan Bank

Online Banking Done Right

Cyan Bank History

19xx Founded as Cyan Banking Co.
19xx Opens country's first online banking system
19xx Enters Chinese market
20xx Enters Indian market
20xx Celebrates 40th anniversary

Why Us?

Cyan Bank is one of America's biggest, most trusted banks. We specialize in safe, hack-proof online banking. Through our online and mobile banking system you can process safe bill payments, account transfers and fund transfers.

Questions?

Visit a Cyan Bank branch near your or www.cyanbank.com for more information.

❸ Cyan Bank Corporate Center
2807 Columbia Boulevard
Windsor Mill, MD 21244

www.cyanbank.com

❶ 표제(Heading)

회사명, 회사의 로고, 회사의 대표적인 이미지 및 슬로건, 제품 이미지 등을 포함시켜 작성합니다. 바로 이 부분에서 독자의 관심을 잘 끌 수 있도록 매력적으로 구성하는 것이 중요합니다.

❷ 본론(Main Body)

본론에서는 회사의 연혁 및 회사가 제공하고 있는 서비스에 대한 설명, 그리고 회사의 강점 등을 나열하도록 합니다. 이 부분에서도 다양한 이미지나 사진, 도표 등을 함께 활용하여 독자의 관심을 최대한 끌 수 있도록 합니다. 또한 본론의 내용 흐름 역시 독자의 흥미를 충분히 유발할 수 있도록 매끄럽게 구성하도록 합니다.

❸ 끝맺음(Closing)

독자들이 연락하거나 문의할 수 있는 전화번호, 홈페이지 주소, 이메일 주소 등을 기재합니다. 이와 함께 제품을 구매하는 방법이나 서비스를 사용하는 방법 등을 함께 기재할 수 있습니다.

01 ▶ founded as ~ ~으로 창립

Founded as SUN Studio in June 20××.

20××년도 6월에 SUN Studio로 창립

02 ▶ open the country's first ~ 국가 최초의 ~을 열다

The Indian government **opened the country's first** e-court.

인도 정부는 국가 최초의 온라인 법정을 열었습니다.

03 ▶ visit ~ for more information 보다 자세한 정보를 원하면 ~을 방문하라

Visit us at www.americancard.com **for more information**.

보다 자세한 정보를 원하시면 www.americancard.com을 방문하십시오.

04 ▶ begin expansion in ~ ~에서 확장하기 시작하다, ~에 진출하다

The company **began expansion in** the Western United States in 19××.

회사는 19××년에 미국 서부 시장에서 확장을 도모하기 시작했습니다.

05 ▶ celebrate ~th anniversary ~주년을 기념하다(맞다)

Alphabet Inc. just **celebrated** its **first anniversary**.

Alphabet 사는 이제 막 1주년을 맞게 되었습니다.

06 ▶ be one of the most ~ 가장 ~한 것 중 하나다

WellPoint **is one of the most** dynamic companies in the world.

WellPoint 사는 세계에서 가장 역동적인 기업 중 하나입니다.

07 ▶ It takes just ~ ~밖에 안 걸린다

It takes just three simple steps to send your shipment.

귀하의 화물을 보내는 데엔 3가지의 간단한 절차만 거치면 됩니다.

08 ▶ check out our ~ 저희의 ~을 확인해보세요

Check out our newest book now.

저희의 새 책을 지금 바로 확인해보세요.

Why Ship with JTS?

JTS Online Express

Simple, Quick and Dependable

It's Simple

It takes just three simple steps to send your shipment. All online!

It's Dependable

Delivery without loss or damage is guaranteed. Otherwise we compensate you 100%!

It's Quick

Expect your package to be picked in less than 24 hours and to arrive in less than 24 hours. 48 hours total!

It's Convenient

Tracking your packages has never been easier! Check out our real-time tracking system at the JTS Express website!

How to get started?

1. Go to www.jtsexpress.com
2. Register.
3. Make an order!

전화 메시지 Phone Message

 **문서 샘플 1** 전화 메시지

○ 해석 & 어휘 p.222

Sherman Energy Co.

Telephone Message

For: *Kelly Kim*

Caller Information

Mr. ☑ **Ms.** ☐ *Joseph High*

Company: *TraderFarm Co.*

Phone No.: *(562) 344-3562*

☑ Please Call   ☐ Will Call Again

☐ Returned Your Call   ☐ Called to See You

☑ Left a Message (below)

Message:

Called to check on the September 23 order. Wants a return call by today.

_____

_____

_____

_____

_____

Date: *Sep. 25, 20××*   **Time**: *3:05 P.M.*

Signed: *Pat Ames*

미국 100대 기업 문서 작성 팁!

Phone message(전화 메시지)는 수신자가 부재중일 때에 발신자가 수신자에게 남기는 메시지입니다. 특별한 양식이 없을 경우 종이나 메신저, 문자 등으로 내용을 남길 수 있으며, 특정 양식이 있을 경우엔 기본적으로는 발신자의 이름 이나 회사명 및 전달하고자 하는 내용 등이 들어가게 됩니다. 좀 더 예의 바른 메시지를 남기고자 할 경우, 발신자의 연락처, 전화가 온 시간, 메시지를 받은 이의 이름을 추가로 기재하면 됩니다.

>> 실무 담당자의 한 마디!

전화 메시지를 남길 때엔 수신자의 편의를 생각하여 발신자의 이름과 회사명, 전화를 건 목적, 발신자의 연락처 등을 정확히 남기고 수신자가 취해야 할 대응(답신 전화 등)이 무엇인지도 명확히 밝히도록 합니다.

문서 뼈대 차근차근 분석해보기

---

❶
Sherman Energy Co.
Telephone Message

❷ For: *Kelly Kim*

Caller Information

❸ Mr. ☑ **Ms.** ☐ *Joseph High*
Company: *TraderFarm Co.*
Phone No.: *(562) 344-3562*

☑ Please Call   ☐ Will Call Again
☐ Returned Your Call   ☐ Called to See You
☑ Left a Message (below)

Message:
❹ *Called to check on the September 23 order. Wants a return call by today.*

_____
_____
_____
_____
_____

❺
Date: *Sep. 25, 20××*   **Time:** *3:05 P.M.*
Signed: *Pat Ames*

---

❶ 제목(Title)

Telephone Message 또는 Message와 같이 문서의 제목을 기재합니다. 정해진 양식이 있을 경우 제목에 회사명 등이 들어갈 수도 있습니다.

❷ 수신자(Recipient)

전화를 받을 사람의 이름을 기재하도록 합니다.

❸ 발신자 정보(Caller Information)

전화를 건 사람의 이름, 회사, 전화번호 등을 기재하도록 합니다.

❹ 메시지 내용(Message)

전화를 받는 이에게 전달하고자 하는 내용을 기재합니다. 내용 기재 시엔 앞서 말했듯 전화를 건 목적 및 수신자가 취해야 할 행동이 무엇인지 명확히 드러나도록 기재합니다.

❺ 끝맺음(Closing)

전화를 건 일시 및 전화 메시지를 받은 사람의 이름을 남기도록 합니다.

01 ▶ **return a call** 답신 전화를 하다
Brandon Gill **returned your call**.
Brandon Gill 씨가 답신 전화를 했습니다.

02 ▶ **leave a message** 메시지를 남기다
Mr. Simmons **left a message** for you.
Simmons 씨가 귀하께 메시지를 남겼습니다.

03 ▶ **call to check on ~** ~을 확인하기 위해 전화하다
Vice President Wallace **called to check on** the project.
Wallace 부회장이 프로젝트를 확인하기 위해 전화했습니다.

04 ▶ **call for someone** ~(어떤 사람)을 찾다
Mr. Murray **called for you**.
Murray 씨가 귀하를 찾았습니다.

05 ▶ **call back** 답신 전화를 하다
She **called back** to confirm the meeting.
그녀가 회의를 확정하고자 답신 전화를 했습니다.

06 ▶ **message taken by ~** ~으로부터 받은 메시지
Message taken by Dong-nam Shin.
신동남 씨로부터 받은 메시지

07 ▶ **meet to discuss ~** ~을 논의하기 위해 만나다
He would like to **meet to discuss** prices.
그가 가격에 대해 논의하고자 만나고 싶어합니다.

08 ▶ **make an appointment** 약속(회의)을 잡다
Christy Yamaguchi would like to **make an appointment** with you.
Christy Yamaguchi 씨가 귀하와 약속을 잡고 싶어 합니다.

MESSAGE

FOR   Alonzo Gomez

DATE   July 5, 20××   TIME   11:20   (A.M.) / P.M.

FROM   Juan Aguila

PHONE   (311) 494-5561

☑ Called For You   ☐ Please Call Back

☐ Returned Your Call   ☑ Will Call Back

☑ Needs to See You   ☐ Urgent

☐ Sent an Email   ☐ Sent a Fax

MESSAGE

Would like to meet as soon as possible to discuss contract terms. Will call again this afternoon to make an appointment.

TAKEN BY   Misty Kapoor

보도자료 Press Release

◐ 해석 & 어휘 p.224

Key Widget Unveils Revolutionary Tablet Series: Interactive Pro

LOS ANGELES, August 24, 20×× – Key Widget introduced today a new tablet computer called "Interactive Pro," the first generation of its kind. It features a groundbreaking multi-touch display and a seventh-generation quad-core processor.

The device was introduced at the LA Technology Expo by CEO Janet Hillman. "It's fitting that this all-new generation tablet series is our proudest achievement yet," she said. "We are confident that consumers will love its ease of use and unique design."

The Interactive Pro offers the following features:
• Multi-touch screen three times more sensitive than the previous Interactive X
• Seventh-generation quad-core processor
• 550 g in weight
• Option of 128 or 256 GB storage capacity

For additional specifications, custom options and accessories visit www.keywidget.com/interactivepro.

About Key Widget
Headquartered in Torrance, California, Key Widget specializes in bringing groundbreaking high-tech products to your home.

Press Contact
Laura Hayes
lauraehayes@keywidget.com
(901) 763-9146

미국 100 대 기업 문서 작성 팁!

Press release(보도자료)는 기관이나 기업에서 언론에 발표하는 문서입니다. 이들은 홍보를 위해 신문, 잡지, 라디오, 뉴스 프로그램, 온라인 미디어 등의 언론사에 보도자료를 제출합니다. 언론사 기자들은 보도자료를 참고하여 기사를 작성하거나 이를 매끄럽게 다듬어 출간하기도 합니다. 기업들은 뉴스 등을 통해 자신들을 홍보하고자 보도자료를 내보내며, 보도자료 작성 시 독자들이 관심을 가질 수 있도록 작성하려고 노력합니다. 덧붙여 기업들은 자신들의 웹사이트에 이러한 보도자료를 그대로 게시하기도 합니다.

>> 실무 담당자의 한 마디!

원하는 내용이 보도자료에 나갈 가능성을 높이려면 보도자료의 형식에 최대한 맞춰서 작성하는 것이 좋습니다. 따라서 아래의 문서 양식을 참고하여 표제부터 마무리까지 꼼꼼히 작성하도록 하십시오.

 문서 뼈대 차근차근 분석해보기

---

❶ Key Widget Unveils Revolutionary Tablet Series: Interactive Pro

❷ LOS ANGELES, August 24, 20×× – Key Widget introduced today a new tablet computer called
❸ "Interactive Pro," the first generation of its kind. It features a groundbreaking multi-touch display and a seventh-generation quad-core processor.

The device was introduced at the LA Technology Expo by CEO Janet Hillman. "It's fitting that this all-new generation tablet series is our proudest achievement yet," she said. "We are confident that consumers will love its ease of use and unique design."

The Interactive Pro offers the following features:

❹ • Multi-touch screen three times more sensitive than the previous Interactive X

• Seventh-generation quad-core processor

• 550 g in weight

• Option of 128 or 256 GB storage capacity

For additional specifications, custom options and accessories visit www.keywidget.com/interactivepro.

About Key Widget

Headquartered in Torrance, California, Key Widget specializes in bringing groundbreaking high-tech products to your home.

❺ Press Contact

Laura Hayes

lauraehayes@keywidget.com

(901) 763-9146

---

❶ 표제(Headline)

전달하고자 하는 뉴스의 내용을 가장 효과적으로 드러낼 수 있는 제목을 골라 기재하도록 합니다. 특히 독자의 주목을 최대한 잘 끌 수 있는 제목으로 정하는 것이 중요합니다.

❷ 날짜 기입선(Dateline)

도시명 및 발표 날짜를 함께 기입합니다.

❸ 서론(Introduction)

5W(who, what, where, when and why)에 답하는 내용으로 첫 단락을 작성합니다. 이 같은 5W 요소에 충실히 부합하도록 작성하면 핵심 내용을 보다 정확히 전달할 수 있습니다.

❹ 본론(Main Body)

배경 설명, 증거 자료, 인용구 등 전달하고자 하는 뉴스의 내용을 최대한 상세하게 드러낼 수 있는 요소들을 활용하여 작성합니다.

❺ 연락처(Contact Information)

기관의 정보 및 작성자의 연락처(전화번호와 이메일 주소 등)를 기입합니다.

01 **be introduced at ~** ~에 소개되다
Ford's newest SUV **was introduced at** the Detroit Car Show.
Ford 사의 최신 SUV는 디트로이트 자동차 쇼에서 소개되었습니다.

02 **be the first of its kind** 그 종류(분야)의 최초이다
The 4D TV Smartbox **is** truly **the first of its kind**.
4D TV인 Smartbox는 4D TV에 있어 최초라고 할 수 있습니다.

03 **offer the following features** 다음 기능(특징)을 제공하다
The system **offers the following features**.
이 시스템은 다음과 같은 기능을 제공합니다.

04 **for additional specifications** 더 많은 사양을 알아보기 위해
Click this link **for additional specifications**.
더 많은 사양을 보시려거든 이 링크를 클릭해주십시오.

05 **have a long history of ~** ~의 긴 역사를 가지고 있다
Shell **has a long history of** safe drilling operations.
Shell 사는 안전한 시추 작업의 긴 역사를 가지고 있습니다.

06 **be one's specialty** ~의 전문이다
Electronic manufacturing **is Foxconn's specialty**.
전자제품 생산은 Foxconn 사의 전문 영역입니다.

07 **employ ~ associates** ~의 직원을 고용하다
Prudential Financial **employs** more than 48,000 **associates** worldwide.
Prudential Financial 사는 전 세계적으로 48,000명 이상의 직원을 고용하고 있습니다.

08 **to learn more about ~** ~에 대해 좀 더 알아보기 위해
To learn more about this special deal visit our website.
이 특가 상품에 대해서 좀 더 알아보시려거든 저희 웹사이트를 방문하십시오.

Calhoun Logistics Commits $100,000 Towards Hurricane Relief in Florida

MIAMI, Florida – September 20, 20×× – Calhoun Logistics has committed to support the relief cause in the hurricane hit area of south Florida with $100,000 in cash and relief aid.

Hurricane Linda hit the area hard on the night of September 18 destroying thousands of homes and injuring hundreds. "We are committed to doing anything we can to bring relief to those affected," said Eric Flores, Senior Vice President of Operations.

Calhoun Logistics has a long history of providing critical aid in times of disaster. Transporting supplies has been Calhoun's specialty which was especially helpful in the 20×× Hurricane Katrina disaster when it delivered 10,000 packages of food, medicine and clothes to victims.

About Calhoun Logistics

Calhoun Logistics is a global logistics company that delivers millions of packages every day throughout the world. Calhoun has hub centers in 25 countries and employs 900,000 associates around the world. To learn more about Calhoun Logistics, visit www.calhoun.com.

Contacts

Ronald Kaczmarek

(542) 484-7130

pr1@calhoun.com

Carla Underwood

(542) 484-7131

pr2@calhoun.com

품질 보증서 Warranty

문서 샘플 1 제품 품질 보증서

○ 해석 & 어휘 p.226

SD Product Warranty

This warranty applies to the SD Inkjet 5460 Printer.

Warranty Period

This warranty guarantees the provision of free service for a period of **12 months** from the purchase date stated on the warranty.

Warranty Terms and Conditions

The warranty covers any manufacturing defects and defects arising from normal usage within the 12 month warranty period.

If during the warranty period you submit a claim to SD in accordance with this warranty, SD will

1. repair the product using parts that are equivalent in quality and performance, OR
2. replace the product with the same model or, if you wish, a similar product with equivalent functionality, OR
3. exchange the product for a refund of your purchase price.

Obtaining Warranty Service

To obtain warranty service you are required to present the warranty card together with the purchase receipt for your free warranty service at a service center near you.

Limitation of Liability

This warranty does not apply to damages resulting from neglect, misuse, abuse, natural disaster, abnormal voltage or unforeseen circumstances such as wetting, contamination, lightning, etc. The warranty also does not cover damage due to alteration, adjustment or repair by an unauthorized person.

미국 100대 기업 문서 작성 팁!

Warranty(품질 보증서)는 제품이나 시설에 대한 품질의 요건 및 기준을 보증하는 문서입니다. 보증 기간 동안 제품이나 시설이 명시된 기준에 미치지 못하면 이에 대한 애프터 서비스 및 체계적인 유지보수를 보장합니다. 품질 보증서는 실질적인 서비스 수행이 가능하도록 상세하게 작성되어야 합니다. 보증 카드에 제품명과 모델 번호, 보증 기간 등에 명시되어 있으며, 최근엔 온라인으로 이러한 정보를 확인해 볼 수 있습니다.

〉〉 실무 담당자의 한 마디!

제품이나 시설, 서비스와 관련해 문제가 발생했을 경우 소비자(고객)가 보게 되는 문서이기 때문에 소비자(고객)의 잠재 욕구에 맞는 서비스를 제공할 수 있도록 내용을 최대한 상세하게 작성해야 합니다.

 문서 뼈대 차근차근 분석해보기

SD Product Warranty

❶

This warranty applies to the SD Inkjet 5460 Printer.

Warranty Period

❷ This warranty guarantees the provision of free service for a period of **12 months** from the purchase date stated on the warranty.

Warranty Terms and Conditions

The warranty covers any manufacturing defects and defects arising from normal usage within the 12 month warranty period.

❸ If during the warranty period you submit a claim to SD in accordance with this warranty, SD will

1. repair the product using parts that are equivalent in quality and performance, OR
2. replace the product with the same model or, if you wish, a similar product with equivalent functionality, OR
3. exchange the product for a refund of your purchase price.

Obtaining Warranty Service

❹ To obtain warranty service you are required to present the warranty card together with the purchase receipt for your free warranty service at a service center near you.

Limitation of Liability

❺ This warranty does not apply to damages resulting from neglect, misuse, abuse, natural disaster, abnormal voltage or unforeseen circumstances such as wetting, contamination, lightning, etc. The warranty also does not cover damage due to alteration, adjustment or repair by an unauthorized person.

---

❶ 표제(Heading)

어떤 것에 대한 보증인지 Warranty가 들어가는 제목을 기재한 뒤, 보증서가 보증하고자 하는 제품/시설/서비스의 정확한 명칭을 기재합니다.

❷ 보증 기간(Warranty Period)

보증 기간이 어떻게 되는지 명확히 기재합니다. 덧붙여 숫자가 들어간 기간 부분을 볼드 처리하면 더욱 눈에 잘 띌 수 있습니다.

❸ 조건(Terms and Conditions)

보증서에 따른 서비스의 적용 조건 및 제공하게 되는 서비스의 종류를 함께 기재합니다.

❹ 보증 서비스(Warranty Service)

애프터 서비스, 즉 보증서에 따른 서비스를 이용할 수 있는 방법에 대해 상세히 기술합니다.

❺ 기타(Other)

책임 제한, 사용자의 책임, 추가 정보, 기타 옵션 등의 내용을 기재합니다.

01 this warranty applies to ~ 본 보증서는 ~에 적용된다
This warranty applies to all Mintchem products.
본 보증서는 Mintchem 사의 모든 제품에 적용됩니다.

02 guarantee the provision of ~ ~의 제공을 보장하다
SE Enterprise **guarantees the provision of** free onsite repair.
SE Enterprise 사는 현장 무상 수리 서비스의 제공을 보장합니다.

03 repair a product 제품을 수리하다
The manufacturer will **repair the product** within seven days.
제조사는 7일 이내로 제품을 수리해드릴 것입니다.

04 obtain warranty service 보증 서비스를 받다
To **obtain warranty service**, please visit the nearest SD service center.
보증 서비스를 받으시려거든, 가장 가까운 SD 서비스 센터를 방문하십시오.

05 you are required to ~ ~을 해야 한다
You are required to pay shipping fees.
귀하(고객)가 배송 비용을 지불해야 합니다.

06 cover damage due to ~ ~으로 인한 손상을 책임지다
This warranty does not **cover damage due to** misuse.
본 보증은 오용으로 인한 손상을 책임지지 않습니다.

07 replace a defective product 불량품을 교체하다
Star Appliances will **replace all defective products** made at its Chinese factory.
Star Appliances 사는 중국 공장에서 생산된 모든 불량품들을 교체해드릴 것입니다.

08 ship a replacement product 교환 상품을 발송하다
We will **ship a replacement product** as soon as we receive your defective product.
귀하(고객)의 불량품을 받게 되는 즉시 교환 상품을 발송해드릴 것입니다.

Warranty Status
SD Inkjet 5460 Printer

Your SD warranty expires on Jun 4, 20××

Serial Number: 4DC9403M2D

Product Number: G4809AT

Product Name: SD Inkjet 5460 Printer

Date of Warranty Check: Sep 13, 20××

Warranty Type: Base Warranty

Service Type: SD Maintenance Offsite Support

Status: Active (Expired)

Start Date: Jun 5, 20××

End Date: Jun 4, 20××

Service Level: Global Coverage, Standard Material Handling, Standard Parts, Customer Visit and Pickup at Repair Center

Product Replacement Instructions

To replace your defective product, you will need to send the package to a nearby service center using a traceable carrier such as UPS or FedEx. We will ship a replacement product after we receive the defective product.

Review our warranty policy.

메모 Memorandum

문서 샘플 1 구조 조정에 대한 메모

해석 & 어휘 p.228

To: All Office Mart associates

From: Nate Kendall, President and Chief Executive Officer

Date: July 11, 20××

Subject: Company Restructuring

Today we are announcing structure changes that will impact many of our dear Office Mart associates. While they were very difficult decisions, I believe they are necessary for the future survival and growth of the company.

Due to a shift in today's market and a negative economic downturn, a need has emerged to readily adapt for future times. We are positioning Office Mart to be a more agile company that readily meets customer demands in the face of stiff competition. As a result of these attempts, 350 associates will be displaced within the next two weeks.

We thank these associates for their service for the company. Let me assure that we will do the best we can to assist them in this difficult period of transition.

You will be hearing from your leadership soon about structural changes occurring in your area. If you have any questions, please communicate with your leaders. Thank you for your understanding in these difficult times.

Memo(메모, Memorandum이라고도 함)는 사내 소통의 목적으로 많이 사용하는 문서입니다. 주로 관리자들이 조직원을 위해 작성하는 경우가 많은데, 편지의 형식을 활용한 이메일, 웹사이트 상의 업데이트, 혹은 손으로 써서 직접 전달하는 방식을 취하여 전달합니다. 메모의 내용은 정책 변동, 인사이동, 현황 업데이트, 문제 제시 등으로 다양하며, 또한 메모는 이를 받는 상대방이 적절한 조치를 할 수 있도록 유도하는 것을 목적으로 합니다.

>> 실무 담당자의 한 마디!

메모는 작성자의 목적을 수신자의 관심/필요와 잘 연결해줬을 때에 가장 효율적이라고 볼 수 있습니다. 따라서 수신자를 잘 파악하여 이에 맞게 메모를 작성한 뒤 착오 없이 정확히 발송될 수 있도록 해야 합니다.

 문서 뼈대 차근차근 분석해보기

To: All Office Mart associates

From: Nate Kendall, President and Chief Executive Officer

❶ **Date**: July 11, 20××

Subject: Company Restructuring

❷ Today we are announcing structure changes that will impact many of our dear Office Mart associates. While they were very difficult decisions, I believe they are necessary for the future survival and growth of the company.

❸ Due to a shift in today's market and a negative economic downturn, a need has emerged to readily adapt for future times. We are positioning Office Mart to be a more agile company that readily meets customer demands in the face of stiff competition. As a result of these attempts, 350 associates will be displaced within the next two weeks.

We thank these associates for their service for the company. Let me assure that we will do the best we can to assist them in this difficult period of transition.

❹ You will be hearing from your leadership soon about structural changes occurring in your area. If you have any questions, please communicate with your leaders. Thank you for your understanding in these difficult times.

❶ **표제(Heading)**

수신자 및 발신자가 누구인지, 그리고 메모의 작성 날짜 및 제목을 함께 기재합니다.

❷ **서론(Opening)**

메모의 목적, 메모에서 다루고자 하는 사안 및 문제점이 무엇인지를 언급합니다.

❸ **본론(Main Body)**

다루고자 하는 사안이나 문제점에 대해 자세하게 작성합니다. 여기서 사안이나 문제점과 관련된 발견사항(finding) 및 이를 뒷받침해줄 수 있는 사실(supporting fact), 추천사항(recommendation) 등을 함께 기술할 수 있습니다.

❹ **결론(Closing)**

정중하게 수신자가 어떤 조치를 취하기를 원하는지 자세하게 작성합니다. 첨부 자료가 있을 경우 이를 함께 언급해 줍니다.

01 ▶ **be necessary for/to ~**   ~을 위해/하는 데 필요하다
This reorganization **is necessary to** maximize profits.
이익의 극대화를 위해선 이번 조직 개편이 필요합니다.

02 ▶ **position ~ to be more ~**   ~가 더욱 ~될 수 있도록 하다
This **positions** our department **to be more** cost efficient.
이는 우리 부서가 비용 측면에서 더 효율적이 되도록 해줄 것입니다.

03 ▶ **in the face of stiff competition**   치열한 경쟁 속에서
In the face of stiff competition, we must change and adapt.
치열한 경쟁 속에서, 우리는 변화하고 적응해야 합니다.

04 ▶ **do the best we can to ~**   ~하기 위해 최선을 다하다
Kingmaker.com will **do the best it can to** salvage the situation.
상황을 수습하기 위해 Kingmaker.com은 최선을 다할 겁니다.

05 ▶ **influx of new recruits**   신입사원의 전입
The **influx of new recruits** has necessitated the purchase of additional equipment.
신입사원의 전입으로 인해 추가 장비 구매가 필요하게 되었습니다.

06 ▶ **foster teamwork and cooperation**   팀워크와 협업을 발전시키다
This company outing should **foster** more **teamwork and cooperation**.
이번 회사 야유회는 팀워크와 협업을 좀 더 발전시키게 될 것입니다.

07 ▶ **raise employee morale**   직원들의 사기를 높이다
Company executives must think of ways to **raise employee morale**.
회사 중역들은 직원들의 사기를 높일 수 있는 방법을 찾아야만 합니다.

08 ▶ **appreciate feedback and comments**   피드백과 의견에 감사하다
We **appreciate** your **feedback and comments** on the new model.
신상품에 대한 여러분의 피드백과 의견에 감사드립니다.

TO: Christopher Sullivan, Roger Brock, Hildred Cho

CC: Keith Jackson, Javier Williams

FROM: Jeana Scott

DATE: March 11, 20××

RE: Training Seminar on May 15

Due to an influx of new recruits, the department as a whole has decided to hold a training seminar at the Grand Hotel on May 15, 20××.

The seminar will cover topics such as company rules, general policies, dress code and business etiquette. Motivational speakers are scheduled to appear and group activities that will foster teamwork and cooperation are being planned. I'm hoping that this seminar will turn into an annual event as I believe that it will greatly raise employee morale.

Please see attached agenda for the training seminar. I would appreciate any feedback and comments.

Attached: May 15 Training Seminar Agenda

미국 100대 기업 비즈니스
영어문서 작성법

PART 4

Emails

이메일

Unit 20

비즈니스 이메일의 기본 원칙

대부분의 직장인들은 이메일을 통해 업무에 필요한 의사소통을 합니다. 통계에 따르면 개인 이메일(하루 550억 건)을 주고받는 횟수보다 비즈니스 이메일(하루 890억 건)을 주고받는 횟수가 훨씬 더 많은 것으로 파악되고 있습니다. 이렇듯 이메일은 직장 내에서 많이 활용되는 소통 방식이며, 업무에 활용되는 만큼 보다 상세하고 정확하게 작성될 필요가 있습니다. 특히 개인 이메일과 달리 비즈니스 이메일은 격식을 갖춰 기본적인 원칙에 따라 작성되어야만 합니다.

1. email 아니면 e-mail?

이메일을 표기할 때엔 email과 e-mail, 이 두 용어를 모두 사용할 수 있으며 둘 중 무엇을 쓰든 상관없습니다. e는 electronic(전자)의 줄임말이며 mail과 붙여 복합 명사를 만들 경우 중간에 하이픈을 넣는 것이 원칙이긴 합니다. 다른 예로 e-commerce, e-learning, e-business 등이 있습니다. 하지만 대부분의 사용자는 물론 다양한 기관 및 출판사, 심지어 사전에서도 더 짧고 단순한 용어인 email을 사용하는 추세입니다. 이와 비슷하게 co-worker도 coworker로 바뀌고 있는 추세인데, 중요한 것은 통일성을 위해 하나를 골라 사용해야 한다는 것입니다.

2. 이메일 주소는 어떻게?

구두로 본인의 이메일 주소를 알리거나 상대방이 이메일 주소를 직접 타이핑하게 되는 경우가 있으므로 비즈니스 이메일 주소는 복잡한 필명과 숫자를 넣는 것보다는 가급적 자신의 이름을 넣어 최대한 간단하게 정하는 것이 좋습니다. 숫자를 꼭 넣어야 하는 경우, O, 0, 1, l와 같이 비슷하여 헷갈릴 수 있는 숫자와 글자는 지양합니다. 대부분의 이메일 서비스들은 대소문자를 구분하지 않지만, 그렇게 하는 이메일 프로그램이 있는 경우 대소문자를 섞어 쓰면 상대방에게 혼동을 줄 수 있으므로 반드시 소문자만 사용하도록 합니다.

allintheillusion4829118@mycompany.com (X)

KevinPark@mycompany.com (X)

kevinpark@mycompany.com (O)

비즈니스 이메일 주소는 "이름-성" 순으로 짓는 것이 가장 일반적입니다. 하지만 조금 다르게 지어야 할 경우 다음과 같은 방법을 사용하도록 하십시오.
- first name + last name = kevinpark
- first name . last name = kevin.park
- first name – last name = kevin-park
- first name + middle initial + last name = kevinepark
- first initial + middle initial + last name = kepark
- first initial + last name = kpark

또한 비즈니스 이메일을 보낼 때엔 상대방의 받은 편지함에 풀네임(이름과 성)이 나타날 수 있도록 설정하면 좋습니다. 회사명이나 기타 아이디가 나타나면 스팸으로 보일 가능성이 있고, 이메일 주소나 이름, 성만 나타나게 되면 성의 없어 보여 무시될 가능성이 있습니다.

MyCompany <kevinpark@mycompany.com> (X)

kevinpark@mycompany.com <kevinpark@mycompany.com> (X)

Kevin <kevinpark@mycompany.com> (X)

Kevin Park <kevinpark@mycompany.com> (O)

3. Dear 대신 Hi 또는 Hello를 사용해도 되는가?

이메일이 대중적인 소통의 방식으로 발달되면서 비즈니스 이메일에서도 Dear 대신 좀 더 친근한 표현인 Hi와 Hello를 많이 쓰게 되었습니다. 상대방에게 이메일을 처음 쓰거나 CEO와 같이 높은 사람에게 이메일을 보낼 때엔 Dear를 쓰는 것이 좋습니다. 이 외에는 맺고 있는 관계 및 친근한 정도에 따라 Hi, Hello, Hey, Hi there, Good morning 등을 쓸 수 있습니다. 심지어 최근엔 Dear를 쓰는 것을 이상히 여기는 사람도 있습니다. 친분과 신뢰감을 쌓으려고 일부러 Hi나 Hello를 쓰게 되면 성(Mr. Smith)이 아닌 이름(John)을 부르는 분위기가 됩니다. 단, 어떤 방식을 취하든 인사말은 꼭 포함시키는 것이 좋습니다. 아래의 표를 보며 격식적인 인사말부터 비격식적인 인사말 표현까지 두루 살펴보도록 합시다.

인사말	설명
Dear Mr. Smith:	Dear와 콜론(:)은 매우 격식 있는 표현이며, 상당히 높은 사람에게 이메일을 보내거나 중요한 이메일을 처음으로 보낼 때에 씁니다. 이럴 때엔 단순히 Mark와 같이 이름을 표기하는 것이 아니라 Mr. Smith, Ms. Smith와 같이 써야 합니다.
Dear Mark,	딱딱하고 구식이라 여기는 사람도 있고, 기본예절로 여겨 꾸준히 쓰는 사람도 있습니다. 뭘 쓸지 모를 땐 이 표현이 가장 무난합니다.
Hello (Mark),	Dear만큼 딱딱하진 않으면서 Hi보다는 좀 더 격식이 있는 인사말입니다. 기업이 고객에게 보내는 이메일에서 많이 쓰입니다.
Hi (Mark),	잘 아는 사이라면 Hi를 가장 많이 쓰는 편입니다. 이름과 함께 Hi Mark,와 같이 쓰기도 하고 이름 없이 Hi라고만 쓰기도 합니다.
Hey (Mark),	Hi보다도 더 캐주얼한 표현인데, 세련되지 못하다고 여기는 사람들도 있습니다.
Mark,	인사말 없이 이름만 적는 경우도 있는데, 너무 무뚝뚝하다고 여기는 사람들도 있습니다.
"생략"	인사말을 생략하면 다소 성의 없어 보일 수 있으며, 특히 비즈니스 이메일 작성 시 인사말을 아예 생략하는 것은 추천하지 않습니다.
Hi there. / Hello there. / Hey there.	최근에 조금씩 쓰기 시작한 표현이지만 아직 흔하진 않습니다. 비격식적인 이메일에서 상대방의 이름을 모를 경우 많이 쓰입니다.

4. Mr., Mrs. 그리고 Ms.는 언제 쓰나요?

첫 이메일에서 이름으로만 부르면 무례하다고 생각할 수 있으므로, Dear Mr. Jones와 같이 형식을 지켜서 쓰면 좋습니다. 친해진 후에 Dear Danny와 같이 이름을 써서 표기하면 됩니다. Mrs.는 결혼한 여성, Miss는 결혼하지 않은 여성에 사용하는데, 혼인 여부를 모를 경우 Ms.로 통일하면 됩니다. 상대방의 성별이 구분이 안 될 경우엔 Mr./Ms. 없이 풀네임으로 작성하면 됩니다. (예: Dear Jamie Anderson). 참고로 영국 영어에서는 Mr/Ms 뒤에 마침표를 찍지 않습니다. (예: Dear Mr Jones, Dear Ms Gibney)

5. Re: (또는 RE:)

'Re:'는 Reply(답장)의 뜻으로 쓰이는 문구입니다. 대부분의 이메일 앱에서는 답장 버튼을 클릭할 때 제목란에 자동으로 'Re:'가 뜹니다. 어떤 사람들은 이를 Regarding(~에 관하여)이라고 생각하여 답장을 할 때 이 표현을 쓰지 않고 누군가에게 첫 이메일을 보낼 때에 이 표현을 쓰기도 합니다. 하지만 원칙적으로 'Re:'는 Reply의 약자라는 것을 기억하되, 경우에 따라 꼭 답장이 아닐 수도 있다고 알아두시면 됩니다.

6. Fwd: (또는 FWD:, Fw:, FW:)

'Fwd:'는 '전달'이라는 뜻을 가진 Forward의 줄임말입니다. 이 문구는 본인이 받은 이메일을 다른 사람에게 발송할 때 입력하게 되는 문구입니다.

7. Cc: (또는 CC:)

'Cc:'는 Carbon copy의 약어이며, 우리나라 말로 '참조'라는 뜻을 가진 이메일의 수신자 항목 중 하나입니다. 이메일에서 'To:' 항목에는 1차 수신자(primary recipient)를 입력하고 'Cc:' 항목에는 2차 수신자(secondary recipient)를 입력하게 됩니다. Carbon copy는 카본지로 만든 복사본이라는 뜻인데, Cc에 있는 수신자가 이메일의 복사본(copy)을 받는 것이라고 볼 수 있기 때문에 이 약어를 쓰게 되었습니다.

8. Bcc: (또는 BCC:)

'Bcc:'는 blind carbon copy의 약어이며 '숨은 참조'라는 의미를 갖고 있습니다. 1차, 2차 수신자 말고도 제3차 수신자(tertiary recipient)에게 이메일을 발송할 때에 입력하게 되는 수신자 항목입니다. 1차, 2차 수신자는 3차 수신자의 이메일 주소를 볼 수 없기 때문에 blind(눈이 먼)라는 단어가 들어가게 됩니다. 3차 수신자 본인도 보통 본인 외에 1, 2차 그리고 다른 3차 수신자의 이메일 주소를 볼 수 없습니다. 수신자가 많거나 메일링 리스트(mailing list)상의 다른 수신자를 알면 안 되는 상황에서 흔히 사용하는 항목입니다.

9. P.S.

'P.S.'는 Postscript의 약어로 편지와 같이 이메일에서 종종 쓰이는 문구입니다. 인사까지 포함해 이메일을 마무리한 다음 추가로 한 문장이나 하나의 단락을 넣을 때에 쓰는 용어입니다. 라틴어 표현인 post scriptum에서 유래되었으며, 뜻은 'written after', 또는 '이후에 쓴'입니다. P.S.는 주로 개인 이메일에서 쓰게 되는 표현이며, 격식 있는 비즈니스 이메일에서 P.S.를 쓰는 것은 추천하지 않습니다. 첫 추신 이후 추신을 하나 더 추가하려면 PPS(post post scriptum)와 같은 항목으로 추가할 수 있습니다. 흔하지는 않지만 이후에도 P를 추가해 계속해서 추신을 넣을 수 있습니다(예: PPPS, PPPPS 등).

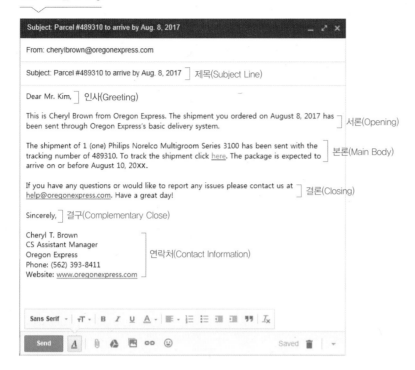

❶ 제목(Subject Line)

직장인들은 이메일의 제목이 어떠한가에 따라 이메일을 바로 확인할지, 아니면 나중에 확인할지, 혹은 확인하지 않을지 여부를 결정합니다. 이메일 제목은 짧으면서도(여덟 단어 이하) 자세하게 쓰는 것이 좋습니다. 모바일에서는 이메일의 제목이 너무 길면 잘릴 가능성이 있습니다. 제목을 다 읽을 수 없게 되면 상대방은 이메일이 어떤 내용을 담고 있는지 알 수 없고, 그에 따라 이메일에 특별한 관심을 쏟지 않을 수도 있습니다. 특히 요즘에는 40% 정도의 이메일을 모바일로 확인하기 때문에 제목을 보다 짧게 작성하는 것이 중요합니다. 또한, 제목만 보고도 이메일의 내용이 무엇인지 예측할 수 있도록 간결 명료하게 작성해야 합니다. 참고로 제목을 어떻게 작성해야 할지 잘 모르겠다면 Regarding이나 About 등으로 제목을 시작해 이 뒤에 이메일의 요약 내용을 넣어서 작성하는 것이 가장 무난합니다.

제목 예시	Subject: Parcel #489310 to arrive by Aug. 8, 20××
안 좋은 제목 예시	(1) Subject: Here's the IP5 statistics report that you requested from me yesterday. / (2) Subject: Meeting / (3) Subject: Good morning / (4) Subject: To Karen / (5) Subject: It's Paul
좋은 제목 예시	(1) Subject: IP5 statistics report / (2) Subject: Meeting request for Tuesday
Regarding, About	[Regarding 또는 About (관하여) + Noun (명사)] Subject: Regarding our meeting yesterday Subject: About the statistics report

❷ 인사(Greeting)

이메일 첫머리에서 Dear, Hi, Hello 등으로 시작하며 인사를 합니다. 첫 이메일을 받는 상대방이 높은 사람일 경우엔 성(예: Dear Mr. Price,)을 넣어 작성하고, 이름을 모른다면 직책명을 써서 작성합니다. (예: Dear HR Manager,) To whom it may concern,과 Dear Sir or Madam,은 구식이면서도 결례가 될 수 있는 표현이므로 가급적 사용하지 않는 것이 좋습니다. 격식 있는 이메일이라면 콜론(:)을 쓰고 그렇지 않으면 쉼표(,)를 씁니다. 어느 정도 친분이 있는 사이라면 이름을 넣어 Dear Steve,로 시작해도 됩니다.

> Dear Mr. Kim,

❸ 서론(Opening)

이메일을 작성할 때엔 첫 단락에 이메일의 용건(목적)을 적어야 합니다. 상대방에게 처음으로 보내는 이메일이라면 간단한 자기소개도 곁들입니다. 용건을 다른 곳에 적어 잘 드러나지 않을 경우 첫 단락으로 옮겨 다시 작성합니다. 첫 단락에서 상대방이 이메일의 목적을 정확히 파악할 수 있어야 합니다.

> This is Cheryl Brown from Oregon Express. The shipment you ordered on August 8, 20×× has been sent through Oregon Express's basic delivery system.

❹ 본론(Main Body)

본론에서는 서론에서 밝힌 주제를 구체적으로 뒷받침하거나 확장해서 전개할 수 있도록 관련 사실 및 추가 정보 등을 바탕으로 상세하게 작성합니다.

> The shipment of 1 (one) Philips Norelco Multigroom Series 3100 has been sent with the tracking number of 489310. To track the shipment click here. The package is expected to arrive on or before August 10, 20××.

❺ 결론(Closing)

마지막 단락에서는 상대방이 해야 할 일을 요청하거나 상대방에게 감사의 인사를 남기면 됩니다. 혹은 자신(발신자)의 연락처를 남기면서 이메일을 마무리할 수도 있습니다.

> If you have any questions or would like to report any issues please contact us at help@oregonexpress.com. Have a great day!

❻ 결구(Complementary Close)

이메일 끝에 사용할 수 있는 결구는 그 종류가 매우 다양하여 이메일 작성자가 헷갈릴 가능성이 있습니다. 오른쪽 페이지 상단의 표에 격식 있는 결구부터 가벼운 느낌의 결구까지 순서대로 나열해 놓았습니다. 이메일을 보내는 상대방이 누구인지, 그리고 보내는 상황이 어떠한지에 따라 이에 맞는 결구를 골라서 쓰면 됩니다. 제시된 결구 중 Best regards,와 Sincerely,를 가장 많이 사용하며, 어떤 결구를 쓸지 모를 때에는 이 두 가지 중 하나를 사용하는 것이 가장 무난합니다. 덧붙여 비즈니스 이메일에서는 "생략"과 그 이하에 나온 표현들은 지양합니다.

매우 격식	[윗사람, 정부 기관, 처음 연락하는 고객 등] – Respectfully submitted, / Respectfully, / Very truly yours, / Yours truly, / Yours sincerely, / Sincerely yours,
중간 격식	[여러 번 연락한 사이의 회사 직원, 고객] – Sincerely, / Cordially, / Yours faithfully, / Best regards, / Kind regards, / Regards,
낮은 격식	[어느 정도 친분이 있는 직장 동료, 부하 직원 등] - Best wishes, / With thanks, / Warm wishes, / Warm regards, / All the best, / Many thanks, / Thanks, / "생략"
캐주얼	[개인적으로 아는 친구, 지인] - Take care, / Cheers, / See you soon,
매우 캐주얼	[가족, 친한 친구, 애인] - Much love, / Love, / With love, / Yours forever, / XOXO,

❼ 연락처(Contact Information)

이메일 맨 끝에 나오는 서명 부분에는 이름과 연락처를 기재하는데, 여기엔 1) 이름만 넣는 경우가 있고, 2) 직책명, 회사명, 이메일 주소, 회사 주소, 전화번호, 팩스번호, 웹사이트 주소, 블로그 주소, 트위터 아이디, 페이스북 주소까지 넣는 경우도 있습니다. 여기엔 최소 이름, 직책, 회사명을 넣는 것이 일반적입니다. 상대방으로부터 회신이나 연락을 받아야 할 경우, 전화번호 정도는 포함시켜 작성하는 것이 좋습니다. 홍보 차원에서 회사 홈페이지 주소를 넣는 것도 나쁘지 않습니다. 작성 순서를 보자면 이름–직책–회사명–연락처 순으로 기재하면 됩니다. 상대방과 잘 아는 사이라면 이 부분은 생략 가능합니다.

Sincerely,

Cheryl T. Brown
CS Assistant Manager
Oregon Express
Phone: (562) 393-8411
Website: www.oregonexpress.com

11. 비즈니스 이메일 작성의 기본 원칙 12가지

❶ 모든 단락을 들여 쓰지 않고 여백 없이 페이지의 맨 왼쪽부터 시작합니다.

❷ 단락 간 행간은 한 줄로 띄어 씁니다.

❸ 첫 단락에 용건(목적)을 밝힙니다.

❹ 본론은 이메일의 주제와 관련해 최대한 자세한 내용으로 작성합니다.

❺ 결론에서는 상대방에게 요청하고 싶은 사항을 언급합니다.

❻ 가급적 짧은 단어, 짧은 문장, 짧은 문단을 활용하여 이메일을 짧게 작성합니다.

❼ 능동태 문장을 사용하여 이메일을 작성합니다.

❽ 이메일을 작성한 후 오류와 오타를 꼼꼼히 확인합니다.

❾ 짧으면서도 핵심 내용을 잘 담을 수 있도록 간결 명료하게 제목을 작성합니다.

❿ 나열할 사항이 있을 경우 불릿포인트(bullet point)를 사용합니다.

⓫ 약어를 사용하지 않습니다.

⓬ 이메일을 받을 경우 가능한 한 답장을 바로 보내도록 합니다.

홍보 이메일 Promotional Email

문서 샘플 1　신규 사이트 홍보 이메일

○ 해석 & 어휘 p.230

| Subject | ✉ | James Sutton: You're Invited to Join EZ's Site, WearPlus.com |

Dear James Sutton,

We'd like to recommend EZ's private shopping site,

WearPlus.com.

We offer great benefits for your shopping pleasure.

On Sale Every Day: **Up to 40% off designer brands, plus great finds for home.**

Free Delivery: **Free shipping on orders over $69**

Powered by EZ: **Sign in and make purchases with your existing EZ account.**

New event launch daily. Join today!

Unsubscribe | Help

Customer Assistance 1-866-235-5443

©2017 EZ Inc., 1555 Clark Street
Westbury, NY 11590. All rights reserved.

미국 100대 기업 문서 작성 팁!

Promotional email(홍보 이메일)은 기업들이 마케팅 목적으로 잠재 고객이나 이메일 수신에 동의한 회원들에게 보내는 이메일입니다. 할인 행사, 신제품 출시, 서비스 개시 등을 수신자들에게 알리며 브랜드 인지도를 향상시키고 고객 관계를 형성하는 것이 바로 홍보 이메일의 목적이며, 큰 비용이 들지 않으면서도 많은 사람들에게 접근할 수 있는 효율적인 수단이기 때문에 점점 더 많은 기업들이 활용하고 있습니다. 홍보 이메일에서는 글을 최소화하고 시각적 관심을 끌 수 있도록 멋진 이미지 등을 활용하는 것이 좋습니다.

>> 실무 담당자의 한 마디!

수신자들이 스팸으로 생각해 무시할 가능성이 있으므로 제목을 잘 작성해야 합니다. 수신자의 이름, 수신자의 관심 사항, 눈길을 끄는 키워드 등을 넣어 제목을 작성해야 수신자가 메일을 열어볼 확률이 커집니다.

문서 뼈대 차근차근 분석해보기

❶ Subject ✉ James Sutton: You're Invited to Join EZ's Site, WearPlus.com

❷
Dear James Sutton,

We'd like to recommend EZ's private shopping site,

WearPlus.com.

We offer great benefits for your shopping pleasure.

❸
On Sale Every Day: Up to 40% off designer brands, plus great finds for home.

Free Delivery: Free shipping on orders over $69

Powered by EZ: Sign in and make purchases with your existing EZ account.

New event launch daily. Join today!

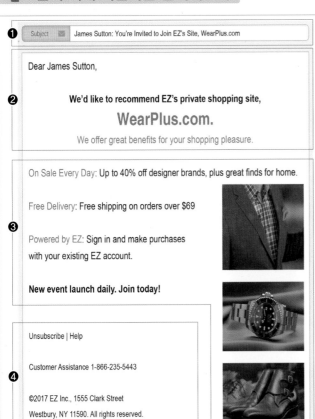

❹
Unsubscribe | Help

Customer Assistance 1-866-235-5443

©2017 EZ Inc., 1555 Clark Street
Westbury, NY 11590. All rights reserved.

❶ 제목(Subject)

제목만 봐도 이메일을 열어보고 싶을 정도로 제목을 최대한 창의적으로 작성합니다.

❷ 표제(Title)

이메일의 내용을 명확히 드러내줄 수 있는 표제, 또는 소개 글을 기재합니다. 짧고 간결하면서도 핵심을 잘 드러낼 수 있어야 합니다.

❸ 본론(Body)

홍보 이메일의 주제와 관련된 내용을 상세하게 작성합니다. 예를 들면 할인 행사와 같은 다양한 이벤트 관련 내용을 작성할 수도 있고, 홍보하고자 하는 제품과 관련된 정보를 중심으로 작성할 수도 있습니다. 본론을 작성할 때엔 앞서 말한 것과 같이 다양한 이미지를 활용하여 읽는 이의 눈길을 사로잡는 것이 좋습니다.

❹ 기타(Other)

수신거부 링크 및 회사의 연락처, 정보 등을 기재합니다.

01 **you're invited to ~** ~해주십사 귀하를 초대하다
You're invited to visit our newest location at Ulsan.
울산에 개장한 저희 매장을 방문해주십사 귀하를 초대합니다.

02 **we'd like to recommend ~** ~을 추천하고자 한다
We'd like to recommend our new Android phone, NK1.
새 안드로이드 폰인 NK1을 추천해 드리고자 합니다.

03 **up to ~% off** ~%까지 할인
Up to 25% off.
25%까지 할인

04 **free shipping on orders over ~** ~이상의 주문은 무료 배송
We offer **free shipping on orders over** $100.
100달러 이상 주문 시 무료 배송 서비스를 제공합니다.

05 **take advantage of benefits** 혜택을 누리다
Take advantage of all these discount **benefits.**
이 모든 할인 혜택을 누리시기 바랍니다.

06 **get access to ~** ~을 획득하다, ~에 접근하다
Get access to these incredible savings by scanning the QR code below.
아래의 QR 코드를 스캔하시고 놀라운 할인 혜택을 받아가시기 바랍니다.

07 **follow us online** 온라인에서 우리를 팔로우하다
Follow us online by registering here.
이곳에 가입하시어 온라인에서 저희를 팔로우하십시오.

08 **unsubscribe from future emails** 향후의 메일 수신을 거부하다
Unsubscribe from future emails by clicking here.
여기를 클릭하시어 향후 메일 수신을 거부하십시오.

⊙ 해석 & 어휘 p.231

Subject ✉	Save More than 30% at Headway Plus

View as a web page | Forward to a friend

Welcome to Headway Plus
Exclusive benefits. Terrific Savings.

Start taking advantage of your benefits.

ONLINE WEBSITE
Buy on our website and save more than 30%!

Sign Up >

MOBILE APP
Get access to great discount coupons and much more.

Download Now >

OFFLINE STORE
Meet managers who will find the perfect items for you.

Find a Location >

Follow us online.

Please do not reply to this email. To contact us, click here or call us at 1-800-776-5000.

To customize the settings for your profile and subscriptions, click here. To unsubscribe from future emails, click here.

 문서 샘플 1 샘플 요청

○ 해석 & 어휘 p.232

Subject	✉	Request for "Active Liver" Sample

Dear Mr. Spink:

My name is Hyun-jung Lee and I'm in charge of marketing at Han Pharmaceutical. We are the second largest pharmacy chain here in Korea and are constantly looking to expand our product lineup.

We are interested in importing some of your products. We are especially interested in "Active Liver" which I understand promotes healthy liver.

Could you send us a free sample of Active Liver? One unit of the product or 30 tablets should be sufficient. We would be grateful if you could also provide details such as ingredients, recommended use and supplement facts. Please also include pricing information for bulk orders. If lucrative, we are hoping to make an exclusive contract with you.

You may reach me via this email address or by calling me at 82-2-990-3933. I look forward to hearing from you.

Kind regards,

Hyun-jung Lee
Marketing Manager
Han Pharmaceutical

미국 100대 기업 문서 작성 팁!

Request email(요청 이메일)은 상대방에게 제품 샘플 또는 파일, 서비스 등을 요청하는 이메일입니다. 받는 사람의 이름과 직책, 연락처를 정확하게 작성하는 것이 중요합니다. 상대방에게 보내는 첫 이메일이라면 자기소개부터 한 후 받고자 하는 것을 언급하면 됩니다. 요청하는 목적 또한 반드시 언급해야 합니다. 마지막 단락에서는 연락을 취할 수 있는 방법과 함께 답장을 기다리겠다는 의사 표현을 정중하게 하도록 합니다.

>> 실무 담당자의 한 마디!

요청 이메일을 보낼 때엔 자신의 요청이 왜 중요한지, 그리고 상대방이 이 요청을 수행함으로써 얻을 수 있게 되는 이점이 무엇인지를 함께 언급해주면 상대가 이메일에 호의적으로 회신할 확률이 높아집니다.

문서 뼈대 차근차근 분석해보기

❶ Subject | Request for "Active Liver" Sample

❷ Dear Mr. Spink:

My name is Hyun-jung Lee and I'm in charge of marketing at Han Pharmaceutical. We are the second largest pharmacy chain here in Korea and are constantly looking to expand our product lineup.

❸ We are interested in importing some of your products. We are especially interested in "Active Liver" which I understand promotes healthy liver.

Could you send us a free sample of Active Liver? One unit of the product or 30 tablets should be sufficient. We would be grateful if you could also provide details such as ingredients, recommended use and supplement facts. Please also include pricing information for bulk orders. If lucrative, we are hoping to make an exclusive contract with you.

❹ You may reach me via this email address or by calling me at 82-2-990-3933. I look forward to hearing from you.

Kind regards,

Hyun-jung Lee
Marketing Manager
Han Pharmaceutical

---

❶ 제목(Subject)

제목을 쓸 때엔 'Request for ~'와 같이 'Request'을 넣어서 작성하도록 합니다.

❷ 서론(Opening)

자기소개 및 회사 소개를 간단히 합니다. 자기 소개를 할 때엔 본인의 이름과 함께 자신이 맡고 있는 직책을 함께 언급하면 됩니다.

❸ 본론(Main Body)

상대방에게 요청하고자 하는 것이 무엇인지 정확히 드러날 수 있도록 내용을 작성합니다. 상대방이 요청을 접수 및 수락했을 경우, 그에 따른 결과도 함께 언급하면 좋습니다.

❹ 끝맺음(Closing)

상대방이 연락을 취할 수 있는 연락처를 남기면서 답장을 기다리겠다는 정중한 말로 이메일을 마무리합니다. 내용 마무리 후엔 Kind regards,와 같은 정중한 인사말을 넣도록 합니다.

01 ▶ **I'm in charge of** ~ 저는 ~을 담당하고 있습니다
I'm in charge of PR at my company.
저는 회사에서 홍보를 담당하고 있습니다.

02 ▶ **we are interested in** ~ 저희는 ~에 관심(생각)이 있습니다
We are interested in receiving an estimate on the X1.
저희는 X1과 관련해 견적을 받을 생각을 갖고 있습니다.

03 ▶ **Could you send us** ~? ~을 보내주실 수 있나요?
Could you send us a brochure on all your products?
귀사의 전 제품에 대한 브로셔를 보내주실 수 있는지요?

04 ▶ **we would be grateful if** ~ ~해주신다면 감사하겠습니다
We would be grateful if you could also send pricing information.
가격 정보도 보내주신다면 감사하겠습니다.

05 ▶ **you may reach me via** ~ ~을 통해 연락하셔도 됩니다.
You may reach me via telephone or email.
전화나 이메일로 연락하셔도 됩니다.

06 ▶ **look forward to** ~ ~을 기다리겠습니다
I **look forward to** hearing from you.
귀하의 답장을 기다리겠습니다.

07 ▶ **I am writing to** ~ ~하기 위해 이메일을 보냅니다(연락드립니다)
I am writing to request a copy of the MOU.
양해 각서를 요청드리고자 이렇게 이메일을 보냅니다.

08 ▶ **thank you for** ~ ~해주셔서 감사합니다
Thank you for your consideration.
이해해주셔서 감사드립니다.

Subject	✉	Recommendation Letter Request

Dear Mr. Berman,

I hope you are doing well. I am writing to ask you a huge favor. I'm applying for a senior marketing position with Kaellum and I was hoping you would write a letter of recommendation on my behalf. Having worked closely with you for more than ten years you were the first person that I thought up for a reference. You also have much credibility and I always respected your judgment and opinions.

For your convenience, I have attached a draft letter which you might use as a template. I included a list of what I think are my core achievements and strengths. I believe they will refresh your memory on the projects that I did between 20×× and 20××.

I completely understand if you don't have the time or inclination to write the letter. If you are willing, feel free to make changes to the attached sample as you see fit. I've also attached my resume and copy of the job posting for your reference. If you have any questions or need more information I can be reached at 324-339-4554.

Thank you for your consideration.

Sincerely,

Amy Leo

 **문서 샘플 1** 제휴 제안

⊙ 해석 & 어휘 p.234

Subject ✉	Business Proposal for "Active Liver"

Dear Mr. Spink,

This is Hyun-jung Lee from Han Pharmaceutical. I would like to thank you for the sample of "Active Liver" that we requested from you. It arrived in good condition about a week ago.

After studying the sample and conducting extensive market research we believe that "Active Liver" has good potential here in the Korean market. That's why I propose an exclusive import contract. If you give us exclusive rights for two years to import and sell your product we'll offer the following benefits.

• Wide distribution and promotion of "Active Liver"
• Guarantee of the sale of at least 1,500 units per year
• Future consideration of the importing of other products

Let me know what you think. You can email me or call me at 82-2-990-3933 with your opinion.

Best wishes,

Hyun-jung Lee
Marketing Manager
Han Pharmaceutical

미국 100대 기업 문서 작성 팁!

Proposal Email(제안 이메일)은 각종 사업 및 사업 제휴, 계약 등을 제안하기 위해 작성하는 이메일입니다. 상대방이 제안을 받아들이도록 해야 하기 때문에 설득 포인트가 있어야만 합니다. 따라서 제안 이메일에는 상대방이 제안을 받아들여야만 하는 이유, 또는 제안을 받아들였을 시의 혜택 등을 꼭 명시해야 합니다. 서론에서는 제안하는 내용이 무엇인지 정확히 언급하고, 이와 함께 제안을 하게 된 배경까지 작성하면 좋습니다.

>> 실무 담당자의 한 마디!

제안 이메일에서는 제안하고자 하는 내용이 상대방의 관심사와 연결되면 답변을 받을 확률이 훨씬 높아집니다. 따라서 제안 이메일을 작성할 때엔 상대방의 관점을 충분히 고려하여 작성해야 합니다.

 문서 뼈대 차근차근 분석해보기

❶ Subject ✉ Business Proposal for "Active Liver"

❷ Dear Mr. Spink,

This is Hyun-jung Lee from Han Pharmaceutical. I would like to thank you for the sample of "Active Liver" that we requested from you. It arrived in good condition about a week ago.

❸ After studying the sample and conducting extensive market research we believe that "Active Liver" has good potential here in the Korean market. That's why I propose an exclusive import contract. If you give us exclusive rights for two years to import and sell your product we'll offer the following benefits.

• Wide distribution and promotion of "Active Liver"
• Guarantee of the sale of at least 1,500 units per year
• Future consideration of the importing of other products

❹ Let me know what you think. You can email me or call me at 82-2-990-3933 with your opinion.

Best wishes,

Hyun-jung Lee
Marketing Manager
Han Pharmaceutical

❶ 제목(Subject)

제목을 쓸 때엔 제목에 'Proposal'이란 용어를 넣어서 작성하도록 합니다.

❷ 서론(Opening)

상대방에게 인사를 건넨 후, 이 같은 제안 이메일을 보내게 된 배경을 설명하도록 합니다.

❸ 본론(Main Body)

제안하고자 하는 내용을 구체적으로 작성하도록 합니다. 제안 내용을 작성할 때엔 상대방이 제안을 받아들였을 시 얻게 될 다양한 혜택을 반드시 포함시키는 것이 좋습니다. 그렇게 해야 상대방의 회신 가능성을 높일 수 있습니다.

❹ 끝맺음(Closing)

마지막 부분에서는 상대방에게 제안에 대해 어떻게 생각하는지 답변을 해달라고 요구한 뒤, 상대방이 연락을 취할 수 있는 방법을 남깁니다.

01 I would like to suggest ~ ~을 제안하고자 합니다
I would like to suggest the following.
저는 다음과 같은 사항을 제안하고자 합니다.

02 conduct market research 시장조사를 실시하다
Sam **conducted market research** for the new model.
Sam 씨가 신제품을 위한 시장조사를 실시했습니다.

03 have good potential 좋은 잠재력(가능성)이 있다
We believe walnuts **have good potential** in Vietnam.
우리는 호두가 베트남에서 좋은 잠재력이 있다고 생각합니다.

04 That is why I propose ~ 이러한 이유로 ~을 제안합니다
That is why I propose that we form a partnership.
저는 이러한 이유로 저희가 제휴 관계를 맺길 제안하는 바입니다.

05 offer the following benefits 다음과 같은 혜택을 제공하다
This contract **offers the following benefits** to your company.
본 계약은 귀사에게 다음과 같은 혜택을 제공합니다.

06 let me know what you think 어떻게 생각하시는지 알려주십시오
Let me know what you think about my proposal.
제가 드린 제안에 대해 어떻게 생각하시는지 알려주십시오.

07 require immediate attention 즉각적인 주의를 요하다
This incident **requires** your **immediate attention**.
이 사건은 귀하의 즉각적인 관심을 요합니다.

08 I think it would be best if ~ ~라면 가장 좋을 걸로 생각됩니다
I think it would be best if you invested in this stock.
귀하께서 이 주식에 투자하시면 가장 좋을 걸로 생각됩니다.

| Subject | ✉ | Meeting Proposal |

Hi Mike,

This is Lizzy from the HR Department. The recent security leak has not gone well with our customers and the issue requires immediate attention.

This is why I propose a meeting to be attended by us (HR department), the PR Department, Technical Department and the Sales Department. I think it would be best if you attended the meeting yourself as I think you're the most knowledgeable person in Sales.

If it's okay with you would you let me know when you are available tomorrow?

Lizzy

 문서 샘플 1 제품에 대한 문의

○ 해석 & 어휘 p.236

| Subject | ✉ | Inquiry on sparking cables |

Dear Ms. Jennings,

My name is John Ha and I'm the production manager at TK Motors. I am looking for a supplier of sparking cables.

I would like to know whether you have them available and, if so, how much they would cost. I'm especially interested to know what types you have and the price for each. Also, I would like to inquire about the extended warranty and payment options.

Please revert back to me with all relevant information and options. Thank you very much.

Best regards,

John Ha
Production Manager
TK Motors
070-3651-9302
www.tkmotors.com

미국 100대 기업 문서 작성 팁!

Inquiry email(문의 이메일)은 상대방에게 궁금한 점에 대해 문의하거나 필요한 정보를 얻기 위해 보내는 이메일입니다. 대부분의 경우 상대방이 답장을 꼭 해야 할 의무가 없으므로, 상대방이 충분히 관심을 가질 수 있도록 최대한 정중한 어투로 문의사항을 작성해야 합니다. 문의 이메일을 작성할 땐 간단한 자기소개를 한 후 문의사항 및 문의하게 된 이유를 밝히고, 그 후 상대방에게 요청하고자 하는 것이 무엇인지 언급하도록 합니다.

>> 실무 담당자의 한 마디!

보다 정중한 어조(tone)로 말하고자 할 땐, 물음표가 들어가 있는 직접적인 문장보다는 "I would like to know…" "I was wondering if…"와 같이 간접적으로 돌려 말할 수 있는 문장으로 요청하는 것이 좋습니다.

문서 뼈대 차근차근 분석해보기

| Subject | ✉ | Inquiry on sparking cables |

❷ Dear Ms. Jennings,

My name is John Ha and I'm the production manager at TK Motors. I am looking for a supplier of sparking cables.

❸ I would like to know whether you have them available and, if so, how much they would cost. I'm especially interested to know what types you have and the price for each. Also, I would like to inquire about the extended warranty and payment options.

Please revert back to me with all relevant information and options. Thank you very much.

Best regards,

❹ John Ha
Production Manager
TK Motors
070-3651-9302
www.tkmotors.com

❶ 제목(Subject)

단순히 'Inquiry'라고만 작성하기보다, 상대방이 무엇에 관한 문의인지 알 수 있도록 "Inquiry on 문의 내용"과 같이 작성하면 좋습니다.

❷ 서론(Opening)

간단히 자기소개를 한 후, 이 같은 문의 이메일을 보내게 된 배경에 대해 언급하도록 합니다.

❸ 본론(Main Body)

문의하고자 하는 내용을 구체적으로 작성합니다. 앞서 말했듯, 상대방이 좀 더 관심을 갖고 읽을 수 있도록 "I would like to know ~"와 같은 정중한 어조의 문장을 활용하여 작성하는 것이 좋습니다.

❹ 끝맺음(Closing)

상대방에게 부탁하고 싶은 것을 정확히 명시하며 간단한 감사인사와 함께 마무리합니다. 이메일 말미엔 상대방이 연락할 수 있는 연락처를 남기는 것도 좋습니다.

01 we are looking for ~ 저희는 ~을 찾고 있습니다
We are looking for a methane supplier.
저희는 메탄 공급업자를 찾고 있습니다.

02 I'm interested to know ~ ~에 관해 알고자 합니다
I'm interested to know if you give discounts for Ex-Works.
Ex-Works으로 거래할 시 귀사께서 할인을 제공해주시는지 여부를 알고자 합니다.

03 I would like to inquire about ~ ~에 대해 문의하고자 합니다
I would like to inquire about your many products.
귀사의 여러 제품들에 관해 문의를 드리고자 합니다.

04 revert back to me 제게 다시 연락 주시기 바랍니다
Please **revert back to me** with more information.
좀 더 많은 정보와 함께 제게 다시 연락 주시기 바랍니다.

05 come across your company 귀사를 우연히 발견하다
I **came across your company** at LinkdIn.
링크드인에서 귀사를 우연히 접하게 되었습니다.

06 have a strong online presence 탄탄한 온라인 인지도를 갖고 있다
AT&T **has a strong online presence** nowadays.
AT&T는 현재 탄탄한 온라인 인지도를 확보하고 있습니다.

07 I was wondering if ~ ~인지 궁금합니다
I was wondering if you still do business in Korea and Japan.
귀하께서 아직도 한국과 일본에서 사업을 하고 계신지 궁금합니다.

08 explore a possible cooperation 가능한 제휴(협업)를 알아보다
Feel free to contact us if you would like to **explore a possible cooperation**.
가능한 제휴를 알아보고자 하신다면 제게 언제든 연락 주시기 바랍니다.

Subject ✉	Online Services from Collor Ads

Hi there,

My name is Linda Batten and I'm with Collor Ads. We are one of the leading providers of digital marketing services. I came across your organization while searching for companies that might need our services.

You already seem to have a strong online presence and I was wondering if you wanted to further solidify that with our proven online strategies. If you could share with us your goals for this year, I'll gladly explain how we can help you achieve them through online advertising.

If you would like to explore a possible cooperation with us feel free to contact me by email at linda.batten@collor.com or by phone at (353) 477-9004. Looking forward to doing business with you.

Kind regards,

Linda Batten
Collor Ads
www.collor.com

Unit 25 통보 이메일 Notification Email

 **문서 샘플 1** 서비스 중지에 대한 통보

○ 해석 & 어휘 p.238

Subject ✉	Shutdown of Netvert Services

Hello Brian Hayden,

We wrote to you in March to let you know that we would be discontinuing the following services:

• Netvert Translator
• Netvert Gallery
• Netvert Hot Jobs

The above services have been discontinued as of August 11, 20×× to streamline our service lineup and to better serve you in the future.

The services have been removed from the main page at www.netvert.com and you can no longer use them. Be assured that we are already working on suitable alternatives.

We apologize for any inconvenience this may cause, and appreciate your assistance and understanding. If you have any questions please visit the Help Center at www.netvert.com/help.

Please do not reply to this email as mail sent to this address cannot be answered.

미국 100대 기업 문서 작성 팁!

Notification email(통보 이메일)은 중요한 정보의 공지를 목적으로 전달하는 이메일입니다. Memorandum(메모)과 목적이 비슷하지만, 메모는 사내 알림 시, 통보 이메일은 외부 발송 시 활용된다는 점에서 다릅니다. 통보 이메일을 작성할 때엔 공지할 사항이 무엇인지 언급한 후 공지의 자세한 내용 및 공지의 이유, 참고사항, 연락처 등을 작성합니다. 공지에 따라 상대방이 해야 할 조치가 있다면 마지막 단락에 언급하도록 합니다.

>> 실무 담당자의 한 마디!

통보 이메일은 고객이나 거래처와 같은 외부 수신자에게 보내는 것이기 때문에 좀 더 격식 있게 작성할 필요가 있으며, 상대방이 통보 내용과 관련해 궁금해 할만한 내용까지 넣어 이메일을 작성하면 더욱 좋습니다.

 문서 뼈대 차근차근 분석해보기

---

❶ Subject ✉ Shutdown of Netvert Services

❷ Hello Brian Hayden,

We wrote to you in March to let you know that we would be discontinuing the following services:

• Netvert Translator
• Netvert Gallery
• Netvert Hot Jobs

❸ The above services have been discontinued as of August 11, 20×× to streamline our service lineup and to better serve you in the future.

The services have been removed from the main page at www.netvert.com and you can no longer use them. Be assured that we are already working on suitable alternatives.

❹ We apologize for any inconvenience this may cause, and appreciate your assistance and understanding. If you have any questions please visit the Help Center at www.netvert.com/help.

Please do not reply to this email as mail sent to this address cannot be answered.

---

❶ 제목(Subject)

수신자가 제목만 보고도 어떤 내용의 통보 이메일인지 알 수 있도록, 통지의 핵심적인 키워드를 넣어 제목을 작성하도록 합니다.

❷ 서론(Opening)

통지할 내용이 무엇인지, 핵심적인 내용만 응축하여 간략히 작성합니다.

❸ 본론(Main Body)

통지할 내용을 구체적으로 작성합니다. 앞서 말한 것과 같이, 통지의 구체적인 내용과 더불어 통지를 하게 된 이유 및 관련된 추가 정보, 수신자가 궁금해 할만한 사항들까지 함께 언급하면 좋습니다.

❹ 끝맺음(Closing)

통지 내용이 무엇인지에 따라 사과, 또는 감사의 인사를 남기고, 수신자가 연락할 수 있는 연락처를 언급하며 마무리합니다.

01 detect irregular activity 일반적이지 않은 내역을 탐지하다

We **detected irregular activity** within your bank transactions.

귀하의 은행거래 내역 중 일반적이지 않은 거래 내역이 탐지됐습니다.

02 for your protection 귀하를 보호하기 위해

For your protection we reset your account's password.

귀하를 보호하고자 귀하의 계정 비밀번호를 재설정하였습니다.

03 upon your verification 귀하께서 입증하시면

The account will be reactivated **upon your verification**.

귀하께서 입증하시면 계정은 재활성화될 것입니다.

04 disregard this notice 이 통지를 무시하다

Please **disregard this notice** if you already paid the subscription.

귀하께서 구독료를 이미 지불하셨다면, 이 통지를 무시해주시기 바랍니다.

05 wrote to you in order to ~ ~하기 위해 귀하께 메일을 드렸습니다

We **wrote to you** last week **in order to** notify you about the price increase.

귀하께 가격 인상에 대해 알려드리고자, 지난 주 귀하께 메일을 드렸습니다.

06 be assured that ~ ~에 대해 확신하다(안심하다)

Please **be assured that** there won't be any more slip ups.

더 이상 그 어떤 실수도 없을 것이오니 안심하시기 바랍니다.

07 work on suitable alternatives 적절한 대안을 마련하다

They are **working on suitable alternatives** to the app.

이들은 앱에 있어 적절한 대안을 마련하고 있는 중입니다.

08 if you have any questions 문의사항이 있으실 경우

If you have any questions please visit our Help Center.

문의사항이 있으실 경우 고객센터를 방문해주시기 바랍니다.

| Subject ✉ | Irregular Credit Card Activity |

To: Wendy Parra
Account No. 4474609771
Credit Card No. 8330-1833-1731-9012
Date: 7/30/20××

Dear Valued Customer,

We detected irregular activity on your Bank of Arizona credit card on July 30, 20××. For your protection, you must verify this activity before you can continue using this card.

To review and verify this activity please visit www.bankofarizona.com/protection or calls us immediately at 1-800-832-9412. We will remove any restrictions placed on the account upon your verification. Please disregard this notice if you have already verified the activity.

As this is not a secure form of communication, please do not reply to this email. If you have any questions about your account or need assistance, please call the phone number on your statement or go to "Contact Us" at www.bankofarizona.com.

거래 이메일 Transactional Email

 문서 샘플 1 　주문 확인 이메일

○ 해석 & 어휘 p.240

Subject	✉	Order Confirmation from Wireless.com

Order Confirmation
Order #901-3846119-391

Hello David Lee,

Thank you for shopping with us. Your details for the order you made on October 9 are indicated below. The payment details of your transaction can be found on the order invoice. If you would like to view the status of your order or make any changes to it, please visit "Your Orders" on Wireless.com.

Your estimated delivery date:　　　Tuesday, October 11, 20××

Your shipping type:　　　Standard Shipping

Your order will be sent to:　　　David Lee
4467 Railroad Street
Marquette, MI 49855

Order details:

V-MODA Headphone RS 210
Item Subtotal:　　　　$58.95
Shipping & Handling:　　$2.50
Total:　　　　$61.45

Thank you for shopping with Wireless.com. Browse more products and earn store credit here.

Transactional email(거래 이메일)은 서비스 가입이나 제품 구입 시, 특히 인터넷 거래와 관련해 받는 이메일을 말합니다. 이를테면 웹사이트에 가입할 때 받는 환영 이메일, 비밀번호 설정 이메일, 가입 이메일 주소 확인 이메일, 주문 확인 이메일, 영수증 이메일, 구독 연장 신청 이메일 등이 있을 수 있습니다. 특히 자동으로 발송되는 이메일이 많은데, 이런 경우 업체들이 마케팅 목적으로 광고 내용을 슬쩍 넣어 발송하기도 합니다.

>> 실무 담당자의 한 마디!

거래 이메일은 대부분 자동 발송 이메일이기 때문에 수신자들이 관심을 갖지 않을 가능성이 높습니다. 따라서 전달할 핵심 정보가 제목과 단락에 잘 드러날 수 있도록 하고, 기타 추가 정보는 그 뒤에 넣으면 좋습니다.

문서 뼈대 차근차근 분석해보기

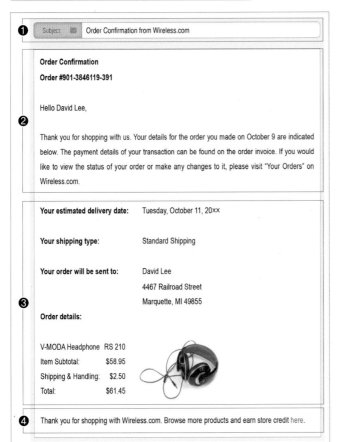

❶ 제목(Subject)

이메일에서 이야기하고자 하는 거래 내용이 한 눈에 드러날 수 있도록 제목을 작성합니다.

❷ 서론(Opening)

이야기하고자 하는 거래가 어떠한 거래인지 구체적으로 설명하고, 해당 거래와 관련해 이메일을 보내게 된 목적을 정확히 작성하도록 합니다.

❸ 본론(Main Body)

거래 내용을 정확한 정보에 근거하여 보다 구체적으로 작성합니다. 예를 들어 주문 확인 관련 이메일이라면 주문 날짜, 배송 날짜 등의 정보에 근거하여 꼼꼼히 작성하면 됩니다.

❹ 끝맺음(Closing)

거래에 감사한다는 문구를 남긴 후, 수신자가 연락할 수 있는 연락처를 남깁니다. 또는 마케팅의 목적으로 광고나 홍보 글을 살짝 명시할 수도 있습니다.

01 order details are indicated below 주문 내역이 하단에 명시되어있다
The **order details** for your new bicycle **are indicated below**.
고객님의 신형 자전거 주문 내역이 하단에 명시되어 있습니다.

02 can be found on/at ~ ~에서 확인 가능하다
Your receipt **can be found at** your personal page.
고객님의 영수증은 고객님의 개인 페이지에서 확인 가능합니다.

03 view the status of your order 주문 상태를 확인하다
To **view the status of your order** check the email we sent you.
주문 상태를 확인하시려거든 저희가 발송해드린 이메일을 확인해보시기 바랍니다.

04 estimated delivery date 예상 배송일
The **estimated delivery date** of your order is December 1.
귀하께서 주문하신 물건의 예상 배송일은 12월 1일입니다.

05 receive a request 요청을 받다
The department **received a request** to change the design of the website.
부서는 웹사이트의 디자인 변경 요청을 받았습니다.

06 click on the link 링크를 클릭하다
Please **click on the link** to download the update.
업데이트를 다운받으시려거든 링크를 클릭해주시기 바랍니다.

07 link will work for ~ 링크는 ~동안 유효하다
The below **link will work for** only two hours.
아래의 링크는 두 시간 동안만 유효합니다.

08 reset your password 비밀번호를 재설정하다
The administrator **reset your password** for security purposes.
관리자가 보안의 목적으로 귀하의 비밀번호를 재설정하였습니다.

| Subject | ✉ | Flex Blogger Password Reset |

Flex Blogger

Greetings Jessica,

We have received a password change request for your Flex Blogger account.

If you made this request, then please click on the link below.

Reset Password

This link will work for 24 hours or until you reset your password.

If you did not ask to change your password, then please ignore this email. Most likely another user entered your username by mistake. No changes will be made to your account unless you click on the link.

The Flex Blogger Team

Follow us on Facebook and Twitter.

Unit 27 항의 이메일 Complaint Email

 문서 샘플 1 유통기한에 대한 항의

◐ 해석 & 어휘 p.242

Subject ✉	Expiration date in milk shipment

Dear Mr. Moore,

This is Kara Snyder from Almond Bakery. Yesterday we received the 120 cartons of milk we requested from you. However we found out that the expiration date for 40 cartons had already expired.

We received the package on August 21, 80 arrived in good condition but the rest, 40 cartons in all, had an expiration date of August 19. Since our bakery prides itself in using only the freshest ingredients we were unable to use the said products. This has caused a delay in production and shortage of our popular mini muffins which resulted in at least 5,000 dollars in lost revenue.

I hope to hear back from you about this unfortunate incident and how you can compensate. Please contact me as soon as possible at (998) 867-0987 or via email at ksnyder@gmail.com.

Respectfully,

Kara Snyder
Almond Bakery

미국 100대 기업 문서 작성 팁!

Complaint email(항의 이메일)은 사용한 서비스 및 제품에 발생한 문제/불만에 대해 항의를 제기할 때 쓰는 이메일입니다. 항의 이메일은 서비스 및 제품 담당 업체(담당자)에게 보내게 되며, 작성 시 정중하면서도 단호하게 써야 합니다. 항의 이메일은 잘못을 따지기보다 문제 해결 방법을 찾고 보상을 받고자 하는 목적이 더 크기 때문에, 마지막 단락에서 문제와 관련해 상대방이 어떤 조치를 취하길 원하는지 명확히 명시해야 합니다.

>> 실무 담당자의 한 마디!

항의 이메일은 절대 공격적으로 작성해선 안 됩니다. 왜냐하면 상대방에게 모욕감을 주어 문제 해결 의지를 좌절시킬 수 있기 때문입니다. 따라서 최대한 정중한 어투로 상대방에게 바라는 점을 어필해야 합니다.

문서 뼈대 차근차근 분석해보기

❶ Subject ✉ Expiration date in milk shipment

❷ Dear Mr. Moore,

This is Kara Snyder from Almond Bakery. Yesterday we received the 120 cartons of milk we requested from you. However we found out that the expiration date for 40 cartons had already expired.

❸ We received the package on August 21, 80 arrived in good condition but the rest, 40 cartons in all, had an expiration date of August 19. Since our bakery prides itself in using only the freshest ingredients we were unable to use the said products. This has caused a delay in production and shortage of our popular mini muffins which resulted in at least 5,000 dollars in lost revenue.

I hope to hear back from you about this unfortunate incident and how you can compensate. Please contact me as soon as possible at (998) 867-0987 or via email at ksnyder@gmail.com.

❹ Respectfully,

Kara Snyder
Almond Bakery

❶ 제목(Subject)

이메일이 무엇에 대한 항의를 하고 있는지 한눈에 파악할 수 있도록, 핵심적인 키워드를 넣어 제목을 작성합니다.

❷ 서론(Opening)

발생한 문제가 무엇인지 명확하게 설명합니다. 예를 들어 제품 고장과 관련된 것이라면 어떤 제품이 고장났는지, 서비스와 관련된 문제라면 어떤 서비스에 문제가 있는지를 명시합니다.

❸ 본론(Main Body)

발생한 문제를 구체적으로 설명합니다. 문제가 언제 어떻게 발생하였고, 이로 인해 입게 된 손해가 무엇인지 최대한 자세히 묘사합니다.

❹ 끝맺음(Closing)

상대방이 이 문제에 대해 어떠한 조치를 취하기를 원하는지 명확히 명시합니다. 주의할 것은 너무 공격적인 어투는 지양해야 한다는 것입니다.

01 **in good/bad condition** 양호한/불량한 상태로
The shipment arrived **in bad condition** this morning.
배송품이 오늘 아침 불량한 상태로 도착하였습니다.

02 **cause a delay** 지연을 초래하다
The strike **caused a** severe **delay** in the production of the car batteries.
파업으로 인해 자동차 배터리 생산에 심각한 지연이 발생했습니다.

03 **I hope to hear back from you** 당신으로부터 답변을 듣길 바란다
I hope to hear back from you soon.
곧 당신으로부터 답변을 듣게 되길 바랍니다.

04 **contact me** 제게 연락해주십시오
Contact me as soon as you get back from your trip.
출장에서 돌아오는 즉시 제게 연락해주시기 바랍니다.

05 **be mistakenly given** 실수로 (잘못) 받다
Amanda **was mistakenly given** the wrong estimate.
Amanda 씨께서 실수로 잘못된 견적서를 받으셨습니다.

06 **put someone under a lot of stress** ~에게 스트레스를 많이 주다
The delay in delivery **put me under a lot of stress**.
배송 지연이 제게 상당히 많은 스트레스를 주었습니다.

07 **put me in a difficult position** 나를 곤란한 입장에 처하게 하다
The machine's malfunction **put me in a difficult position**.
기계 오작동으로 인해 저는 곤란한 처지에 놓이게 되었습니다.

08 **arrange compensation** 보상을 마련하다
Sprint is **arranging compensation** due to the faulty Internet service.
Sprint 사는 잘못된 인터넷 서비스에 대한 보상을 마련 중입니다.

Subject ✉	Flight No. 121 boarding pass

Dear Nevada Airlines,

I was supposed to board Nevada Airlines Flight No. 121 to Paris on April 21, 20×× when I requested a boarding pass from an airline employee. Unfortunately, I was mistakenly given a boarding pass to another flight.

I didn't realize the error until I had nearly arrived at the wrong gate. This prevented me from arriving at the correct gate in time to make the flight. The error put me in a difficult position. I wasn't able to reschedule a new flight until two days later.

The incident put me under a lot of stress both mentally and financially. I hope your airline can arrange a suitable compensation and action so that this doesn't happen again. I look forward to your prompt response in regards to this matter.

Sincerely,

Christina Griffin

초대 이메일 Invitation Email

문서 샘플 1 주주회의에 초대

해석 & 어휘 p.244

| Subject | Invitation to Annual Shareholders' Meeting |

Dear Lyncast Shareholder:

You are cordially invited to attend the Annual Meeting of Shareholders of Lyncast, Inc. which will be held at the Orlando Convention Center in Orlando, Florida on Tuesday, February 28, 20×× at 11:00 a.m. Eastern Time. You will find detailed directions in an attached file.

The agenda for this year's meeting is as follows:

1. To approve the 20×× Minutes of Annual Meeting of Shareholders held on March 24, 20××.
2. To consider and approve the company's 20×× balance sheet.
3. To appoint an auditor and remuneration.
4. To consider other business matters.

We kindly ask for your presence at the meeting as there are crucial decisions to be made at this year's meeting. If for some reason you cannot attend please send a representative.

We look forward to seeing you.

Yours faithfully,

Barbara G. Rentro
Executive Chief Officer
Lyncast, Inc.

미국 100대 기업 문서 작성 팁!

Invitation email(초대 이메일)은 회의, 전시회, 세미나 등에 상대방을 초대할 때 보내는 이메일입니다. 기본적으로 행사 날짜, 장소, 주제 등을 일러주고 난 후, 상대방에게 참석 여부까지 묻고 확인하게 됩니다. 초대 이메일의 궁극적인 목적은 이메일을 받는 사람이 행사에 참석하도록 만드는 것입니다. 따라서 참석의 중요성을 강조하며 참석해야 하는 이유를 설득력 있게 어필하고, 초대하고자 하는 행사 역시 잘 홍보해야 합니다.

>> 실무 담당자의 한 마디!

초대 이메일은 이를 받는 상대방이 행사에 참석하고 싶게 만들어야 하므로, 상대방의 관심사를 행사와 연결하며 행사의 중요성을 강조해야 합니다. 덧붙여 상대방이 왜 참석해야 하는지 그 이유도 함께 제시합니다.

문서 뼈대 차근차근 분석해보기

❶ Subject ✉ Invitation to Annual Shareholders' Meeting

❷ Dear Lyncast Shareholder:

You are cordially invited to attend the Annual Meeting of Shareholders of Lyncast, Inc. which will be held at the Orlando Convention Center in Orlando, Florida on Tuesday, February 28, 20×× at 11:00 a.m. Eastern Time. You will find detailed directions in an attached file.

❸ The agenda for this year's meeting is as follows:

1. To approve the 20×× Minutes of Annual Meeting of Shareholders held on March 24, 20××.
2. To consider and approve the company's 20×× balance sheet.
3. To appoint an auditor and remuneration.
4. To consider other business matters.

❹ We kindly ask for your presence at the meeting as there are crucial decisions to be made at this year's meeting. If for some reason you cannot attend please send a representative.

We look forward to seeing you.

Yours faithfully,

Barbara G. Rentro
Executive Chief Officer
Lyncast, Inc.

❶ 제목(Subject)

무엇에 관한 초대 이메일인지 한눈에 알아볼 수 있도록, 초대하려는 행사명을 넣어 제목을 작성하도록 합니다.

❷ 서론(Opening)

상대방에게 행사에 참석할 것을 정중히 요청함과 동시에, 행사가 열리는 날짜, 시간, 장소를 구체적으로 기재합니다.

❸ 본론(Main Body)

행사의 내용이 무엇인지 구체적으로 언급합니다. 회의일 경우 회의에서 다룰 안건에 대해 소개할 수 있고, 발표회일 경우 발표회에서 다룰 주제에 대해 소개할 수 있습니다.

❹ 끝맺음(Closing)

상대방이 꼭 참석해야만 하는 이유를 제시하도록 합니다. 이와 함께 참석 여부 확정을 요청하며 메일을 마무리하도록 합니다.

01 **you are cordially invited to attend ~** ~에 참석해주십사 정중히 초청하다
You are cordially invited to attend this year's exhibition.
올해 전시회에 참석해주십사 귀하를 정중히 초청합니다.

02 **will be held in/at ~** ~에서 개최될(열릴) 예정이다
The 2nd annual writers' conference **will be held in** San Francisco.
제 2회 작가 회의는 샌프란시스코에서 열리게 될 예정입니다.

03 **find detailed directions in/at ~** ~에서 오는 길을 자세히 안내 받다
You can **find detailed directions** in the attached file.
첨부파일에서 오시는 길을 상세히 안내 받으실 수 있습니다.

04 **the agenda is as follows** 안건은 다음과 같다
The agenda for the November 12 meeting **is as follows**.
11월 12일 회의 안건은 다음과 같습니다.

05 **ask for your presence** 당신(귀하)의 참석을 부탁하다
We **ask for your presence** at the Deluxe Dining Hall in downtown Seoul.
서울 시내에 있는 Deluxe Dining Hall에 참석해주실 것을 귀하께 부탁드립니다.

06 **be pleased to ~** ~하게 되어 기쁘다
I **am pleased to** invite you to a luncheon at our company's expense.
저희 회사 비용으로 부담하는 오찬에 귀하를 초대하게 되어 기쁩니다.

07 **directions are enclosed** 길 안내가 포함되어 있다
Directions to the location **are enclosed** for your reference.
귀하께서 참고하실 수 있도록 장소로 오시는 길 안내가 포함되어 있습니다.

08 **confirm your attendance** 당신(귀하)의 참석 여부를 알리다
Please **confirm your attendance** by August 11.
8월 11일까지 귀하의 참석 여부를 알려주십시오.

Subject ✉	Invitation to S&M Presentation

Dear Mr. Paulson,

Thank you for joining the Small & Medium-sized Business Association. I'm pleased to invite you to a presentation on the 20×× outlook for small and medium sized businesses.

Details are as follows:

Date: Saturday, January 6, 20××
Time: 2:00 to 4:00 P.M.
Where: Hotel Royale, 2nd floor, 4478 Southside Lane, Los Angeles, CA 90071
Speaker: Dr. Julio Yeomans
Subject: 20×× Outlook for Small & Medium-sized Businesses

We are positive that this presentation will give you helpful ideas for your business for the upcoming new year. Directions are enclosed in a separate file. Please reply to this email to confirm your attendance by January 4, 20××. If you have any questions please contact the association at help@smba.org.

Sincerely yours,

Brenna A. Blair
Chairperson
S&M Business Association

 문서 샘플 1 설문조사 이메일

⊙ 해석 & 어휘 p.246

| Subject ✉ | Headstart Needs Your Feedback! |

Customer Survey

Hello Kyle,

We at Headstart are continually looking for ways to improve our products and services for you. As part of our efforts we would appreciate your participation in this survey. Your feedback provides invaluable information that will help us better meet your needs.

This survey should take approximately 10 minutes to complete. As a thank you to all members who complete this survey, Headstart will forward $1.00 to your balance.

To begin the survey, click on the button below.

Start Survey

If you have any questions or technical problems while taking the survey please email us at survey@headstart.com.

Thank you in advance for your participation. We look forward to hearing from you!

미국 100대 기업 문서 작성 팁!

Survey email(설문조사 이메일)은 기업들이 고객들의 니즈를 파악하고, 자신들이 제공하는 서비스 및 제품에 대한 고객 만족도를 조사하기 위해 발송하는 이메일입니다. 설문조사 이메일을 작성할 때엔 어떠한 설문조사인지, 그리고 설문조사를 실시하는 이유가 무엇인지 명확히 설명해야 합니다. 또한 사람들의 설문조사 참여를 유도할 수 있도록 '참여시 할인 제공'과 같은 유인책도 필요합니다.

>> 실무 담당자의 한 마디!

설문조사에 걸리는 시간을 정확히 모르면 조사에 응하지 않을 확률이 높기 때문에, 설문조사 참여 시간까지 함께 언급해주면 좋습니다. 평균적으로 1분당 5개의 객관식 문제, 2개의 주관식 문제에 답할 수 있습니다.

 문서 뼈대 차근차근 분석해보기

---

❶ Subject ✉ Headstart Needs Your Feedback!

Customer Survey

❷ Hello Kyle,

We at Headstart are continually looking for ways to improve our products and services for you. As part of our efforts we would appreciate your participation in this survey. Your feedback provides invaluable information that will help us better meet your needs.

❸ This survey should take approximately 10 minutes to complete. As a thank you to all members who complete this survey, Headstart will forward $1.00 to your balance.

To begin the survey, click on the button below.

Start Survey

❹ If you have any questions or technical problems while taking the survey please email us at survey@headstart.com.

Thank you in advance for your participation. We look forward to hearing from you!

---

❶ 제목(Subject)

설문조사의 내용을 간접적으로 드러내줄 수 있는 키워드를 중심으로, 수신자의 관심을 끌 수 있게끔 짧고 간결하게 작성합니다.

❷ 서론(Opening)

설문조사의 목적과 함께 설문조사를 실시하게 된 이유에 대해 언급합니다.

❸ 본론(Main Body)

설문조사에 걸리는 시간 및 설문조사에 참여했을 경우 받게 되는 혜택 등, 설문조사와 관련된 내용을 자세히 기재합니다. 자세한 내용과 함께 설문조사 참여로 넘어갈 수 있도록 링크(link)나 버튼(button)을 포함시킵니다.

❹ 끝맺음(Closing)

수신자가 문의사항이 있을 경우 연락할 수 있는 연락처를 남기고, 설문조사에 참여해주셔서 감사하다는 말을 미리 남기도록 합니다.

01 **as part of our efforts** 저희 노력의 일환으로

As part of our efforts to bring you better services, we are upgrading our website.

더 나은 서비스 제공을 위한 노력의 일환으로, 저희는 홈페이지를 업그레이드하고 있습니다.

02 **meet your needs** 당신(귀하)의 요구를 충족시키다

To **meet your needs** our company is conducting this short survey.

귀하의 요구를 충족시켜드리고자 저희 회사는 간단한 설문조사를 실시하고 있습니다.

03 **as a thank you** 감사의 표시로

As a thank you to our loyal customers, we are sending a gift card.

저희 단골 고객 분들에 대한 감사의 표시로, 상품권을 보내드리고 있습니다.

04 **thank you in advance** 미리 감사해 하다

Thank you in advance for your cooperation.

귀하의 협조에 미리 감사드립니다.

05 **take a short survey** 짧은(간단한) 설문조사에 참여하다

Please take a minute to **take this short survey**.

잠시 시간을 내어 이 짧은 설문조사에 참여해주세요.

06 **express your opinions** 당신(귀하)의 의견을 내다

Please use this chance to **express your opinion** on our services.

이번 기회를 통해 저희 서비스에 관한 귀하의 의견을 내주셨으면 합니다.

07 **click the link below** 아래의 링크를 클릭하세요

Click the link below to take part in the survey.

아래의 링크를 클릭하시어 설문조사에 참여해주시기 바랍니다.

08 **appreciate your input** 당신(귀하)의 의견을 감사히 여기다(받다)

Sysco would **appreciate your input**.

Sysco 사는 여러분의 의견을 감사히 받아들일 것입니다.

| Subject ✉ | Share your opinion about your selling experience. |

Clear Market

Dear Amanda Fisher,

Thank you for being a valued Clear Market seller. Our records show that you sold 8 items within the last week at Clear Market. We would like to invite you to take a short survey to express your opinions about your selling experience on Clear Market. Your input will help make Clear Market a better place for our valued buyers and sellers.

Please click the link below to start the survey right away. It will only take 5 minutes! Or copy and paste the following address into your browser.

https://survey.clearmarket.com/survey/seller/clr88301?co+us&smpl_gst=146827313

We appreciate your input and thanks for using Clear Market!

Best regards,

Clear Market Customer Experience Team

Unit 30 감사 이메일 Thank You Email

 **문서 샘플 1** 기조 연설에 대한 감사

○ 해석 & 어휘 p.248

| Subject | ✉ | Thanks for the keynote |

Hi Craig,

Thanks for taking time from your busy schedule to deliver the keynote speech last Friday at our company. Your chosen topic of the power of strong communication skills is still resonating as we speak.

To say the least your lecture was very educational and entertaining. It motivated and inspired many of our employees to hone their communication skills. Also the images and supplementary material that you prepared helped us understand your message even better. We sincerely appreciate your efforts.

I hope we can work with you again soon. Congratulations on a job well done!

Sandra Colegrove
HR Manager
Calhoun Logistics

직장인들은 다른 이메일에 비해 thank you email(감사 이메일)은 많이 작성하지 않는 편입니다. 그러나 감사 이메일을 보낼 수 있는 상황은 꽤 많이 있습니다. 상대방이 요청한 파일을 보내줬을 때, 업무 협조를 해줬을 때와 같이 고마움을 표할 있는 상황에 감사 이메일 보내게 되면 상대방에게 예의가 바른 사람이라는 좋은 인상을 심어줄 수 있고, 더 나아가 비즈니스 관계 및 개인 관계를 더 견고하게 다질 수 있습니다.

>> 실무 담당자의 한 마디!

감사 이메일은 상대방에게 좋은 인상을 남길 수 있을 뿐만 아니라 본인에게 많은 이익을 가져다 줄 수 있습니다. 따라서 아무리 바쁘더라도 상대방에게 짧게나마 감사 이메일을 보내는 습관을 가지는 것이 좋습니다.

 문서 뼈대 차근차근 분석해보기

---

❶ Subject   Thanks for the keynote

Hi Craig,

❷ Thanks for taking time from your busy schedule to deliver the keynote speech last Friday at our company. Your chosen topic of the power of strong communication skills is still resonating as we speak.

❸ To say the least your lecture was very educational and entertaining. It motivated and inspired many of our employees to hone their communication skills. Also the images and supplementary material that you prepared helped us understand your message even better. We sincerely appreciate your efforts.

I hope we can work with you again soon. Congratulations on a job well done!

❹ Sandra Colegrove
HR Manager
Calhoun Logistics

---

❶ 제목(Subject)

감사 이메일 제목은 다른 비즈니스 이메일과 같이 화려하고 눈에 띄게 작성할 필요 없이, "Thank you for ~"라고만 시작해도 충분합니다.

❷ 서론(Opening)

어떤 것에 대해 감사를 표하고자 하는지 정확히 밝히면서, 정중한 어투로 이에 대해 감사한다는 말로 메일을 시작하면 됩니다.

❸ 본론(Main Body)

본인이 감사하게 생각하는 것에 대해 좀 더 구체적으로 기술하도록 합니다. 예를 들어 상대방이 어떠한 일을 했고, 그것이 본인에게 어떻게 도움이 되었는지 등을 작성하면 됩니다.

❹ 끝맺음(Closing)

다음에도 잘 부탁드린다는 말과 함께 다시 한번 감사의 표시를 하며 메일을 마무리합니다.

01 ▶ **Thanks for taking time from your busy schedule to ~**
바쁘신 와중에도 시간을 내 ~해주셔서 감사드립니다

Thanks for taking time from your busy schedule to visit us.
바쁘신 와중에도 시간을 내 저희를 방문해주셔서 감사드립니다.

02 ▶ **to say the least** 조금의 과장도 없이, 과장 없이 말해

To say the least, you did the best you could.
과장 없이 말해, 귀하께서는 할 수 있는 최선을 다하셨습니다.

03 ▶ **appreciate your efforts** 당신(귀하)의 노고에 감사해 하다

I **appreciate your efforts** in building rapport with our clients.
저희 고객들과 친분을 쌓기 위해 쏟으신 귀하의 노고에 감사드립니다.

04 ▶ **hope we can work with you again** 당신(귀하)과 다시 일하기를 바라다

I **hope we can work with you again** soon.
조만간 귀하와 함께 다시 일하게 되길 바랍니다.

05 ▶ **I very much enjoyed ~** ~을 매우 즐기다(즐거운 마음으로 누리다)

I very much enjoyed your hospitality.
귀하의 환대를 매우 즐거운 마음으로 누렸습니다.

06 ▶ **feel free to ~** 편하게(언제든지) ~을 하다

Feel free to contact me anytime.
언제든 제게 편하게 연락하시기 바랍니다.

07 ▶ **thank you once again** 당신(귀하)께 다시 한번 감사해 하다

Thank you once again for sending us the sample we requested.
저희가 요청한 샘플을 보내주신 것에 다시 한번 감사의 말씀드립니다.

08 ▶ **extend kindness** 친절을 베풀다

Thanks for the **kindness** you **extended** during our stay.
저희가 머무르는 동안 친절하게 대해주셔서 정말 감사드립니다.

| Subject | ✉ | Thank You for the Interview |

Dear Mr. Green,

I appreciate the time you took to interview me today. I very much enjoyed meeting you and learning more about the engineer position at Mind Tech.

My visit with you made me even more interested in becoming a part of Mind Tech's staff. I feel confident that my experience as an intern at PXO will help me perform the duties of the position effectively.

Please feel free to contact me if I can provide you with any further information. I look forward to hearing from you and thank you once again for the kindness you extended me.

Yours sincerely,

Carolyn Fink

미국 100대 기업 비즈니스
영어문서 작성법

PART 5

—

Contracts

계약서

계약서의 기본 원칙

1. 계약서란?

기업간 중요한 거래를 할 때엔 계약서를 작성하게 됩니다. 계약서엔 거래할 서비스나 제품, 그리고 거래 시 합의 사항이나 거래 조건 및 거래 기간(기한) 등을 명시합니다. 유의해야 할 점은 계약 관계에서 발생할 수 있는 다양한 문제점들을 예상하여 이에 대해 각기 다른 해석이 나올 수 없도록 구체적이고 명확한 문장으로 작성해야 한다는 것입니다. 계약서의 목적은 거래 관계에 대한 흔적(근거)을 남기는 것, 기업의 사업 지분을 보호하는 것, 그리고 분쟁의 발생을 사전에 예방하는 것이며, 분쟁이 발생했을 경우엔 그에 대한 입증자료가 될 수 있습니다. 미국에서 통용되는 비즈니스 계약서의 종류는 대략 아래와 같습니다.

[계약서의 종류]

Sales Contract(매매 계약서)

Licensing Contract(라이선스 계약서)

Lease Agreement(임대 계약서)

Letter of Intent(의향서, 가계약서)

Employment Contract(근로 계약서)

Non-disclosure Agreement(비밀 유지 계약서)

Memorandum of Understanding(양해 각서)

Partnership Agreement(제휴 계약서)

2. 비즈니스 계약서의 구성

❶ **CONTRACT FOR THE SALE OF GOODS**

❷ This Sales Contract (herein "Contract") is made effective as of February 14, 2017, by and between Smith Company (herein "Seller") of 641 Bird Spring Lane, Houston, Texas and Benavides Company (herein "Buyer") of 1450 Point Street, Chicago, Illinois.

GOODS PURCHASED. Seller agrees to sell, and Buyer agrees to purchase the following product(s) in accordance with the terms and conditions of this contract.

Description	Quantity	Unit Price	Total Price
Smith TY189 Chipset	200	$55.00	$11,000.00

❸ **PAYMENT.** Payment shall be made by Buyer to Seller in the amount of $11,000.00 in cash upon delivery of all Goods described in this Contract.

DELIVERY. Seller will arrange for delivery by carrier chosen by Buyer. Delivery shall be duly completed by February 28, 2017.

WARRANTY. Seller warrants that the Goods shall be free of substantive defects in material and workmanship.

This Contract shall be signed on behalf of Smith Company by Ellen Crane, Sales Representative and on behalf of Benavides Company by Larry M. Guillemette, CFO.

❹
Seller:	Buyer:
Smith Company	Benavides Company
Ellen Crane	*Larry M. Gillemette*
Ellen Crane	Larry M. Gillemette
Sales Representative	CFO

❶ 표제

계약서 가장 상단에 표제를 먼저 작성합니다. 표제는 'Contract'와 같이 간단하게 작성할 수도 있고, 또는 상품이나 제품명을 넣어 구체적으로 기재할 수도 있습니다.

Ex) Website Maintenance Contract
    Contract for Cleaning, Housekeeping and Janitorial Services

또한 Contract 대신 Agreement로 표기하는 경우도 많은데, 이 둘 모두 '계약'이라는 의미를 가진 용어로서 구분 없이 일반적으로 혼용됩니다. 또한 회사에 따라 표제 아래, 또는 표제 위에 회사명이 표기되기도 합니다.

❷ 전문(당사자 및 목적)

계약을 맺는 2명 이상의 당사자가 표기됩니다. 당사자가 표기되는 부분엔 회사나 기관의 명칭이 들어갈 수도 있고, 사람의 이름이 들어갈 수도 있습니다. 또한 당사자들이 어떠한 계약을 하는지 계약의 목적 또한 이 부분에 명시해 놓을 수 있습니다.

❸ 본문(계약 사항)

계약의 종류에 따라 다양한 조항으로 계약서가 기재되지만, 대부분 아래의 사항을 공통으로 포함합니다.

- 당사자의 권리
- 당사자의 의무
- 계약의 이행 시기
- 계약의 이행 방법
- 계약의 기한 및 재계약
- 대금 지불(금액, 방법, 시기)
- 기밀 유지
- 계약의 위반 및 해지(발생사유, 사후처리, 손해배상)

❹ 서명

양측의 승인된 대리인의 서명이 들어가야 약정이 법적으로 유효해집니다. 서명이 들어갔다는 것은 당사자가 계약의 내용을 이해하고 수용한다는 뜻입니다. 참고로 전자 문서로 된 계약서의 경우 전자 서명, 스캔이 된 서명 등이 공식적으로 인정받기 시작했습니다. 단, 서양에서는 아직 손으로 쓴 서명을 선호합니다.

3. 비즈니스 계약서 작성 팁

❶ 이해할 수 있는 언어로 작성할 것

계약서에 쓰이는 용어가 별도로 존재하긴 하지만, 무엇보다도 양측이 계약서의 내용을 잘 이해할 수 있어야 하는 것이 중요하므로 가급적 쉬운 문장으로 작성합니다.

❷ 각 조항이나 문단을 '타이틀과 번호'로 표시할 것

분량이 많은 계약서는 수십 장까지 될 수 있으니, 정리를 위해 각 조항이나 문단을 번호와 타이틀(제목)로 표시하는 것이 좋습니다. 또한, 각 조항에서는 해당되는 주제에 대한 내용만을 작성합니다. 가독성을 높이기 위해 각 부분의 타이틀을 대문자로 표시하거나 볼드(bold)로 표시하는 것도 좋은 방법입니다.

❸ 구체적이면서도 간결하게 작성할 것

계약서의 내용을 잘못 해석하지 않도록 각 당사자의 권리와 의무를 구체적으로 작성해야 합니다. 예를 들어 '매월 중순에 인도되어야 한다'라고 하지 않고 '매월 15일에 인도되어야 한다'라고 작성하는 것과 같이, 애매한 표현을 지양하고 정확한 표현을 사용하도록 합니다. Profit도 gross profit인지 net profit인지 명확하게 정의하는 것이 좋습니다. 사소한 것이라 할지라도 구두 합의가 아닌 서면 합의로 해야 문제의 소지가 없습니다. 또한 계약서가 길면 길수록 불필요하거나 의도하지 않은 조건/의무가 들어갈 수 있으니 유의해야 하며, 비전문가나 제3자도 계약서를 보고 내용을 쉽게 이해할 수 있도록 작성하는 것이 좋습니다.

❹ 숫자는 글자와 아라비아 숫자로 같이 표시할 것

계약서에서는 숫자가 매우 중요한데, 간혹 숫자를 표기할 때에 쉼표를 잘못 넣거나 '0' 하나를 빠뜨리는 등의 실수를 저질러 잘못 표시하는 경우가 있습니다. 따라서 숫자를 표기할 때엔 오타나 오독을 방지할 수 있도록 글자와 아라비아 숫자로 함께 표시하는 것이 좋습니다. 표기 예시: ten (10).

❺ 소송이 벌어지는 상황을 가정할 것

계약서의 목적 중 하나는 소송을 예방하는 것입니다. 따라서 계약서에서 계약 조항들을 작성할 때엔 이 모든 조항들이 소송에 휘말렸을 경우 어떻게 될지를 가정하며 작성하는 것이 좋습니다. 특히 중요하다고 생각되는 조항이 있을 경우 애매한 부분이 없게끔 작성해야 합니다. 그리고 소송이 벌어질 가능성이 높은 조항이 있다면 본인에게 불리하지 않도록 관련 내용을 잘 구성해야 합니다.

❻ 오탈자, 또는 불필요한 부분이 있는지 확인

계약서는 중요한 법률 문서이므로, 오탈자나 불필요한 부분이 있는지 제대로 확인한 후 제출합니다.

 **문서 샘플 1** 물품 매매 계약서

◐ 해석 & 어휘 p.250

CONTRACT FOR THE SALE OF GOODS

This Sales Contract (herein "Contract") is made effective as of February 14, 20××, by and between Smith Company (herein "Seller") of 641 Bird Spring Lane, Houston, Texas and Benavides Company (herein "Buyer") of 1450 Point Street, Chicago, Illinois.

GOODS PURCHASED. Seller agrees to sell, and Buyer agrees to purchase the following product(s) in accordance with the terms and conditions of this contract.

Description	Quantity	Unit Price	Total Price
Smith TY189 Chipset	200	$55.00	$11,000.00

PAYMENT. Payment shall be made by Buyer to Seller in the amount of $11,000.00 in cash upon delivery of all Goods described in this Contract.

DELIVERY. Seller will arrange for delivery by carrier chosen by Buyer. Delivery shall be duly completed by February 28, 20××.

WARRANTY. Seller warrants that the Goods shall be free of substantive defects in material and workmanship.

This Contract shall be signed on behalf of Smith Company by Ellen Crane, Sales Representative and on behalf of Benavides Company by Larry M. Guillemette, CFO.

Seller:	Buyer:
Smith Company	Benavides Company
Ellen Crane	*Larry M. Gillemette*
Ellen Crane	Larry M. Gillemette
Sales Representative	CFO

미국 100 대 기업 문서 작성 팁!

Sales contract(매매 계약서)는 제품이나 서비스, 재산에 대한 소유권을 이전시킬 때에 작성하는 문서입니다. 통상적으로 매도인이 매수인으로부터 계약서에 제시된 조건에 따라 대금을 받은 후 소유권이 이전됩니다. 매매 계약서는 바로 기업 간에 이루어지는 이 같이 복잡한 매매 거래를 문서화시켜 증거를 남길 수 있도록 해주는 문서입니다. 계약의 당사자들은 계약서에 제시된 의무를 잘 이해하고 준수해야만 합니다.

>> 실무 담당자의 한 마디!

매매 계약서는 적법 계약이기 때문에 계약서에 명시된 정보들이 정확해야 합니다. 특히 매도인 및 매수인의 정보, 거래되는 물품의 기본 정보, 매매 가격, 매매 날짜, 전달 방법 등이 아주 정확히 명시되어야만 합니다.

 문서 뼈대 차근차근 분석해보기

❶ **CONTRACT FOR THE SALE OF GOODS**

❷ This Sales Contract (herein "Contract") is made effective as of February 14, 20××, by and between Smith Company (herein "Seller") of 641 Bird Spring Lane, Houston, Texas and Benavides Company (herein "Buyer") of 1450 Point Street, Chicago, Illinois.

❸ **GOODS PURCHASED.** Seller agrees to sell, and Buyer agrees to purchase the following product(s) in accordance with the terms and conditions of this contract.

Description	Quantity	Unit Price	Total Price
Smith TY189 Chipset	200	$55.00	$11,000.00

❹ **PAYMENT.** Payment shall be made by Buyer to Seller in the amount of $11,000.00 in cash upon delivery of all Goods described in this Contract.

DELIVERY. Seller will arrange for delivery by carrier chosen by Buyer. Delivery shall be duly completed by February 28, 20××.

WARRANTY. Seller warrants that the Goods shall be free of substantive defects in material and workmanship.

This Contract shall be signed on behalf of Smith Company by Ellen Crane, Sales Representative and on behalf of Benavides Company by Larry M. Guillemette, CFO.

❺
Seller:
Smith Company
Ellen Crane
Ellen Crane
Sales Representative

Buyer:
Benavides Company
Larry M. Gillemette
Larry M. Gillemette
CFO

❶ 표제(Title)

Sales Contract, Contract for the Sale of ~ 등의 문구로 표제를 작성합니다.

❷ 당사자(Parties)

계약이 체결된 날짜와 함께 매도인과 매수인의 회사명 및 주소 등을 기재합니다.

❸ 물품(Goods)

매매되는 물품명과 함께 물품의 단가 및 총액을 정확히 기재합니다. 가격을 표기할 때엔 잘못된 부분은 없는지 2-3차에 걸쳐 확인하도록 합니다.

❹ 조건(Terms)

물품 인도를 하는 사람, 인도 시기, 인도 방법 등을 기재합니다. 이와 함께 보증(Warranty)과 같은 기타 관련 내용들을 함께 기재합니다.

❺ 서명(Signature)

계약서의 효력을 보증할 수 있도록 계약 당사자들의 이름과 서명을 기재하도록 합니다.

01 ▸ **be made effective as of ~** ~(날짜)부터 유효하다

This agreement **is made effective as of** January 20, 20××.

본 협정은 20××년 1월 20일부로 유효하다.

02 ▸ **by and between ~** ~ 간에

This contract is made **by and between** Sears and Robinson.

본 계약은 Sears 사와 Robinson 사 간에 체결되는 것이다.

03 ▸ **in accordance with ~** ~을 따라서

SK Group agrees to buy the enterprise **in accordance with** this contract's terms.

SK 그룹은 이 계약 조건에 따라 기업을 인수하는 것에 동의한다.

04 ▸ **arrange for delivery** 운송 준비를 하다

The Seller will **arrange for delivery** of the goods by March 1.

매도인은 3월 1일까지 물품 운송 준비를 하도록 한다.

05 ▸ **be free of defects** 결함이 없다

All goods are to **be free of defects**.

모든 물품은 결함이 없어야 한다.

06 ▸ **on behalf of ~** ~을 대신하여

This contract will be signed **on behalf of** Seller by Jack Johnson.

본 계약은 매도인을 대신하여 Jack Johnson 씨가 서명한다.

07 ▸ **the agreement is made on ~** 본 협정은 ~에 체결한다

This agreement is made on October 17, 20××.

본 협정은 20××년 10월 17일에 체결한다.

08 ▸ **have full right and authority** 모든 권한을 갖고 있다

Intel **has full right and authority** to apply for compensation.

Intel 사는 배상을 신청할 모든 권한을 가지고 있다.

Agreement for Sale of Business

This Agreement is made on May 17, 20××

BETWEEN   SD Corporation (the "Seller"), with its head office located at Keunwoomul-ro 75, Mapo-gu, Seoul, Korea

AND   TK Corporation (the "Buyer), with its head office located at Sajikro2-gil 48, Jongno-gu, Seoul, Korea.

1. Description of Business
The Business includes the following properties: The inventory, raw materials and finished goods to be transferred from Seller to Buyer as under this Agreement.

2. Purchase Price and Method of Payment
The Buyer shall pay the Seller the sum of $14,200,000.00 USD, inclusive of all sales taxes, paid by certified check.

The Seller warrants that (1) the Seller is the legal owner of the Business; and (2) the Seller has full right and authority to sell and transfer the Business.

The Buyer has been given the opportunity to inspect the Business and related Property and the Buyer has accepted the Business in its existing condition. This Agreement will be construed in accordance with and governed by the laws of the Republic of Korea.

Signed, Sealed and Delivered this 17th day of May, 20×× in the presence of

Seller   Buyer
SD Corporation   TK Corporation
Chin-ho Lym   *Young-min Ock*

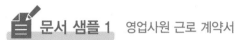

문서 샘플 1 영업사원 근로 계약서

○ 해석 & 어휘 p.252

EMPLOYMENT CONTRACT

This Employment Contract (herein "Contract") is made effective as of February 14, 20××, by and between Rocklyn Corporation (herein "Employer") of and Rudy L. Adams (herein "Employee").

1. EMPLOYMENT. Employer hereby employs the Employee as a sales associate for the period beginning March 1, 20×× and ending on the date on which the employment is terminated. Employee agrees to devote fully to the sales affairs of the Employer's products and goods and perform his duties faithfully, industriously and to the best of Employee's ability and experience. Work hours are 40 hours a week.

2. COMPENSATION. As compensation for the services provided by Employee, Employer will pay an annual salary of $30,000 in accordance with payroll procedures.

3. CONFIDENTIALITY. Employee agrees that Employee will not at any time divulge, disclose or communicate any company confidential Information to any third party without the prior written consent of Employer. A violation of this will justify legal and/or equitable action by Employer which may include a claim for losses and damages.

4. BENEFITS. Employee shall be entitled to 21 days of paid vacation and 5 days of sick leave per year.

5. TERM/TERMINATION. This Contract may be terminated by Employer upon 1 month written notice, and by Employee upon 1 month written notice.

Laura Swann

Laura Swann, HR Manager

Rocklyn Corporation (EMPLOYER)

Rudy L. Adams

Rudy L. Adams

(EMPLOYEE)

미국 100대 기업 문서 작성 팁!

Employment contract(근로 계약서)는 회사와 직원이 연봉, 특전, 근무시간, 근무조건 등을 합의한 후 그 내용을 담게 되는 문서입니다. 근로 계약서는 정규직, 계약직, 시간제 직원에게 적용되며, 임금의 경우 시간제 직원은 시간당 수당으로 표기합니다. 기밀 유지 협약서를 별도로 작성하지 않았다면, 회사의 지적 재산에 대한 기밀 협정이 포함될 수 있습니다. 이 외 복리후생, 계약직의 근무기간, 기타 수당에 대해 언급할 수 있습니다.

>> 실무 담당자의 한 마디!

근로 계약서를 작성하기 전, 임금을 포함한 모든 근로 조건이 사전에 합의가 되어 있어야 합니다. 특히 임금 관련 사항은 정확히 작성하고, 퇴직 시 필요한 절차가 있을 경우 어떻게 진행되는지 또한 명시하면 좋습니다.

문서 뼈대 차근차근 분석해보기

EMPLOYMENT CONTRACT

❶ This Employment Contract (herein "Contract") is made effective as of February 14, 20××, by and between Rocklyn Corporation (herein "Employer") of and Rudy L. Adams (herein "Employee").

❷ 1. EMPLOYMENT. Employer hereby employs the Employee as a sales associate for the period beginning March 1, 20×× and ending on the date on which the employment is terminated. Employee agrees to devote fully to the sales affairs of the Employer's products and goods and perform his duties faithfully, industriously and to the best of Employee's ability and experience. Work hours are 40 hours a week.

❸ 2. COMPENSATION. As compensation for the services provided by Employee, Employer will pay an annual salary of $30,000 in accordance with payroll procedures.

❹ 3. CONFIDENTIALITY. Employee agrees that Employee will not at any time divulge, disclose or communicate any company confidential Information to any third party without the prior written consent of Employer. A violation of this will justify legal and/or equitable action by Employer which may include a claim for losses and damages.

❺ 4. BENEFITS. Employee shall be entitled to 21 days of paid vacation and 5 days of sick leave per year.

❻ 5. TERM/TERMINATION. This Contract may be terminated by Employer upon 1 month written notice, and by Employee upon 1 month written notice.

Laura Swann

Rudy L. Adams

❼ Laura Swann, HR Manager
Rocklyn Corporation (EMPLOYER)

Rudy L. Adams
(EMPLOYEE)

---

❶ 표제와 당사자(Title and Parties)

Employment Contract나 Employment Agreement와 같이 표제를 작성하고 고용주와 고용인을 언급합니다.

❷ 직무(Position and Duties)

근로자가 맡게 될 직무가 무엇이며, 또 그에 따른 기본 업무가 무엇인지 구체적으로 기재합니다.

❸ 보상(Compensation)

이 부분에선 임금(급여)과 관련된 내용을 기재합니다. 주로 연봉 개념으로 작성되지만, 시간제 직원의 경우 시간당 수당으로 기재합니다.

❹ 기밀 유지(Confidentiality)

근로자가 준수해야 할 회사 기밀 유지와 관련된 규칙을 작성합니다.

❺ 혜택(Benefits)

보험, 복리후생 등 근로자가 받기로 합의된 혜택 사항을 기재합니다.

❻ 기간/해지(Term/Termination)

고용 기간 및 고용 해지 조건을 기재합니다.

❼ 서명(Signature)

고용주와 고용인의 서명이 들어갑니다.

01 ▶ hereby employs ~ as a ~ ~을 ~으로서 고용하다

The Company **hereby employs** Employee **as** a laboratory technician.
회사는 직원을 연구소 기술자로서 고용한다.

02 ▶ terminate employment 고용계약을 해지하다

Employer or Employee may **terminate employment** at any time.
고용주나 고용인은 언제든지 고용계약을 해지할 수 있다.

03 ▶ perform one's duties faithfully ~의 업무를 성실하게 수행하다

The Employee is expected to **perform his duties faithfully**.
직원은 본인의 업무를 성실하게 수행해야 한다.

04 ▶ to the best of one's ability and experience ~의 능력과 경험을 바탕으로 최선을 다해

The Executive will act **to the best of his ability and experience**.
중역은 본인의 능력과 경험을 바탕으로 최선을 다해 활동해야 한다.

05 ▶ pay an annual salary of ~ ~만큼의 연봉을 지급하다

The Company will **pay an annual salary of** $26,000 to Employee.
회사는 직원에게 연봉 26,000달러를 지급할 것이다.

06 ▶ upon one month written notice 1개월 전 서면 통보로

Employer may terminate employment **upon one month written notice**.
고용주는 1개월 전 서면 통보로 고용계약을 해지할 수 있다.

07 ▶ be entitled to severance 퇴직금을 받을 자격이 있다

Under the terms of employment, the Executive **is entitled to severance**.
고용 조건에 따라, 중역은 퇴직금을 받을 자격이 있다.

08 ▶ renew the agreement 계약을 갱신하다

Both sides are entitled to **renew the agreement**.
양측은 계약을 갱신할 수 있다.

Keystone Construction Employment Agreement

This Agreement is entered into on July 1, 20×× by and between Keystone Construction Co. (hereinafter referred to as the "Company") and John Norris (hereinafter referred to as "Executive").

Duties and Scope of Employment. As of August 1, 20××, Executive will serve as President and Chief Executive Officer of the Company, reporting to the Company's Board of Directors. During the Employment Term, Executive will devote Executive's full business efforts and time to the Company and will use good faith to discharge Executive's obligations under this Agreement to the best of Executive's ability.

Termination. Executive and the Company acknowledge that this employment relationship may be terminated at any time, upon written notice to the other party, with or without good cause or for any or no cause, at the option either of the Company or Executive. However, Executive may be entitled to severance and other benefits depending upon the circumstances of Executive's termination of employment.

Term of Agreement. This Agreement will have a term of four (4) years commencing on the Effective Date. No later than ninety (90) days before the end of the term of this Agreement, the Company and Executive will discuss whether and under what circumstances the Agreement will be renewed.

Compensation. As of the Effective Date, and until June 30, 20××, the Company will pay Executive an annual salary of $400,000 as compensation for his services

 문서 샘플 1 저작물 사용 계약서

● 해석 & 어휘 p.254

COPYRIGHT LICENSE AGREEMENT

This LICENSE AGREEMENT (the "Agreement) is made and entered into effective as of May 15, 20×× (the "Effective Date"), by and between ART TECHNOLOGIES (the "Licensor") and MASON CO. (the "Licensee").

Grant of License. In accordance with the terms and conditions of this Agreement, Licensor hereby grants to Licensee a non-exclusive, non-transferrable license to use the Work in the course of its business and to otherwise copy, make, use and sell the Work, and for no other purpose. Any other use shall be made by Licensee only upon the receipt of prior written approval from Licensor.

Term and Termination. This Agreement shall commence as of the Effective Date and shall continue in full force and effect for a period of two (2) years, and shall automatically renew for additional one year periods, unless either party provides written notice of non-renewal to the other party, not less than sixty (60) days prior to the expiration of any one (1) year term.

Fees. Licensee shall pay the Licensor a royalty of five percent (5%) of gross receipts from sale of the Work each month. All royalties are to be paid within ten (10) days of the end of each month.

IN WITNESS WHEREOF, the undersigned have executed this Agreement as of the date first above written.

Licensor
ART TECHNOLOGIES

_____

Licensee
MASON CO.

_____

미국 100대 기업 문서 작성 팁!

Licensing contract(라이선스 계약서)는 당사자가 다른 당사자의 자산을 사용할 수 있도록 허용해준다는 내용의 문서입니다. 이런 라이선스 계약서에는 통상적으로 허가하는 당사자(licensor)가 다른 당사자에게(licensee) 특정 상표, 이미지, 정보, 기술, 물품, 아이디어 등을 사용할 수 있도록 허용합니다. 계약서 중 가장 핵심적인 항목은 Licensee가 Licensor에게 지불하는 '보상' 부분입니다. 보상은 대부분의 경우 인세(royalty)로 지급됩니다.

>> 실무 담당자의 한 마디!

라이선스 계약은 법적으로 민감한 사안이 많고 종류 또한 다양하기 때문에 작성 시 복잡할 때가 많습니다. 특히 재정적인 부분과 라이선스 기간은 명확해야 작성해야 나중에 소송 및 각종 법적 조치를 예방할 수 있습니다.

문서 뼈대 차근차근 분석해보기

COPYRIGHT LICENSE AGREEMENT

❶ This LICENSE AGREEMENT (the "Agreement) is made and entered into effective as of May 15, 20×× (the "Effective Date"), by and between ART TECHNOLOGIES (the "Licensor") and MASON CO. (the "Licensee").

❷ **Grant of License.** In accordance with the terms and conditions of this Agreement, Licensor hereby grants to Licensee a non-exclusive, non-transferrable license to use the Work in the course of its business and to otherwise copy, make, use and sell the Work, and for no other purpose. Any other use shall be made by Licensee only upon the receipt of prior written approval from Licensor.

❸ **Term and Termination.** This Agreement shall commence as of the Effective Date and shall continue in full force and effect for a period of two (2) years, and shall automatically renew for additional one year periods, unless either party provides written notice of non-renewal to the other party, not less than sixty (60) days prior to the expiration of any one (1) year term.

❹ **Fees.** Licensee shall pay the Licensor a royalty of five percent (5%) of gross receipts from sale of the Work each month. All royalties are to be paid within ten (10) days of the end of each month.

❺ IN WITNESS WHEREOF, the undersigned have executed this Agreement as of the date first above written.

Licensor   Licensee
ART TECHNOLOGIES   MASON CO.

_____   _____

❶ 표제 및 당사자(Title and Parties)

Licensing Contract, License Agreement 등으로 표제를 작성하고 계약의 당사자를 명시합니다.

❷ 정의 및 범위(Definition and Scope)

어떠한 라이선스인지 그 내용을 정의합니다. 본 라이선스와 관련된 저작물 및 저작권 등에 대해 정의하고, 라이선스의 사용 범위를 기재합니다.

❸ 기간과 해지(Term and Termination)

본 라이선스 계약의 유효 기간 및 계약 해지 조건을 상세히 기재합니다.

❹ 수수료(Fees)

Licensee가 Licensor에게 지급해야 할 라이선스 비용에 대해 기재합니다. 대부분의 경우 로열티 방식으로 지급하게 됩니다.

❺ 서명(Signature)

계약서의 법적 효력을 보장할 수 있도록 양측 계약 당사자들의 서명이 들어갑니다.

01 commence as of ~ ~(날짜)부로 유효하다
This agreement shall **commence as of** January 1, 20××.
본 약정은 20××년 1월 1일부로 유효하다.

02 continue in full force and effect 완전한 효력을 유지하다
The provisions of this Agreement shall **continue in full force and effect** for one year.
본 약정의 조항은 1년 동안 완전한 효력을 유지한다.

03 automatically renew 자동으로 갱신되다
The license will **automatically renew** unless either party says otherwise.
양 당사자 중 누구라도 반대하지 않는 이상 라이선스는 자동으로 갱신된다.

04 provide written notice of non-renewal 서면으로 비갱신을 통보하다
The licensor must **provide a written notice of non-renewal** for the license to be terminated.
저작권자는 라이선스를 해지하고자 할 경우 서면으로 비갱신을 통보해야만 한다.

05 own all right, title and interest 모든 권리, 소유권 및 이권을 소유하다
The Company **owns all right, title and interest** in the Work.
회사는 저작물에 관한 모든 권리, 소유권 및 이권을 소유한다.

06 agree to be bound by the terms of ~ ~에 대한 약관 준수에 동의하다
I hereby **agree to be bound by the terms of** this license.
본인은 본 라이선스에 대한 약관을 준수할 것에 동의한다.

07 be authorized to use ~ ~을 사용할 수 있는 권한이 있다
You **are authorized to use** the Software for personal purposes.
당신은 개인적인 목적으로 소프트웨어를 사용할 수 있는 권한이 있다.

08 reserve the right to ~ ~할 수 있는 권리를 보유하다
Wizen **reserves the right to** terminate the license at any time.
Wizen은 언제든지 라이선스를 해지할 권리가 있다.

END-USER LICENSE AGREEMENT

By installing, copying, accessing or otherwise using the ITSS software version 2.1 (the "ITSS SOFTWARE"), you (the "END USER") agree to be bound by the terms of this End-User License Agreement ("EULA"). If you do not agree to these terms, do not install, copy, access, or otherwise use the ITSS SOFTWARE.

1. AGREEMENT:

This EULA is a legal agreement between the END USER and Sidtech Inc. ("SIDTECH") who owns all right, title and interest in the ITSS SOFTWARE and related Documentation, files and intellectual property.

2. SOFTWARE:

The ITSS SOFTWARE includes any associated media, printed materials and electronic documentation ("Documentation") and any software updates, add-on components, web services and/or supplements that SIDTECH may provide to you or make available to you.

3. GRANT OF RIGHTS:

The ITSS SOFTWARE is licensed to you, not sold. You are authorized to use the ITSS SOFTWARE as follows: SIDTECH grants you a non-transferable and non-exclusive right to use a registered copy of the ITSS SOFTWARE for non-commercial purposes.

4. TERMINATION:

SIDTECH reserves the right to terminate your license and consequently your use of the ITSS SOFTWARE at any time. Your license will also automatically terminate if you fail to comply with any term or condition of this EULA. You may also terminate this license at any time. In the event you wish to terminate your license to use the ITSS SOFTWARE, you must inform SIDTECH of your intention. You agree, on termination of this license, to destroy all copies of the ITSS SOFTWARE and Documentation in your possession.

 **문서 샘플 1** 비밀 유지 계약서

● 해석 & 어휘 p.256

NON-DISCLOSURE AGREEMENT

This Non-Disclosure Agreement ("Agreement") is entered into and made effective as of the date set forth below, by and between Skynet Corporation ("Disclosing Party"), and Telpet Company ("Receiving Party").

1. Confidential Information. The confidential, proprietary and trade secret information being disclosed by the Disclosing Party is that information marked with a "confidential", "proprietary", or similar legend.

2. Obligations of Receiving Party. The Receiving Party will maintain the confidentiality of the Confidential Information of the Disclosing Party with the same degree of care that it uses to protect its own confidential and proprietary information. The Receiving Party will not disclose any of the Disclosing Party's Confidential Information to employees or to any third parties.

3. Time Period. The Disclosing Party will not assert any claims for breach of this Agreement or misappropriation of trade secrets against the Receiving Party arising out of the Receiving Party's disclosure of Disclosing Party's Confidential Information made more than three (3) years from the date of receipt of the Confidential Information by the Receiving Party.

This Agreement and each party's obligations shall be binding on the representatives, assigns, and successors of such party. Each party has signed this Agreement through its authorized representative.

Disclosing Party

Signature _____

Printed Name _____

Date _____

Receiving Party

Signature _____

Printed name _____

Date _____

미국 100대 기업 문서 작성 팁!

Non-disclosure agreement(비밀 유지 계약서(NDA))는 정보 보안의 목적으로 작성되는 법적 구속력이 있는 합의로서, 계약의 당사자들이 서로 공유하게 되는 정보가 서술됩니다. 본 계약서의 가장 큰 목적은 정보가 제3자에게 노출되지 않도록 비밀을 유지하는 것이며, 이러한 기밀 유지 약정은 기업과 직원, 또는 기업과 기업 간의 이뤄질 수 있습니다. 기업 간 기밀 유지 약정의 경우, 합작 투자나 공동 프로젝트 등을 진행하는데 있어 서로의 정보, 기술, 영업 비밀을 보호해야 하는 상황에서 주로 작성됩니다.

>> 실무 담당자의 한 마디!

기밀 유지 약정을 작성할 때엔, 계약의 당사자가 제3자에게 누설해서는 안될 기밀 정보가 무엇인지 정확히 명시하고, 여기에 기밀 유지 기간 및 유지 위반 시 발생할 수 있는 조치까지 포함시켜 작성합니다.

 문서 뼈대 차근차근 분석해보기

NON-DISCLOSURE AGREEMENT

❶ This Non-Disclosure Agreement ("Agreement") is entered into and made effective as of the date set forth below, by and between Skynet Corporation ("Disclosing Party"), and Telpet Company ("Receiving Party").

❷ 1. **Confidential Information.** The confidential, proprietary and trade secret information being disclosed by the Disclosing Party is that information marked with a "confidential", "proprietary", or similar legend.

❸ 2. **Obligations of Receiving Party.** The Receiving Party will maintain the confidentiality of the Confidential Information of the Disclosing Party with the same degree of care that it uses to protect its own confidential and proprietary information. The Receiving Party will not disclose any of the Disclosing Party's Confidential Information to employees or to any third parties.

❹ 3. **Time Period.** The Disclosing Party will not assert any claims for breach of this Agreement or misappropriation of trade secrets against the Receiving Party arising out of the Receiving Party's disclosure of Disclosing Party's Confidential Information made more than three (3) years from the date of receipt of the Confidential Information by the Receiving Party.

This Agreement and each party's obligations shall be binding on the representatives, assigns, and successors of such party. Each party has signed this Agreement through its authorized representative.

❺ Disclosing Party   Receiving Party

Signature _____   Signature _____

Printed Name _____   Printed name _____

Date _____   Date _____

❶ 제목 및 당사자(Title and Parties)

Non-disclosure이나 Confidentiality Agreement로 제목을 기재하고 계약의 당사자를 명시합니다.

❷ 기밀 정보(Confidential Information)

기밀 정보가 무엇인지 정확히 정의하고, 기밀 정보의 범주까지 함께 명시합니다.

❸ 정보수취자의 의무(Obligations)

취급하게 될 기밀 정보에 대한 정보수취자의 의무를 구체적으로 기재합니다. 예를 들어 약정의 기밀 정보를 직원/제3자 등의 사람에게 누설하지 않아야 한다는 내용으로 작성합니다.

❹ 기간(Time Period)

본 약정에 명시된 기밀 정보의 기밀 유지 기간을 명확하게 기재합니다.

❺ 서명(Signature)

본 계약서가 법적 효력을 가질 수 있도록 양측 당사자(대리인)의 서명이 들어가게 됩니다.

01 maintain the confidentiality of ~ ~의 기밀을 유지하다

The Receiving Party will **maintain the confidentiality of** the said information.

정보수취자는 앞서 언급된 정보의 기밀을 유지할 것이다.

02 disclose confidential information 기밀 정보를 발설하다

Neither party shall **disclose confidential information**.

양측 어느 쪽이라도 기밀 정보를 발설해서는 안 된다.

03 shall be binding on ~ ~에 대해 구속력을 갖다

The agreement **shall be binding on** the parties and their assigns.

본 약정은 당사자 및 그들의 지명인에 대해 구속력을 갖는다.

04 protect the secrecy of ~ ~의 비밀을 보호하다

The Receiving Party is to **protect the secrecy of** the documents at all costs.

무슨 일이 있어도 정보수취자는 문서의 비밀을 보호해야 한다.

05 be in compliance with ~ ~을 준수하다

You are to **be in compliance with** this Confidentiality Agreement.

당신은 본 기밀 정보 약정을 준수해야 한다.

06 recover liquidated damages 손해 배상금을 받다

PS Group is entitled to **recover liquidated damages**.

PS Group은 손해 배상금을 받을 자격이 있다.

07 refer to ~ by a code name ~을 코드명으로 언급하다

You are to **refer to** the Disclosing Party **by a code name**.

당신은 정보제공자를 코드명으로 언급해야 한다.

08 take appropriate legal actions 적절한 법적 조치를 취하다

Otherwise the Disclosing Party will **take appropriate legal actions**.

그렇지 않으면 정보제공자는 적절한 법적 조치를 취하게 될 것이다.

Restricted Project Agreement

You, the undersigned company, are involved in the development of a highly confidential Cantech project code named Emerald. This Cantech Restricted Project Agreement describes requirements that are intended to protect the secrecy of the project.

1. You are not to disclose any confidential information related to the project to any personnel other than those that have been expressly approved by Cantech to access such information.

2. You agree to require all approved-personnel to sign the confidentiality form prior to receiving confidential information about the project.

3. You agree to allow Cantech to verify that you are in compliance with this Agreement and other related agreements by auditing your records and information systems, inspecting your facilities, and interviewing your personnel.

4. Any violation of this Agreement will entitle Cantech to recover liquidated damages as set forth previously between Cantech and you, dated September 22, 20××.

Security Requirements:

1. Establish a security team with a qualified security manager
2. Refer to Cantech by a code name
3. Refer to the restricted project by its code name.
4. Conduct regular training regarding confidentiality and security.
5. Notify Cantech of any unauthorized exposures, thefts, or losses of confidential information and materials, and take appropriate legal actions and remedies.

 **문서 샘플 1** 부동산 임대 계약서

○ 해석 & 어휘 p.258

COMMERCIAL LEASE AGREEMENT

This LEASE AGREEMENT is made and entered into on January 23, 20××, by and between Candlestick, LLC, (hereinafter referred to as "Landlord"), and Teller Energy, Inc., (hereinafter referred to as "Tenant").

PREMISES. Landlord, in consideration of the lease payments provided in this Lease, leases to Tenant the fourth floor of Sungjil Building located at 78 World Cup-ro, Mapo-gu, Seoul. (the "Property")

LEASE TERM. The lease will begin on January 25, 20×× and will terminate on January 24, 20××. This Lease shall automatically renew for an additional period of two (2) years per renewal term, unless either party gives written notice of termination no later than 30 days prior to the end of the term or renewal term.

LEASE PAYMENTS. Tenant shall pay to Landlord monthly installments of 10,000,000 won, payable in advance on the fifth day of each month.

SECURITY DEPOSIT. At the time of the signing of this Lease, Tenant shall pay to Landlord, in trust, a deposit of 200,000,000 won to be reimbursed at the end of the Lease.

MAINTENANCE AND UTILITES. Landlord shall have the responsibility to maintain the Property in good repair at all times. Tenant shall be responsible for all utilities incurred in connection with the Property.

Landlord:
Candlestick, LLC

_____

Tenant:
Teller Energy, Inc.

_____

미국 100대 기업 문서 작성 팁!

Lease agreement(임대 계약서)는 임대인과 임차인 간에 맺는 임대 계약서입니다. 기업 간에는 주로 사무 공간 및 매장과 같은 사업용 부동산 임대 계약을 맺게 되며, 이 같은 기업 간 임대는 commercial lease(상업 임대)라고 합니다. 임대 계약서에는 기본적으로 당사자(임대인, 임차인)의 정보, 부동산의 주소 및 임대 기간, 임대료, 보증금 등이 포함됩니다. 공공요금을 누가 부담하게 되는지도 함께 언급하면 좋으며, 부동산뿐만 아니라 복사기, 정수기 등의 장비 임대 계약서(equipment lease)도 작성 가능합니다.

>> 실무 담당자의 한 마디!

임대 계약서 역시 법적인 문서이기 때문에 최대한 정확하고 명확하게 작성해야 합니다. 임대 부동산이나 임대 장비에 대한 정보, 임대 조건 및 임대료와 함께 세입자가 준수해야 할 규정 등을 명확히 기재합니다.

 문서 뼈대 차근차근 분석해보기

COMMERCIAL LEASE AGREEMENT

❶ This LEASE AGREEMENT is made and entered into on January 23, 20××, by and between Candlestick, LLC, (hereinafter referred to as "Landlord"), and Teller Energy, Inc., (hereinafter referred to as "Tenant").

❷ PREMISES. Landlord, in consideration of the lease payments provided in this Lease, leases to Tenant the fourth floor of Sungjil Building located at 78 World Cup-ro, Mapo-gu, Seoul. (the "Property")

❸ LEASE TERM. The lease will begin on January 25, 20×× and will terminate on January 24, 20××. This Lease shall automatically renew for an additional period of two (2) years per renewal term, unless either party gives written notice of termination no later than 30 days prior to the end of the term or renewal term.

❹ LEASE PAYMENTS. Tenant shall pay to Landlord monthly installments of 10,000,000 won, payable in advance on the fifth day of each month.

SECURITY DEPOSIT. At the time of the signing of this Lease, Tenant shall pay to Landlord, in trust, a deposit of 200,000,000 won to be reimbursed at the end of the Lease.

❺ MAINTENANCE AND UTILITES. Landlord shall have the responsibility to maintain the Property in good repair at all times. Tenant shall be responsible for all utilities incurred in connection with the Property.

❻ Landlord: Tenant:
Candlestick, LLC   Teller Energy, Inc.

_____   _____

❶ 표제와 당사자(Title and Parties)

Lease Agreement와 같이 표제를 기재하고 계약의 주체인 임대인과 임차인을 언급합니다.

❷ 자산(Property)

임대 부동산 또는 임대 장비에 관한 정보를 구체적으로 기재합니다.

❸ 임대 기간(Lease Term)

부동산 또는 장비의 임대 기간을 설정합니다.

❹ 임대료와 보증금(Lease Payments and Security Deposit)

임대료가 얼마인지 기재하고, 임대료의 지급 시기 및 지급 방법, 보증금 등을 함께 명시합니다.

❺ 유지보수와 공공요금(Maintenance and Utilities)

부동산 임대 계약일 경우, 유지보수 및 공공요금은 누가 부담하게 되는지를 명시합니다.

❻ 서명(Signature)

계약 당사자들의 서명이 들어갑니다.

01 **the lease will begin/start on ~** 임대는 ~(날짜)부로 시작될 것이다
The lease will begin on January 1, 20××.
임대는 20××년 1월 1일부로 시작될 것이다.

02 **give written notice of termination** 서면으로 해지를 통보하다
The tenant must **give written notice of termination** 60 days in advance.
임차인은 60일 전에 서면으로 해지를 통보해야 한다.

03 **prior to the end of the term** 기간 만료 이전에
The lessee must return the property **prior to the end of the term**.
임차인은 기간 만료 이전에 자산(부동산)을 반납해야 한다.

04 **be responsible for ~** ~에 책임이 있다
The tenant shall **be responsible for** all utilities.
임차인은 모든 공공요금을 부담할 책임이 있다.

05 **lease the following equipment** 다음과 같은 장비를 임대하다
The Lessor **leases** to the Lessee **the following equipment**.
임대인은 임차인에게 다음과 같은 장비를 임대한다.

06 **pay monthly installments of ~** ~만큼의 월부지급을 하다
The lessee shall **pay** to the lessor **monthly installments of** $500.
임차인은 임대인에게 500달러씩 월부지급을 한다.

07 **take possession of ~** ~을 취하다(소지하다)
The lessee may **take possession of** the equipment after July 31.
임차인은 7월 31일 이후에 장비를 취할 수 있다.

08 **at the expiration of the lease term** 임대 기간 만료 시
The property shall be vacated **at the expiration of the lease term**.
부동산은 임대 기간 만료 시 비워져 있어야 한다.

Equipment Lease Agreement

This Equipment Lease Agreement ("Agreement") is made and entered on April 15, 20××, by and between IntranetIt ("Lessor") and TechMode.com ("Lessee") (collectively referred to as the "Parties").

1. EQUIPMENT: Lessor hereby leases to Lessee the following equipment:
Two (2) photocopiers (Model: Xerox WorkCentre 7970) ("Equipment")

2. LEASE TERM: The lease will start on April 20, 20×× and will end on April 19, 20××. ("Lease Term")

3. LEASE PAYMENTS: Lessee agrees to pay to Lessor as rent for the Equipment the amount of $250.00 ("Rent") each month in advance on the first day of each month at 3392 Shadowmar Drive, Metairie, Louisiana. If any amount under this Agreement is more than 10 days late, Lessee agrees to pay a late fee of $100.

4. SECURITY DEPOSIT: Prior to taking possession of the Equipment, Lessee shall deposit with Lessor, in trust, a security deposit of $8,000.00 as security for the performance by Lessee of the terms under this Agreement and for any damages caused by Lessee or Lessee's agents to the Equipment under the Lease Term.

5. POSSESSION AND SURRENDER OF EQUIPMENT: Lessee shall be entitled to possession of the Equipment on the first day of the Lease Term. At the expiration of the Lease Term, Lessee shall surrender the Equipment to Lessor by delivering the Equipment to Lessor or Lessor's agents in good condition and working order, as it was at the commencement of the Agreement.

LESSOR: LESSEE:

IntranetIt   TechMode.com

_____   _____

양해 각서 Memorandum of Understanding

 문서 샘플 1   제휴 양해 각서

● 해석 & 어휘 p.260

MEMORANDUM OF UNDERSTANDING

This Memorandum of Understanding ("MOU") is made on 7 March 20×× by and between the Government of Malaysia represented by the Ministry of Communications and Multimedia (the "Government") and PT Netso Malaysia ("Netso"). (together, the "Parties").

Purpose. The purpose of this MOU is to provide the framework for future cooperation regarding the development of Information and Communication Technology ("ICT") in Malaysia between the Government and Netso.

Licensing and Partnership. The Parties confirm their intent that by no later than 31 October 20××, following completion of due process, the Parties will enter into binding contracts that licenses Netso software to the Government for use across all ministries, departments and agencies of the Government. Netso is to continuously support ICT projects identified by the Government that will improve access to information technology and develop a software economy in Malaysia.

Term and Termination. This MOU will commence on the day this MOU is signed and will continue in force until the earlier of: (i) the date of execution of a licensing transaction according to this MOU; and (ii) 31 October 20××.

Non-exclusivity and Confidentiality. This MOU is non-exclusive but the Parties must keep confidential the terms and conditions of this MOU.

IN WITNESS WHEREOF, the undersigned, acting as representatives of their respective Party, have signed this MOU.

Government of Malaysia   PT Netso Malaysia

_____   _____

미국 100대 기업 문서 작성 팁!

Memorandum of Understanding(양해각서(MOU))는 기업 간에 사업 관계를 맺거나 업무 제휴를 형성하고자 할 때 작성되는 합의서입니다. 예를 들어 단기 프로젝트나 장기 업무 협력 시 MOU를 맺을 수 있습니다. MOU는 사기업뿐만 아니라 정부기관 및 학교기관에서도 종종 작성됩니다. 또한 MOU는 다른 계약서와 달리 법적 구속력이 없습니다(단, 다른 계약서와 같이 각 당사자가 이행할 의무가 있고 서명 또한 포함됨). 따라서 MOU는 법적 구속력이 없어 해당 나라의 법으로부터 자유롭다는 장점을 가지고 있습니다.

>> 실무 담당자의 한 마디!

MOU 역시 다른 계약서들처럼 계약 당사자의 의무, 계약의 기한, 해지 조건 등이 포함될 수 있습니다. 단, 대금 지불 관련 내용은 없는 경우가 대부분입니다(하지만 대금 지불 항목 역시 MOU에 있을 수 있음).

 문서 뼈대 차근차근 분석해보기

MEMORANDUM OF UNDERSTANDING

❶ This Memorandum of Understanding ("MOU") is made on 7 March 20×× by and between the Government of Malaysia represented by the Ministry of Communications and Multimedia (the "Government") and PT Netso Malaysia ("Netso"). (together, the "Parties").

❷ **Purpose.** The purpose of this MOU is to provide the framework for future cooperation regarding the development of Information and Communication Technology ("ICT") in Malaysia between the Government and Netso.

❸ **Licensing and Partnership.** The Parties confirm their intent that by no later than 31 October 20××, following completion of due process, the Parties will enter into binding contracts that licenses Netso software to the Government for use across all ministries, departments and agencies of the Government. Netso is to continuously support ICT projects identified by the Government that will improve access to information technology and develop a software economy in Malaysia.

❹ **Term and Termination.** This MOU will commence on the day this MOU is signed and will continue in force until the earlier of: (i) the date of execution of a licensing transaction according to this MOU; and (ii) 31 October 20××.

❺ **Non-exclusivity and Confidentiality.** This MOU is non-exclusive but the Parties must keep confidential the terms and conditions of this MOU.

❻ IN WITNESS WHEREOF, the undersigned, acting as representatives of their respective Party, have signed this MOU.

Government of Malaysia   PT Netso Malaysia

_____   _____

---

❶ 표제와 당사자(Title and Parties)

Memorandum of Understanding 등으로 표제로 기재하고 MOU의 당사자를 언급합니다.

❷ 목적(Purpose)

MOU의 목적을 기재합니다. MOU의 목적은 사업 관계 구축이나 업무 제휴 등이 될 수 있습니다.

❸ 역할(Roles)

MOU의 각 당사자가 이행해야 할 역할이나 의무, 책임 등을 기재합니다.

❹ 기간 및 해지(Term and Termination)

MOU의 기간 및 해지 조건을 기재합니다.

❺ 기타(Other)

위 기본적인 사항들을 기재한 후엔, 독점 여부, 기밀 유지, 기타 책임 등과 같은 추가 관련 사항들을 기재합니다.

❻ 서명(Signature)

각 당사자(대리인)의 서명이 들어갑니다.

01 ▶ **provide the framework for** ~ ~에 대한 체계(구조)를 제공하다
This MOU **provides the framework for** the project in question.
본 양해 각서는 해당 프로젝트에 대한 체계를 제공한다.

02 ▶ **confirm their intent that/of** ~ ~에 대한 의사를 확정하다
The Parties **confirm their intent of** forming a long-lasting partnership.
당사자들은 장기적인 협력 관계를 형성하는 것에 대한 의사를 확정한다.

03 ▶ **following completion of due process** 적법한 절차를 밟은 후
Following completion of due process, the partners will draw up a legally binding contract.
동업자들은 적법한 절차를 밟은 후 법적 구속력이 있는 계약서를 작성할 것이다.

04 ▶ **keep (something) confidential** (~을) 기밀로 유지하다
The Parties agree to **keep the content of the MOU** confidential.
당사자들은 양해 각서의 내용을 기밀로 유지하는 것에 합의한다.

05 ▶ **act as representatives of** ~ ~을 대표로서 행동하다, ~을 대표하다
The undersigned are to **act as representatives of** their respective Parties.
서명인들은 각각의 당사자를 대표할 것이다.

06 ▶ **agree to work together** 함께 협력할 것에 동의하다
The University and Cisco **agree to work together** to promote new student programs.
대학교와 Cisco 사는 신규 학생 프로그램 홍보를 위해 함께 협력하는 것에 동의한다.

07 ▶ **shall include but (are) not limited to** ~ ~을 포함하지만 이에 국한되지는 않다
Responsibilities of the Company **shall include but are not limited to**:
회사의 책임 사항엔 다음과 같은 내용이 포함되지만 이에 국한되지는 않는다:

08 ▶ **services to be rendered by** ~ ~에 의해 제공될 서비스
Services to be rendered by the Company include planning of the event.
회사에 의해 제공될 서비스에는 본 행사 계획이 포함된다.

Memorandum of Understanding

This Memorandum of Understanding (the "Memorandum") is made on March 10, 20××,

BETWEEN ADT Corporation ("ADT")

AND   FT Korea ("FT"),

AND   Boston Innovation Center ("Center"). (together, the "Partners")

Purpose and Obligations

The Partners hereby agree to jointly hold the 20×× Innovation Cup (the "Event") to be held on May 15-20, 20×× in Boston, Massachusetts. The Partners acknowledge that no contractual relationship is created between them by this Memorandum, but agree to work together in the true spirit of partnership to ensure a successful event.

Cooperation

The responsibilities and services for the Event shall include, but not limited to:

a. Services to be rendered by ADT include: Preparation of all activities pertaining to the Event including registration of participants.

b. Services to be rendered by FT include: Provision of all equipment and event related promotions.

c. Services to be rendered by Center include: Provision of venue and staff including volunteers.

Resources

ADT agrees to provide the financial and material resources in respect of the Event.

Term

The arrangements made by the Partners by this Memorandum shall remain in place from the signing of this Memorandum until the completion of the Event.

문서 샘플 1 부동산 매입 의향서

○ 해석 & 어휘 p.262

LETTER OF INTENT

Dear Schema Company,

The following Letter of Intent ("LOI") outlines the general terms under which Caskell Inc. ("Purchaser") is willing to purchase the below Property from Schema Company ("Seller").

1. **Property.** The real property known as "High Tower" (the "Property") consisting of approximately 12,000 square feet of warehouse and office space, located at 1486 School Street, Wilton, Connecticut.

2. **Purchase Price.** The purchase price for the Property shall be $15,000,000 (the "Purchase Price") in cash at closing.

3. **Due Diligence.** Purchaser shall have thirty (30) days from the execution of this Letter of Intent to perform all of its due diligence with respect to the Property, including making a physical inspection of the Property, in order to enter into a legally binding definitive Purchase and Sale Agreement.

4. **Acceptance.** If the terms of this Letter of Intent are acceptable, please indicate your acceptance by signing below and returning one original Letter of Intent to the undersigned.

Sincerely yours,

PURCHASER:

_____

Agreed to and Accepted this _____ day of _____, 20_____:
SELLER:

_____

미국 100대 기업 문서 작성 팁!

Letter of intent(의향서(LOI))는 기업 간에 계약이 최종 확정되기 전, 계약 당사자의 입장과 의사를 표명하기 위한 문서입니다. 양해 각서와 같이 법적 구속력은 없습니다. LOI는 합병, 인수, 합작 투자, 부동산 임대 등 규모 있는 거래 시 주로 작성되며, 서명인의 이익을 도모하기 위한 목적을 갖고 있습니다. 의향서는 정형화된 형식은 없으나 계약서와 같이 조항을 중심으로 구성될 때가 많고, 문서 가장 위쪽은 편지의 형식을 갖추게 됩니다.

>> 실무 담당자의 한 마디!

사업 계약을 체결할 가능성이 있는 경우, 당사자의 권리와 의향을 보장할 수 있도록 내용을 문서화하는 것이 좋습니다. LOI는 바로 이러한 사업의 의도 및 결과를 문서로 작성하여 당사자간에 공유하기 위한 것입니다.

 문서 뼈대 차근차근 분석해보기

---

❶ LETTER OF INTENT

❷ Dear Schema Company,

The following Letter of Intent ("LOI") outlines the general terms under which Caskell Inc. ("Purchaser") is willing to purchase the below Property from Schema Company ("Seller").

❸
1. Property. The real property known as "High Tower" (the "Property") consisting of approximately 12,000 square feet of warehouse and office space, located at 1486 School Street, Wilton, Connecticut.

2. Purchase Price. The purchase price for the Property shall be $15,000,000 (the "Purchase Price") in cash at closing.

3. Due Diligence. Purchaser shall have thirty (30) days from the execution of this Letter of Intent to perform all of its due diligence with respect to the Property, including making a physical inspection of the Property, in order to enter into a legally binding definitive Purchase and Sale Agreement.

4. Acceptance. If the terms of this Letter of Intent are acceptable, please indicate your acceptance by signing below and returning one original Letter of Intent to the undersigned.

Sincerely yours,

PURCHASER:

❹ ———————————————

Agreed to and Accepted this _____ day of _____, 20_____:
SELLER:

———————————————

---

❶ 표제(Title)

Letter of Intent 등으로 표제를 기재합니다.

❷ 당사자(Parties)

LOI의 당사자를 기재합니다. 한 명의 당사자가 다른 한 명의 당사자에게 보내는 편지와 같은 형식을 갖추고 있기 때문에, 중간에 'Dear ~,'와 같은 표현이 포함됩니다.

❸ 본론(Main Body)

LOI 발신자가 수신자에게 제의하고 싶은 내용을 작성하게 되며, 여기엔 당사자의 의무, 계약의 잠재 조건 등이 포함될 수 있습니다. 예를 들어 매매 계약 관련 LOI의 경우, 매매 거래 의향이 있다는 말과 함께 매매 물품에 대한 내용을 적게 됩니다.

❹ 서명(Signature)

LOI를 작성한 당사자가 먼저 서명하고, 이를 수신하는 당사자가 나중에 서명할 수 있도록 서명 공간을 확보해 둡니다.

01 ▶ **outline the general terms** 전반적인 조항을 기술하다
This LOI **outlines the general terms** of a possible formal agreement.
본 의향서는 체결 가능성이 있는 정식 계약의 전반적인 조항을 기술합니다.

02 ▶ **perform due diligence** 실사를 수행하다
The board will **perform due diligence** to assess the situation.
이사회는 상황을 파악하기 위해 실사를 수행할 것입니다.

03 ▶ **enter into a legally binding agreement** 법적 구속력이 있는 협정을 체결하다
The Parties will **enter into a legally binding agreement** after due diligence.
실사 후, 당사자들은 법적 구속력이 있는 계약을 맺게 될 것입니다.

04 ▶ **if the terms are acceptable** 조항들이 수락 가능하다면
If the terms of this LOI **are acceptable** sign below and forward a copy.
본 의향서의 조항들이 수락 가능하다면 하단에 서명하고 복사본을 전달해주십시오.

05 ▶ **indicate your acceptance by ~** ~을 통해 수락을 나타내다
Indicate your acceptance of this document by signing below.
하단의 서명을 통해 본 문서를 수락한다는 사실을 보여주시기 바랍니다.

06 ▶ **it is the intention of ~ to ~** ~을 하는 것이 ~의 목적이다
It is the intention of this Letter **to** form a basis of agreement.
본 의향서의 목적은 협약의 근간을 형성하는 데 있습니다.

07 ▶ **award the contract to ~** ~와 계약을 맺다
We hope to **award the contract to** you by the end of the month.
저희는 이달 말까지 귀사와 계약을 맺기를 원합니다.

08 ▶ **form an interim agreement** 임시 협정을 맺다
This Letter of Intent will **form an interim agreement** between the Parties.
본 의향서는 당사자 간의 임시 협정 관계를 설정해줄 것입니다.

 문서 샘플 2 공장 건축 의향서

○ 해석 & 어휘 p.263

LETTER OF INTENT

Dear Mr. Kendall,

It is the intention of Wirtzi Co. to award the contract for the construction of our new plant in South Chungcheong to Lofta Construction. In addition, we wish to have you start work prior to the finalization of contract documents and final project pricing.

Under no circumstances shall you undertake any work nor make any commitments such that the total value of the work performed or commitments made pursuant to the instructions contained in this letter is greater than $5,000,000. The scope of work to be undertaken pursuant to this letter is:

• Site layout and survey;
• Acquisition of necessary permits and insurances sufficient to enable the start of construction;
• Mobilization and installation of temporary construction offices

This letter will form an interim agreement between Wirtzi Co. and Lofta Construction until such time as the ongoing negotiations have concluded with either a formal CCDC-2 contract being executed or an agreement that the parties will discontinue working together on the project.

Yours truly,

Wirtzi Co.

_____

Agreed to all terms and conditions above on March 1, 20××.

Lofta Construction

_____

계약서 • **175**

 문서 샘플 1 제휴 계약서

○ 해석 & 어휘 p.264

PARTNERSHIP AGREEMENT

THIS AGREEMENT is made and entered into at July 6, 20×× by and between Poexod Portal and Hub Airlines (hereafter collectively referred to as the "Partners).

Partnership Name and Purpose. The Partners hereby form a Partnership under the name of "Poexod-Hub Online Service" to provide online services for travelers to purchase Hub Airlines tickets.

Term. The Partnership shall begin on July 10, 20×× and will continue until terminated by either Party.

Contributions. Each Partner shall contribute the following:

Poexod Portal: Website related services and online promotion.
Hub Airlines: Travel service, travel schedule, ticket packages and customer service.

Capital Contributions. Each Partner shall contribute to the Partnership, an initial contribution of $10,000.00. Each Partner shall share in the net annual operating profits or losses in the ratio of 1:1.

Withdrawal and Dissolution. The Partners hereby reserve the right to withdraw from the Partnership at any time. The Partnership may be dissolved by majority vote. All funds after debts have been paid will be distributed based on the ratio of 1:1.

IN WITNESS WHEREOF, the Partners hereto set their hands and seals the date first above mentioned.

Signature _____ Date_____
Signature _____ Date_____

미국 100대 기업 문서 작성 팁!

Partnership agreement(제휴 계약서)는 다른 당사자와 동업하거나 사업을 제휴하려고 할 때 체결하는 협약입니다. 계약서엔 사업 공동 진행 방법, 각 당사자의 의무 등에 관한 내용이 들어갑니다. 제휴 계약서는 신규 사업을 위해 작성될 수도 있고, 새로운 파트너와 기존 사업을 확장하기 위해 작성될 수도 있습니다. 이와 목적이 비슷하면서도 다른 형식을 가진 Franchise agreement는 가맹점을 개설하기 위해 작성하는 계약서인데, 가맹점 운영권 소유자의 요구에 따라 계약서를 작성하는 경우가 많습니다.

>> 실무 담당자의 한 마디!

제휴 계약서나 가맹 계약서는 역시 금전 문제가 중요합니다. 나중에 문제가 되지 않도록 각 당사자가 내야 할 투자금, 이익 분배, 로열티 등을 잘 확인하는 것이 중요합니다.

 문서 뼈대 차근차근 분석해보기

PARTNERSHIP AGREEMENT

❶ THIS AGREEMENT is made and entered into at July 6, 20×× by and between Poexod Portal and Hub Airlines (hereafter collectively referred to as the "Partners).

❷ **Partnership Name and Purpose.** The Partners hereby form a Partnership under the name of "Poexod-Hub Online Service" to provide online services for travelers to purchase Hub Airlines tickets.

Term. The Partnership shall begin on July 10, 20×× and will continue until terminated by either Party.

❸ **Contributions.** Each Partner shall contribute the following:

Poexod Portal: Website related services and online promotion.
Hub Airlines: Travel service, travel schedule, ticket packages and customer service.

❹ **Capital Contributions.** Each Partner shall contribute to the Partnership, an initial contribution of $10,000.00. Each Partner shall share in the net annual operating profits or losses in the ratio of 1:1.

❺ **Withdrawal and Dissolution.** The Partners hereby reserve the right to withdraw from the Partnership at any time. The Partnership may be dissolved by majority vote. All funds after debts have been paid will be distributed based on the ratio of 1:1.

IN WITNESS WHEREOF, the Partners hereto set their hands and seals the date first above mentioned.

❺ Signature _____ Date_____
Signature _____ Date_____

---

❶ 표제와 당사자(Title and Parties)

Partnership Agreement 등으로 표제를 작성하고 협약의 당사자를 언급합니다.

❷ 제휴 내용 및 기간(Partnership and Term)

제휴의 명칭, 목적 등 제휴의 기본적인 사항을 구체적으로 기재합니다. 이와 함께 제휴를 맺게 되는 기간도 명시해줍니다.

❸ 기여(Contributions)

제휴를 맺게 됐을 시 각 당사자가 기여(제공)하게 되는 서비스가 무엇인지 기재합니다.

❹ 자본출자(Capital Contributions)

각 당사자가 낼 자본의 금액을 기재합니다.

❺ 철회 및 해지(Withdrawal and Dissolution)

협약의 철회 및 해지 조건을 기재합니다.

❻ 서명(Signature)

본 협약의 효력을 보장할 수 있도록 각 당사자가 서명을 하게 됩니다.

01 ▶ **form a partnership under the name of ~** ~의 이름으로 제휴를 맺다
The Partners are to **form a partnership under the name of** S&S.
동업자들은 S&S라는 이름으로 제휴를 맺게 될 것이다.

02 ▶ **each partner shall contribute** ~ 각 동업자는 ~을 기여하다
Each partner shall contribute 5,000 euros.
각 동업자는 5,000유로를 기여하게 될 것이다.

03 ▶ **share in the operating profits** 운영 이익 배당에 참여하다
All parties will **share in the operating profits**.
모든 당사자들은 운영 이익 배당에 참여하게 될 것이다.

04 ▶ **reserve the right to withdraw** 탈퇴할 권리를 가지다
The Partners **reserve the right to withdraw** from the Partnership.
동업자들은 제휴에서 탈퇴할 권리를 가지고 있다.

05 ▶ **be dissolved by majority vote** 다수결로 해지되다
The contract can **be dissolved by majority vote**.
본 계약은 다수결로 해지될 수 있다.

06 ▶ **pay an amount of ~ as franchise fee** 가맹비로 ~만큼 지불하다
The Franchisee is to **pay an amount of** $5,000 **as a franchise fee**.
가맹 사업자는 가맹비로 5,000달러의 금액을 지불해야 한다.

07 ▶ **pay a monthly royalty** 매월 로열티를 지불하다
You are to **pay a monthly royalty** of $250 to the Franchisor.
귀사는 로열티로 매월 250달러를 가맹 본부에 지불해야 한다.

08 ▶ **terminate upon the occurrence of ~** ~의 발생으로 해지되다
The agreement can **terminate upon the occurrence of** embezzlement.
본 계약은 횡령이 발생했을 시 해지될 수 있다.

Franchise Agreement

This Franchise Agreement is made on August 19, 20×× by and between Levine Coffee (the "Franchisor") and Roy Chung (the "Franchisee") on the basis of the following understandings and agreements:

1. Grant of Franchise. The Franchisor grants to the Franchisee, the right to the Franchisor's trademarks and proprietary methods of doing business in connection with the establishment and operation of a Levine Coffee franchise at 56 Choji-ro, Danwon-gu Ansan-si, Gyeonggi-do.

2. Franchise Fee. The Franchisee agrees to pay the Franchisor an amount of 20,000,000 won as Franchise Fee.

3. Royalties. Throughout the term of this Agreement, the Franchisee agrees to pay to the Franchisor a continuing monthly royalty equal to 8% of its Gross Sales generated from its franchise.

4. Term. The term of this Agreement begins on the date this Agreement is fully executed and ends two (2) years later. Either party may terminate upon thirty (30) days notice.

5. Default and Termination. The Franchisor shall have the right to terminate this Agreement upon the occurrence of any of the following events. a. Abandonment; b. Insolvency; c. Criminal Conviction, d. Failure to Make Payments; e. Misuse of Trademarks; f. Unauthorized Disclosure; g. Repeated Non-compliance.

This Agreement shall be signed on behalf of Franchisor by Darrel Skyman and on behalf of Franchisee by Roy Chung.

FRANCHISHOR: FRANCHISEE:

Darrel Skyman   *Roy Chung*

미국 100대 기업 비즈니스
영어문서 작성법

PART 6

—

Various Templates

각종 서식 모음

 문서 샘플 1 견적서 Estimate

○ 해석 & 어휘 p.266

ESTIMATE

TIEMA

Date: September 24, 20××

Estimate #: 48131311

Valid Until: September 30, 20××

Customer ID: PI719

To : Pineup Corporation

2303 Liberty Avenue

Irvine, CA 92618

714-422-0076

Quantity	Description	Unit Price	Line Total
20	Tiema A4 80 gsm Office Paper (500 sheets)	$9.50	$190.00
2	Basics Stapler (with 1,000 staples)	$4.50	$9.00
		Subtotal	$ 199.00
		VAT Rate	% 7.50
		VAT	$ 14.90
		Total	$ 213.90

The above information is not an invoice and only an estimate of services/goods described above. Payment will be collected in prior to provision of services/goods described in this quote.

To accept this quotation, sign here and return : _____

Thank you for your business!

Should you have any inquiries concerning this quote, please contact

Ronald A. Hensley (530-773-9081)

[Tiema Co., Ltd.] [2484 Byers Lane Redding, CA 96001]

Phone [530-773-9069] Fax [071-114-4932] [info@tiemapaper.com] [www.tiema.com]

TIEMA

Invoice

Date: October 2, 20××

Invoice #: INV-2013100207

Customer ID: PI719

Purchase Order #: 4819

Payment Due By: October 24, 20××

Bill To:

Pineup Corporation

2303 Liberty Avenue

Irvine, CA 92618

714-422-0076

Ship To (If Different):

Pineup Corporation

2306 Liberty Avenue

Irvine, CA 92618

714-422-0081

Salesperson: Ronald A. Hensley   Delivery Date: October 4, 20××

Item #	Description	Qty	Unit Price	Line Total
38601	Tiema A4 80 gsm Office Paper (500 sheets)	20	$9.50	$190.00
11381	Basics Stapler (with 1,000 staples)	2	$4.50	$9.00

Subtotal	$	199.00
VAT Rate	%	7.50
VAT	$	14.90
S&H	$	5.00
Discount	$	-2.50
Total	$	216.40

Please make all checks payable to Tiema Co.

Thank you for your business!

Should you have any inquiries concerning this invoice, please contact

Ronald A. Hensley (530-773-9081)

[Tiema Co., Ltd.] [2484 Byers Lane Redding, CA 96001]

Phone [530-773-9069] Fax [071-114-4932] [info@tiemapaper.com] [www.tiema.com]

Smiant Ltd.   TAX INVOICE

3774 Terry Lane, Winter Park, FL 32789

Tel: (321) 303-5484, Fax: (321) 303-5480

Email: tax@smiant.com, Website: www.smiant.com

Issue Date: 10/20/20××

Invoice #: 200003

P/O. #: 05-BC-39138393

BILL To :

Prado Health

4746 Beech Street

Concord, CA 94520

Product ID	Description	Qty	UM	Unit Price	Amount
P48602	Wild blueberry	50	boxes	$25.00	$1,250.00

Subtotal	$ 1,250.00
Tax (10% rate)	$ 1,250.00
Invoice Total	$ 1,375.00
Freight	$ -
Amount Paid	$ -
Balance Due	$ 1,375.00

PAYMENT INFORMATION

Direct Deposit to:

Bank Name: EastWest

Account Name: Smiant Ltd.

Account No: 302597381981

Due Date: Within 20 days of issue of this invoice

SALES RECEIPT

Smiant Ltd.

3774 Terry Lane, Winter Park, FL 32789

Tel: (321) 303-5484, Fax: (321) 303-5480

Email: tax@smiant.com, Website: www.smiant.com

Date: 10/30/20××

Receipt #: 98171

P/O. #: 05-BC-39138393

SOLD TO:

Prado Health

4746 Beech Street

Concord, CA 94520

Product ID	Description	Qty	UM	Unit Price	Amount
P48602	Wild blueberry	50	boxes	$25.00	$1,250.00
				Subtotal	$ 1,250.00
				Tax (10% rate)	$ 125.00
				Total	$ 1,375.00

Amount Received: $1,375.00

Payment Method: Cash

Sale Made By: Thomas Valle

Thank you for your business!

문서 샘플 1 구매 주문서 Purchase Order

○ 해석 & 어휘 p.270

Wirenet Computing
2338 Bee Street
Muskegon, MI, USA
Phone: (515) 910-7311 Fax: (515) 910-7350
Email: saunders@wirenet.com Website: www.wirenet.com

Wirenet
Computing

Purchase Order

No. : PO-03-187311

Date: March 3, 20××

To : Raske Utilities
Weihburggasse 79
AICHBERG
Australia

Shipping Date	Shipping Terms	Payment Terms	Currency Code
March 13, 2017	CIF	60 Days	USD

Item No.	Description	Quantity	Unit	Unit Price	Amount
1413	Mouse Rubber Cap (BLUE)	5,500	PCS	4.50	24,750.00
	(VAT Inclusive)			**TOTAL**	**24,750.00**

Note.

1. Please send two copies of your invoice.
2. Enter this order in accordance with the price, terms, delivery method and specifications listed above.
3. Please notify us immediately if you are unable to ship as specified.
4. Late delivery will be subject to cancellation.

Prepared by

Shannon Saunders

Approved by

Russell C. Harper

문서 샘플 2 상업송장 Commercial Invoice

● 해석 & 어휘 p.271

COMMERCIAL INVOICE

Date of Exportation Mar-13-20××	**Reference** Invoice No. I-380033 AWB/BL No. 710-8371-9011
Terms of Sale CIF	
Shipper/Exporter Raske Utilities Weihburggasse 79 4707 AICHBERG Australia	**Consignee** Wirenet Computing 2338 Bee Street Muskegon, MI 48001 USA
Country of Origin of Goods Australia	**Importer** **(If different than consignee)**
Country of Ultimate Destination USA	

Full Description of Goods	**Country of Manufacture**	**QTY (Units)**	**Unit Value**	**Total Value**
Mouse Rubber Cap (BLUE) – Product No. 0901	Australia	5,500	USD 4.50	USD 24,750.00
Subtotal		5,500		USD 24,750.00

Total Number of Packages 55	**Freight**	0.00
	Insurance	0.00

These commodities, technology or software were exported from Australia in accordance with the Export Administration Regulations. Diversion contrary to Australian Law is prohibited.	**Total Invoice Value** USD 24,750.00

I hereby certify that the information on this invoice is true and correct and that the contents of this shipment are as stated above.

Signature of Shipper/Exporter

Edgar B. Lombardo

Date

March 13, 20××

PSK Line

Bill of Lading

Shipper	Packing List No.	Bill of Lading No.
Berry Berry 4765 West Side Avenue Newark, NJ 07102 USA TEL +1-229-371-3091	219476303-1	SSOF0376181

	Freight and Charges Payable By	
	Shipper	

	Terms of Sale	
	FOB	

Consignee	**Number of Original B/L Issued**
Apeech Inernational 49 Bullwood Rd Sproatley, HU11 3NZ UK TEL +44-814-391-9012	Three (3)

	Place and Date of Issue
	Newark, USA / November 12, 20××

Notify Party	**For Release of Shipment,** **Please Contact**
Same as consignee	Plasme Agency

Place of Receipt	**Place of Loading**	**No. of Containers**	**No. of Packages** **Received by the Carrier**
Newark, USA	Newark, USA	1	200

Place of Delivery	**Port of Discharge**	**For Transshipment to**	**Vessel/Voyage**
Portsmouth, UK	Portsmouth, UK	-	LSPL UBRE / 0038E

Marks and Numbers	**No. of PKGS**	**Description of Packages and Goods**	**Gross Weight**	**Measurement**
20' Steel Dry Container No. POSL3084384	200 PKGS	200 PKGS of Wild Blueberry	900 KG	11.1 M³

Freight Prepaid

Shipped on Board: November 14, 20××

Carrier Signature: *Lonnie J. Akers*

PACKING LIST

Shipped From	**Shipped To**
Cenntral Materials	Indronestry Co.
3776 Taylor Street	1040 Station Road
New York, NY 10007	Pinetown 3624
USA	South Africa
	Attention: Alan Monson

DATE ORDERED	**ORDER NUMBER**	**DATE OF SHIPMENT**
11OCT12	967173	21OCT12
SHIPPED VIA	**CONTAINER NUMBER**	**INVOICE NUMBER**
President Lines	TA90198	BT-1923
TOTAL NUMBER OF PACKAGES	**TOTAL GROSS WEIGHT**	**AWB/BL NUMBER**
375	23,437.5 KGS	TXV7483503120

No.	Item Number	Item Description	Quantity	Packaging Type	Per Package Gross Weight
1	Q18602	Polyester	125	Crate	87.5 KGS
2	Q18605	Polypropylene	250	Crate	50.0 KGS
3					
4					

Note: These commodities, technology or software were exported from the United States in accordance with the Export Administration Regulations.

Signature: *Connie D. Aguilar*　　　　　　Date: *Oct. 21, 20××*

Connie D. Aguilar, Export Manager

 문서 샘플 1　신용장 Letter of Credit

○ 해석 & 어휘 p.274

Statewide Bank

Issue Date: October 15, 20××

Irrevocable Standby Letter of Credit Number: 9113814

ISSUING BANK

Statewide Bank

3528 Hoffman Avenue

New York, NY 10016

BENEFICIARY	APPLICANT
Derivet Co. 204 Willison Street Minneapolis, MN 55415	Larrynx Group, Inc. 3124 Stoney Lonesome Road Bloomsburg, PA 17815

AMOUNT: Five hundred seventy three thousand nine hundred and 20/100 US dollars. (USD 573,900.20)

EXPIRATION: April 14, 20××

Ladies and Gentlemen:

At the request of Larrynx Group, Inc. ("Applicant"), we hereby establish our irrevocable standby letter of credit in your favor in the amount of five hundred seventy three thousand nine hundred and 20/100 US dollars (US$573,900.20). This letter of credit is available with us at our above office by payment against presentation of your draft(s) drawn on us at sight accompanied by the following.

1. Beneficiary's signed statement stating as follows:

   Derivet Co. certifies that Larrynx Group, Inc. has failed to complete the requirements for Project #AB391 and we are therefore entitled to the sum of US$573,900.20.

2. Copy of beneficiary's signed letter addressed to the applicant.

We hereby engage with you that the draft(s) drawn under, and in compliance with the terms of the credit, will be duly honored on presentation to us, on or before the expiration date.

Statewide Bank

James W. Cruz

Authorized Signature

James W. Cruz, Credit Manager

Name and Title of Authorized Signature

Maise-Mart Stores Inc.
Balance Sheet
For Fiscal Year Ending December 31, 20××

Assets

Current Assets	
Cash and Cash Equivalents	81,900,000
Short Term Investments	-
Inventory	59,833,000
Other Current Assets	14,398,000
Total Current Assets	**156,131,000**
Long Term Investments	201,390,000
Property Plant and Equipment	593,090,000
Intangible Assets	-
Other Assets	76,010,000
Total Assets	**1,026,621,000**

Liabilities

Current Liabilities	
Accounts Payable	65,550,000
Short/Current Long Term Debt	15,330,000
Other Current Liabilities	1,300,000
Total Current Liabilities	**82,180,000**
Long Term Debt	36,700,000
Minority Interest	2,900,000
Other Liabilities	-
Total Liabilities	**121,780,000**

Stockholders' Equity

Preferred Stock	-
Common Stock	16,900,000
Retained Earnings	46,990,000
Treasury Stock	5,550,000
Capital Surplus	3,500,000
Other Stockholders' Equity	-
Total Stockholders' Equity	**72,940,000**
Total Liabilities and Stockholders' Equity	**194,720,000**

○ 해석 & 어휘 p.276

Maise-Mart Stores Inc.
Income Statement
For Fiscal Year Ending December 31, 20××

Profit	
Net Sales	306,102,000
Other Income	1,900,000
Total Revenue	308,002,000
Cost of Goods Sold	248,654,000
Gross Profit	**59,348,000**

Expenses	
Research Development	-
Selling General and Administrative	21,180,000
Non-recurring	-
Others	5,330,000
Total Expenses	**26,510,000**
Operating Income (or Loss)	**32,838,000**
Earnings Before Taxes and Minority Interest	32,838,000
Income Tax	4,712,000
Earnings Before Minority Interest	28,126,000
Minority Interest	230,000
Net Income	**27,896,000**

Novascot

Date: Oct, 5, 20××

PAYSLIP

Employee Name: Seth Crisp

Employee No.: INT1091

Designation: Financial Advisor

Pay Period: September 20××

INCOME		DEDUCTIONS	
Basic Pay	1,600.00	Income Tax	101.45
Overtime Pay	-	Employee Pension	45.00
Bonus	400.50	Health Insurance	23.00
Medical Allowance	100.75		
Transport Allowance	200.00		
Food Allowance	110.00		
Other Allowance	-		
TOTAL INCOME	2,411.30	TOTAL DEDUCTIONS	169.50

NET PAY			2,241.80

Total Year to Date	
Taxable Gross Pay	20,801.70
Income Tax	896.40
Employee Pension	414.00

Paid by: Electronic Transfer

Bank: Citibank

Account No.: 0-163812-685

미국 100대 기업 비즈니스
영어문서 작성법

APPENDIX

—

Translation & Vocabulary

해석 & 어휘

Unit 03 채용 공고

 문서 샘플 1

웹 서비스 개발자

NumberOne Soft

텍사스 오스틴

NumberOne Soft는 프론트 엔드 및 사용자 경험 개발을 담당할 경력직 웹 개발자를 찾습니다.

담당업무

- 다른 개발자와 긴밀히 협력하고 HTML, CSS, JavaScript 등과 같은 핵심 웹기반 기술을 사용하여 UX/UI 디자인, 제품 개발, 엔지니어링을 통해 복잡한 사용자 애플리케이션 개발
- 신속한 UI 개발 및 반복 처리를 위한 프론트 엔드 시스템의 꾸준한 업그레이드
- 향후에 적용하고 재사용할 수 있도록 업무 절차와 흐름을 공유 가능한 문서로 정리

자격요건

- 프런트 엔드, 백 엔드 코드 검토 및 작성에 있어 2년 이상의 경력
- HTML, CSS, JavaScript 관련 전문지식
- Node.js, Ruby on Rails 또는 PHP와 같은 백 엔드 언어 한 개 이상 능숙
- MongoDB 또는 MySQL과 같은 데이테베이스 프로그램 능숙
- 전용의 호스팅 공급자와 서버 환경 구축, 유지관리 및 지원 경험

우대사항

- 웹디자인에 있어 모바일 접근성 최우선 고려
- 본인의 모든 결과물을 브라우저 테스팅하는 습관
- 본인 제품 사용자에 대한 공감 및 그들의 니즈 예측
- Photoshop, Illustrator, Sketch 등과 같은 디자인 툴에 있어서의 능숙함

---

seek 구하다, 찾다

web developer 웹 개발자

responsibility 책임, 업무

rapid 신속한, 빠른

iteration 반복

document 문서화하다, 기록하다 (동사)

dedicated 전용의

preferred 선호하는

habit 습관

empathy 공감

anticipation 예상, 예측

familiarity 익숙함, 능숙함

문서 샘플 2

보험통계 분석가

Calloway Insurance

뉴욕, 뉴욕

고형 형태: 정규직

경력: 신입

직무개요

Calloway Insurance는 뉴욕 사무소에서 근무할 신입 보험통계 분석가를 구하고 있습니다. 이것은 분야 일류 기업 중 한 곳에서 광범위한 보험통계 업무를 접할 수 있는 특별한 기회입니다.

담당업무

- 개인 계정에 대한 가격 분석 수행
- 데이터 분석 및 사고, 대물파손, 부상, 사망과 같은 사건에 관한 비용 계산
- 기본 데이터를 다루는 보고서 작성
- 프로세스 향상 및 높은 수준의 데이터 완전성 유지를 위해 보험통계 데이터와 분석자료의 정리 지원

자격요건

- 학사 학위, 또는 보험통계, 수학이나 통계에 있어 이에 준하는 교육 이수
- 2년 이하의 동종업계 근무 경력
- 1개 이상의 보험통계 시험 합격(자격증 보유)
- 중고급 수준의 엑셀 능력
- SQL 능숙자 선호
- 뛰어난 문제 해결 능력
- 훌륭한 구두 및 서면 의사소통 능력

회사 개요

Calloway는 1921년도에 보험 투자 분야에서 사업을 시작했으며 현재 전 세계적으로 11,000명 이상의 직원을 고용하고 있습니다.

---

actuarial 보험통계의
leading 일류, 선두적인
pricing analysis 가격 분석
underlying data 기본 데이터
enhance 향상시키다
data integrity 데이터 완전성

equivalent training 동등한 교육
proficiency 능숙
problem solving skills 문제 해결 능력
investment 투자
employ 고용하다
worldwide 전 세계적으로

 문서 샘플 1

Mark C. Clark

플로리다 걸프포트 Conner St. 2220, 39501 | 휴대전화: 494-7834-5684 | markclark@msn.com

웹 컨텐츠 관리자

온라인 마케팅 분야에 있어 15년의 경력을 갖고 있는 선임 컨텐츠 관리자. 150개가 넘는 다양한 기업들의 웹사이트 관리.

- 성장 전략 수립
- 멀티미디어 경력 보유
- 전자 상거래 주도
- 뛰어난 협업 능력
- 크로스 미디어 전문가
- 고객 서비스 지향

경력

Webgem Corporation   플로리다 잭슨빌

선임 웹 컨텐츠 관리자   20×× – 현재
- 첫 6개월 동안 웹 트래픽을 40% 증가시킴.
- 온라인 마케팅 비용을 12% 감소시킴.
- 사내 포탈 개발 및 디자인 작업.

웹 컨설턴트   20×× – 20××
- 포춘 500대 기업 중 22개 기업과 다수의 벤처 기업을 위한 트래픽 자문 및 개선 작업.
- 마케팅팀과 협업하여 검색엔진 최적화 작업.

Digital A Company   플로리다 탬파
웹 분석가   20×× – 20××
- 신규 사업 기회를 도모하기 위한 온라인 마케팅 데이터 분석.
- 200개 이상의 전문 웹사이트 최적화 작업.

학력

정보 기술, 20×× 콜로라도 대학교, 콜로라도 볼더

기술

CMS, Sitefinity, Ektron, XML, CSS 활용 능숙

---

cell 휴대전화 (=cell phone)
senior 선임, 경력직
strategy 전략
collaboration 협업, 협력
cross-media 크로스 미디어(여러 미디어를 활용한 마케팅 기법)
expertise 전문

proactive 주도하는, 선도하는
web traffic 웹트래픽(웹사이트를 방문하는 사용자의 수, 또는 주고받는 데이터의 양)
company portal 사내 포탈
numerous 많은, 다수의
optimization 최적화
technical skills 기술

문서 샘플 2

DANIEL ALMEIDA

daniel@maruchs.edu | 휴대전화: 755-7834-5684 | LINKEDIN.com/in/daniel-almeida

간단 프로필

탄탄한 학력과 함께 다양한 인턴 경험을 지닌 실적주의를 지향하는 야심찬 인재. 높은 열정과 함께 뛰어난 의사소통 능력을 지닌 독립적인 자세의 전문가.

핵심사항

- 작은 것에 주의를 기울이는 꼼꼼함
- 인간 중심적
- 멀티태스킹 가능
- 뛰어난 의사소통 능력 보유

경력사항

Rogue Ad   일리노이 시카고

광고 판매 인턴   20××년 여름

- 전략적 계획 수립을 위해 영업팀과 긴밀한 협업 수행
- 라디오와 인쇄 매체 광고 캠페인 편성

MGT Center   일리노이 스프링필드

영업 인턴   20××년 여름

- 모든 영업 단계에 걸쳐 고객들과 소통
- 잠재 고객들에게 아웃바운드 전화 작업(하루 50통)
- 50명 이상의 고객들을 위한 주문 및 배송 처리

학력사항

Maruchs 대학   일리노이 시카고   20××-20××

마케팅, 차석

활동사항

- 부회장, Student Bureaucracy Club, 20××
- 회계 담당, Beta Gamma Honors Society, 20××-20××

---

ambitious 야심 있는
results-driven 결과 중심. 실적주의
academic credentials 학력, 학위
substantial 상당한
independent 독립적인
superb 우수한

attention to detail 꼼꼼함
multitasker 다중작업자, 멀티태스킹 가능한 자
coordinate 조직화하다, 수립하다
interact 소통하다
outbound call 아웃바운드 전화(발신 전화)
arrange 마련하다, 처리하다

Unit 05 커버레터

Gregory Jenkins

메릴랜드 칼리지 파크 Chatham Way 3326, (우편번호) 20741

휴대전화: 522-3737-4576

mjenkins@mail.com

Ken Hillman 담당자님께,

저는 새로운 네트워크 엔지니어를 구한다는 귀사의 채용 공고를 AngelList에서 주의 깊게 보았으며, 컴퓨터 네트워크 분야에서 열정적으로 경력을 쌓아나가길 추구하고 있기 때문에 해당 직책에 지원하고자 합니다.

네트워크를 간소화할 수 있는 Geodirect의 모델은 획기적이고도 매우 흥미롭다고 생각합니다. 특히, 저는 귀사가 네트워크 인프라를 구축하는데 있어 최신 하드웨어 및 보안 기술을 활용하는 것에 대해 큰 관심을 갖고 있습니다.

저는 현재 워싱턴 D.C. 지역에서 네트워크 기술자로 근무하고 있으며, 네트워크 문제를 처리하고 해결한 경험이 있습니다. 저의 전문 분야 중 한 가지가 바로 문제 해결이며, 저는 앞으로도 계속해서 이 분야의 일을 하고 싶습니다. 저는 이 같은 기술이 귀사에게 매우 중요한 자산이 될 것이라고 확신합니다.

귀사에서 검토해 보실 수 있도록 제 이력서를 첨부했습니다. 모쪼록 궁금하신 사항이 있으시다면 제게 연락 주시기 바랍니다. 귀사의 답장을 기다리고 있겠습니다.

그럼 안녕히 계십시오.

Gregory Jenkins 드림

---

posting 글, 공고
eagerly 간절히, 열심히
pursue 추구하다
streamlining 간소화, 능률화
innovative 혁신적인
intriguing 아주 흥미로운

security technology 보안 기술
infrastructure 인프라
troubleshoot 고장을 수리하다, 해결하다
resolve 해결하다
line of work 직업의 종류, 업무 분야
asset 자산, 강점, 인재

문서 샘플 2

김정환

서울시 마포구 성암로 397, 2층, 03930

휴대전화: 010-3737-4576

junghwan173@mail.co.kr

인사 담당자님께,

제 이름은 김정환이며, Financial Times에 신입 기사로 지원을 하게 되어 매우 기쁘게 생각합니다.

최근 강남대학교를 졸업한 저는 대학신문 편집장으로서 활동했습니다. 제가 맡았던 수많은 일 중 한 가지가 바로 광고 판매였는데, 저는 이를 통해 마진과 수익에 대해 눈을 뜨게 되었습니다. 저는 학교 주변 사업주들과 직업적인 관계를 맺고, 이를 관리하고 유지하는 방법에 대해 배우게 되었습니다.

저는 Financial Times의 조언 섹션을 굉장히 즐겨 읽었습니다. 조언 섹션은 매우 훌륭한 선구적인 조언들이 조화롭게 수록되어 있었고, 저는 이들 중 많은 조언들을 가슴에 새기며 읽었습니다. 제가 만약 이 섹션에 기고할 수 있다면, 저는 이미 공유할 수 있는 저만의 고유한 조언들을 생각해두고 있습니다.

저의 활동과 업적에 관한 추가적인 세부사항이 담고 있는 이력서를 부디 검토해주시기 바랍니다. 시간을 내어 관심을 가져주셔서 매우 감사드립니다.

그럼 안녕히 계십시오.

김정환 올림

---

excited 흥분한, 기쁜
graduate 졸업생
editor-in-chief 편집장
ad sales 광고 판매
open one's eyes 눈을 뜨게 되다, 알게 되다
margin 마진, 이윤
profit 이익, 수익

business owner 사업주
blend 조합
take to one's heart 간직하다, 마음에 새기다
contribute 기여하다
additional 추가적인
achievement 업적, 성취한 것
consideration 사려, 고려 사항

Unit 06 추천서

이 부장님께,

귀사의 인사 매니저 포지션에 Alice Curtis 씨를 추천하게 되어 매우 기쁘게 생각합니다. Alice 씨와 저는 The Terra Company에서 함께 근무했고, 20××년부터 20××년까지 저는 Alice 씨의 관리자이자 직속 상사였습니다.

Alice 씨의 믿음직하고도 근면한 업무 자세 덕분에, 저는 그녀와 함께 매우 즐겁게 일하였습니다. Alice 씨는 뛰어난 대인 관계 능력을 갖추고 있으며, 또한 좋은 인재를 발굴해내는 안목이 있습니다. Alice 씨는 직원 교육을 담당했을 만큼, 그녀가 지닌 교육적인 배경은 저희에게 크나큰 이득이 되었습니다. 그녀는 효율적인 사내 연수 프로그램을 개발했고, 저희는 직원들의 사기 진작을 위해 아직까지도 이 쁘로그램을 사용하고 있습니다. 그녀는 협업을 잘 하는 사람이었으며, 그녀는 주변에 있는 사람들을 항상 격려해주었습니다.

저는 귀사에 Curtis 씨를 적극적으로 추천하는 바입니다. 저는 그녀가 귀사에 매우 가치 있는 보탬이 될 것이라고 확신합니다. 그녀의 자질이나 경력과 관련해 좀 더 묻고자 하는 것이 있으시다면, 555-153-4557로 전화하시거나 이메일로 언제든 연락 주시기 바랍니다.

그럼 안녕히 계십시오.

Calvin Kuhlman
인사 부장
The Terra Company

---

absolute 완전한, 절대적인
pleasure 기쁨
direct supervisor 직속 상관
thoroughly 대단히, 완전히
enjoy 즐기다
dependability 신뢰성
people skills 대인관계 능력

huge advantage 큰 이익, 이점
staff training 직원 교육
in-house 사내
morale 사기
team player 협업(단체 활동)을 잘 하는 사람
inspire 격려하다
valuable addition 귀중한 추가

문서 샘플 2

Trinity 대학교 경영대학

입학본부 – 경영자 MBA 프로그램

캘리포니아 포모나

Glendale Avenue 4495, (우편번호) 91766

입학 심사 위원회 여러분께,

저는 Trinity 대학교의 경영자 MBA 프로그램에 Darius Choi 씨를 추천하고자 이 글을 씁니다. 저는 Darius 씨를 6년 이상 알고 지내왔으며, 그와 저는 이곳 서울에 있는 UP 태평양 지점에서 동료로서 함께 근무했습니다.

그는 항상 고객의 신뢰를 구축하기 위해 최선을 다했고, 따라서 그는 특별한 직원이었습니다. 그 결과, 그는 이곳에서 근무한 지난 3년 동안 110%의 매출 증가가 제대로 이뤄질 수 있도록 관리 감독하였습니다. 이에 앞서, 그는 저희 회계 부서 편성을 도와 연간 운영비를 22,000달러 이상 절약할 수 있도록 해주었습니다.

동료로서 그를 알아온 수년의 기간 동안, 그는 항상 활력이 넘치고, 낙관적이었으며, 열정적으로 배우려는 자세를 갖고 있었습니다. 저는 이러한 자질들이 그가 귀 학교의 프로그램에서 매우 뛰어난 학생이 될 수 있도록 해줄 것이라고 확신합니다. 이 추천과 관련해 묻고자 하는 것이 있으시다면 언제든 제게 연락 주시기 바랍니다.

그럼 안녕히 계십시오.

황서영 드림

사업계획 팀장

UP 태평양 지점 (대한민국 서울)

admission 입학   annual 연간의

colleague 동료   operating expenses 경영비, 운영비

branch 지점   energetic 정력적인, 활력이 넘치는

unique 유일한   optimistic 낙관적인

trust 신뢰, 신뢰감   eager to ~ ~을 열렬히 하고자 하다

oversee 감독하다   outstanding 뛰어난, 걸출한

 문서 샘플 1

St. Paul Health Services

노인병학 상담팀   팩스 표지
Westland 사무소
미네소타 세인트 폴, 9524
전화 : 070-393-4800
팩스 : 070-393-4880

www.stpaulhealthservices.org

날짜: *20××년 6월 6일*   장수: *5*
                                              (표지 포함)

수신자
성명: *James E. Walden*
팩스: *070-7836-4880*
전화:

발신자
성명: *Michael Loza*
팩스: *070-393-4880*
전화: *070-393-4844*

메시지: (표지에 기밀이나 개인식별정보를 포함시키지 말아주십시오.)

James,

서명된 매매 계약서를 보내드립니다. 본 팩스는 귀하께서 어제 제안하신 조건에 저희가 동의한다는 사실을 확정합니다. 더 필요하신 사항이 있으실 경우 제게 알려주시기 바랍니다.

Mike

---

geriatric 노인병학
consult 상담
fax cover sheet 팩스 표지(겉장)
include 포함하다
confidential 기밀
personally identifiable information 개인식별정보

signed 서명된
agreement 합의, 합의서, 계약서
confirm 확정하다, 공식화하다
agree to ~ ~에 동의(합의)하다
condition 조건
lay out ~ ~을 제시하다

 문서 샘플 2

Centralnet Mutual

텍사스 클로비스
Emma Street 4210, (우편번호) 88101

전화: 350-388-6931
팩스: 350-388-6930
www.centralnetmutual.com

20××년 10월 13일

Kathleen Long
Sentinnel News
플로리다 올랜도
Ocala Street 3757, (우편번호) 32805

Long 씨께:

본 서신은 귀하께서 20××년 10월 10일 Centralnet Mutual의 특정 서류들의 보관 여부에 대해 문의하신 것에 대한 회신입니다.

1. 20××년, 20××년, 20××년도 전자 폐기물 처리와 재활용에 대한 계약서 사본.
   • Centralnet Mutual은 더 이상 해당 연도 계약서 사본을 보관하지 않고 있음.

2. 20××년, 20××년, 20××년 하드 드라이브 처분에 대한 계약서 사본.
   • Centralnet Mutual은 더 이상 해당 연도 계약서 사본을 보관하지 않고 있음.

추가적인 도움이 필요하실 경우 제게 알려주시기 바랍니다.

안녕히 계십시오.

Wallace Amos
Wallace V. Amos
감사실 실장
Centralnet Mutual

---

serve as ~ ~의 역할을 하다
response 답장, 회신
inquiry 문의
dated ~ ~(날짜)인 일자의
hold 소유하다, 보관하다
document 서류, 문서

contract 계약(서)
no longer ~ 더 이상 ~하지 않다
waste disposal 폐기물 처리
recycling 재활용
hard drive 하드 드라이브
further assistance 추가적인 도움

 문서 샘플 1

회사 복장 규정의 분석

Lynn M. Lowe – 인사부

20××년 4월 11일

목차

목적

현황

평가

추천사항

목적

이 보고서의 목적은 회사 복장 규정 검토 결과를 보고하고 이를 바탕으로 추천사항을 제시하는 것이다.

현황

현재 회사에서는 모든 직원들에게 엄격한 정장 복장 규정을 준수할 것을 요구하고 있다. 이는 고객 및 계약자, 업무 파트너들의 빈번한 방문에 따라 이에 필요한 전문적인 근무 환경을 조성하기 위함이다. 허용되는 복장엔 공식적인 업무 환경에 적절한 양복, 스포츠 재킷, 바지, 정장 스커트 등이 포함된다.

평가

영업 부서 외에는 외부 고객 및 외부 업무 파트너와 만날 일이 빈번하지 않다. 직원들이 실제 정장을 불편해하는 것으로 보이고 좀 더 편안한(캐주얼) 복장이 직원들의 사기를 높이고 직장에서의 자율성과 창의성을 좀 더 많이 조성할 수 있다는 의견을 내고 있다. 20××년 4월 2일에 익명으로 실시된 설문조사는 83%에 이르는 대다수의 직원들이 직장에서 좀 더 편안한 복장을 선호한다고 밝히고 있다.

추천사항

인사부는 회사의 모든 직원들의 복장 규정을 정장에서 비즈니스 캐주얼로 조정하는 것을 추천한다. 비즈니스 캐주얼은 정장이 아니면서도 비즈니스 환경에 적절한 양복, 바지, 재킷, 셔츠, 스커트, 원피스를 포함한다. 우리는 직원들이 직장에 적절한 복장과 적절하지 않은 복장을 잘 결정해서 판단할 것이라고 확신한다. 적절하지 않거나 비전문적인 복장을 착용하는 직원들은 개별적으로 처분될 것이다.

objective 목적	frequency 빈도
current status 현황	assertion 주장
analysis 분석, 평가	creativity 창조성, 창의성
finding (조사) 결과	relaxation 완화
formal dress 정장	judgment 판단, 판단력
permissible 허용되는	determine 결정하다
appropriate 적절한	individual basis 각자, 개별적으로

 문서 샘플 2

사후검토 보고

환경 보호국
U.S. Oil and Refining
20××년 10월 21일

이 보고서는 타코마 정제 공장 화재 사건에 대한 사후검토를 제공하고 후속 추천사항을 제시한다. 이 사건은 워싱턴 타코마에 위치한 타코마 정제 공장에서 20××년 2월 13일부터 20××년 2월 16일까지 발생한 것이다.

이 사후검토는 4가지 부분을 포함한다:

1. 사건의 요약
2. 사건의 원인
3. 대응의 효율성
4. 향후 사건 방지를 위한 추천사항

1. 사건의 요약

20××년 2월 13일 금요일 약 8:50시에 9D 탱크에서 천연가스가 유출되고 있는 것이 발견되었다. 화재는 약 20분 후인 9:10시에 발생하였다. 9:34시 Gas Fire Control(GFS)에 도움을 요청하는 연락이 갔다. GFS 직원은 약 11:00시에 도착하기 시작했다. 가스의 지속적인 유출로 인해 2월 16일 13:00시가 되어서야 화재가 진압됐다.

2. 사건의 원인

철저한 조사 후, GFS 조사 위원회는 9D 탱크에 가해진 과도한 압력이 대량의 메탄가스 유출을 유발하여 화재를 발생시킨 것으로 결론을 내렸다.

3. 대응의 효율성

GFS의 대응은 적절했다. 최초로 도착한 직원들은 사건이 발생한지 두 시간 내에 도착하였다. 대처 직원들은 도착 후 현장을 지키고 즉각적인 안전 문제들을 처리했다. 단, 결정적인 초기 몇 시간 동안 응급 현장에서 상황의 악화를 방지할 수 있을 만큼 인력이 충분하지 않았다.

4. 차후 사건의 방지를 위한 추천사항

a. 환경 보호국에서 대형 화재 사건을 위한 개별적인 프로토콜을 개발해야 한다. 이 프로토콜은 적절한 응급 지표 및 응급 조치를 확인하고 처리해야 한다.

b. 품질 관리 직원은 가스 누출, 특히 메탄가스 누출에 관한 정기 점검을 시작하고 지속해야 한다.

---

after action review 사후검토
refinery 정제 공장
incident (좋지 않은) 일, 사건
follow-up recommendation 후속 추천
effectiveness 효과, 효율성
approximately 대략, 약

bring under control 억제하다, 진압하다
thorough 철저한
emit 내다, 내뿜다
ignite 불을 붙이다, 점화하다
address 고심하다, 다루다
measure 조치

 문서 샘플 1

회의록
기획부

월간 팀 회의
20××년 9월 13일

오후 4:30시에 Krista Scott의장이 개회를 선언.

참석자
Krista Scott (의장)
Sheryl Walker
Mike Kiefer

불참자
(없음)

회의록 승인
20××년 8월 16일자 회의의 회의록은 수정 없이 승인됨.

발의
발의: Krista Scott 의장이 20××년 10월 1일 제품 테스트를 실시하자는 안건을 발의.
투표: 찬성 3, 반대 0
결의: 발의가 가결됨.

진행사항
• Krista Scott 의장이 월간 경리 내역 보고
• Sheryl Walker 씨가 온라인 홍보 업데이트 보고
• Mike Kiefer 씨가 최근 새 비서로 Georgia Denham 씨를 채용했다는 사실 공지

끝맺음
다음 회의는 20××년 10월 15일 오후 4:30시로 지정됨.

Krista Scott 의장이 오후 6:00시에 회의를 종료함.

---

meeting chair 의장
call to order 개회
approval 승인
motion 발의
resolved 결의
carried 가결

proceedings 진행사항
provide 제공/제출/보고하다
announce 공지하다
closing 끝맺음
designate 지정하다
adjourn 종료

 문서 샘플 2

20××년 3월 3일 마케팅 전략 회의

개회 선언
오전 9:35시에 Richard Chung 의장이 개회를 선언.

참석자
Richard Chung 의장, 마케팅부 과장
Rhea Haynes, 영업부 과장
John Maya, 마케팅부 대리
Karla Jennings, 마케팅부 사원

불참자
Andres Brown, 영업부 대리

발의
발의: 영업부 Rhea Haynes 과장이 5% 할인 쿠폰을 없애자는 안건을 발의.
투표: 찬성 1, 반대 3
결의: 안건이 부결됨.

논의사항
– John Maya 씨가 현재 진행 중인 온라인 마케팅 캠페인에 대해 브리핑
– 라디오, TV와 같이 온라인 광고의 대안이 될 수 있는 방안들을 논의
– 좀 더 공격적인 캠페인 활동을 위해 예산의 올릴 필요가 있다는 합의에 도달

결론
참석자들은 20××년 3월 10일에 있을 다음 회의에서 마케팅 전략 변경을 확실히 결정하기 전 해당 사안을 추가로 검토하는 것에 동의함.

끝맺음
더 이상의 안건이 없어 Richard Chung 의장이 오전 11:15시에 회의를 종료함.

서기인 Clara Johnson 씨가 본 회의록을 제출함.

---

attendee 참석자
absentee 결석자, 불참자
eliminate 제거하다
failed 부결
briefing 브리핑, 보고
budget 예산

aggressive 공격적인
agree to ~ ~에 동의하다
determine 결정하다
further business 추가적인 안건
submit 제출하다
minutes taker 서기, 회의록 작성자

Unit 10 인수인계서

인수인계서

직책명:	생산 관리자
인수인계 날짜:	20××년 5월 13일
인계자:	Joseph Johnstone
인수자:	Judith Moss

직무 설명

Dyer 공장에서 고객의 요구를 충족시킬 수 있도록 음료 생산을 감독하고, 비용, 폐기물, 안전성, 생산성 및 라인의 효율성과 관련된 회사의 표준 기준을 달성하는 것.

주요 서류

- 20××년 운영 및 생산 일정표
- 보건 안전 규정 매뉴얼

주요 업무

- Dyer 공장의 연간 생산 일정표 작성
- 품질 및 안전과 관련된 업무 수행 기준 달성
- 가동 중지 시간을 최소화할 수 있도록 장비 및 장비 신뢰성 감독
- 직원 관계 및 채용, 연수, 효율적인 의사소통을 통해 직원 역량 구축

최근 및 현재의 프로젝트 현황

- 생산 라인 6번과 7번의 정비(진행 중)
- 보건 안전 규정 검토(20××년 5월 15일까지)

---

supervisor 감독관, 관리자
hand over 인계하다
take over 인수하다
meet customer need 고객의 요구를 충족시키다
achieve company standard 회사 표준 유지
line efficiency (생산) 라인 효율

annual basis 연간
oversee 감독하다
reliability 신뢰도
minimize 최소화
downtime 가동 중지 시간
maintenance 정비

 문서 샘플 2

인수인계서

작성자: Gary Turner
직책명: 테크니컬 라이터
인수인계일: 20××년 7월 11일

간략한 업무 설명:
- 엔지니어 및 제품 매니저들과 긴밀히 협력하여 종합적인 사용자 및 관리자 소프트웨어 문서를 작성하는 것
- 모든 기술 매뉴얼이 스타일에 있어 일관성을 유지하고 실제 제품 기능에 확실히 부합하도록 작성하는 것

관리자 및 보고 절차:
Anthony Nunez 씨(매주 금요일 18:00시까지 서면으로 업무보고서 제출)

정기 회의, 보고나 절차
- 매주 월요일 9:00시에 월간 팀 회의 진행

주요 서류와 참고 자료(이 문서와 첨부됨):
- 내부 용어집 (20××년 6월 20일에 마지막 업데이트)

최근 및 현재 프로젝트 진행 상황:
- AIPK 2.0 사용자 매뉴얼 개발(마감일: 20××년 8월 31일)
- 내부 용어집의 지속적인 업데이트

업무 파일 위치(출력된 자료 및 전자 자료)
회사 서버의 "TW Team" 폴더

연락처(내부, 외부)

성명	직책	전화번호	이메일 주소
Anthony Nunez	관리자	070-383-5844	anunez@mail.com
Jamie Hwang	팀원	070-383-5850	jhwang@mail.com
Jessie Bedford	팀원	070-383-5851	jessieb@mail.com

duty 직무, 업무
author 쓰다, 저술하다
comprehensive 포괄적인
documentation 문서, 문서화
uniform 획일적인, 한결같은
reference material 참고자료

status 현황
glossary 용어집
hardcopy 출력된 자료
electronic 전자
internal 내부
external 외부

 문서 샘플 1

피싱 이메일 식별

최근 Northshore 회원들이 Northshore가 아닌 웹사이트로 연결되는 첨부파일이나 링크가 포함되어 있는 이메일을 수신했습니다. 대부분의 경우, 해당 첨부파일들은 악의적인 목적을 갖고 있으며 열어봐서는 안 되는 파일들입니다.

만약 이메일에서 비밀번호나 신용카드 정보를 요구할 경우, 이를 무시하고 가능한 한 빨리 Northshore에 연락해주실 것을 권고드립니다. Northshore는 개인정보나 계정정보를 절대로 요구하지 않습니다. 다음과 같은 정보를 요구하는 메시지에 주의하시기 바랍니다.

- Northshore의 계정 아이디와 비밀번호
- 주민등록번호
- 신용카드 번호
- 신용카드 CCV 코드

의심스러운 이메일을 받았을 경우, support@northshore.com으로 이메일을 보내 Northshore 지원센터로 알려주시기 바랍니다.

---

phishing 피싱 사기
most often 가장 많이, 일반적으로, 대부분
malicious 악의적인
credit card 신용카드
be advised 권고 받다, 통보 받다
policy 정책, 방침

ask for ~ ~을 요구하다
personal information 개인 정보
account information 계정 정보
social security number 주민등록번호
suspicious 의심스러운
forward 보내다, 전달하다

 문서 샘플 2

Tmart Superstore 일시 폐쇄

본 매장은 보수와 정비를 위해 오늘 20××년 6월 15일 저녁 7시부터 일시 폐쇄될 예정입니다. 현재 재개 일자는 미정인 상태입니다. 여러분의 협조에 감사드리오며, 불편을 끼쳐드려 진심으로 사과를 드립니다.

추후 공지가 있을 때까지, 근처에 편리하고도 가깝게 위치해 있는 매장 중 한 곳에 들리셔서 쇼핑하실 것을 요청드리는 바입니다.

Tmart Superstore #344
캘리포니아 어바인
Hillcrest Lane 3349, (우편번호) 92718

Tmart Superstore #348
캘리포니아 어바인
Prospect Street 1313, (우편번호) 92718

Tmart Superstore #351
캘리포니아 어바인
Goldie Lane 3261, (우편번호) 92718

temporary 임시의
close 문을 닫다, 폐쇄하다
location 장소, 곳
maintenance 유지, 보수
at this time 현재
reopen 재개

support 협조, 지지
apologize 사과하다
inconvenience 불편
nearby 인근의
further notice 추후 공지
invite 초대하다, (정식으로) 요청하다

Unit 12 제안서

비즈니스 제안서

대상자: 미주리 사우스필드 Eagle Drive 1657 소재의 T-Motors
작성자: 미주리 조플린 Bayo Drive 3329 소재의 Spink Tire Company

요약
이 제안서의 목적은 T-Motors와 Spink Tire Company 간에 전략적인 업무 제휴를 맺는 것입니다.

소개
Spink 사는 100년이 넘는 기간 동안 고품질의 자동차 타이어를 개발해왔습니다. 당사는 업계의 유사 제품들과 비교해 봤을 때 더 나은 사양과 장점을 갖추고 있는 타이어를 생산하는 것으로 알려져 있습니다.

제품과 서비스 개요
Spink 사는 쿠페형과 세단형 자동차를 위한 제품을 전문적으로 제조합니다. Spink 사의 타이어는 스포티한 외형, 장시간의 지속력 및 전천후 정지 마찰력이 종합된 제품이라고 볼 수 있습니다. 당사의 타이어는 특히 빗길과 눈길에 매우 적합합니다.

단가

크기	단가 (개당)
185/60R15	119.45달러
185/65R15	123.45달러
185/70R15	127.45달러

혜택
- 모든 타이어는 SDA로부터 인증됨.
- 6년간 60,000마일 보증.
- 50개 이상의 대량 주문 시 20% 할인 적용.

---

forge 구축하다
strategic 전략적인
business partnership 업무 제휴
quality 양질의, 품질이 좋은
manufacture 제조하다
superior 우수한

specialize in ~ ~을 전문으로 하다
traction 정지 마찰력
certify 인증하다
pricing 가격 책정, 가격
benefit 혜택
bulk order 대량 주문

 문서 샘플 2

유럽 출장 여행 상품 제안서

대상자: Keithmore Trading Company의 Brandon Parker
작성자: ADS Travel Agency의 Randal Lee

회사 소개

ADS 사는 텍사스 휴스턴에 위치한 허가 받은 여행사입니다. 저희는 기업, 개인, 그리고 단체를 대상으로 한 다양한 여행 상품을 제공합니다.

상품 개요

저희 출장 여행 상품은 터키와 지중해 국가를 포함한 유럽권의 모든 국가를 대상으로 합니다. 여행 기간은 최대 5일까지 이며, 비행기, 기차, 배를 포함한 모든 종류의 교통 수단을 이용합니다.

가격(왕복 여행)

등급	가격(개인)	가격(4인 이상의 단체)
일반석	2,150.00달러	1,705.00달러
이등석	4,225.00달러	3,805.00달러
일등석	7,400.00달러	6,555.00달러

혜택

여행객들은 당사의 웹사이트에서 여행 일정표를 선택할 수 있습니다. 호텔과 교통 수단과 같은 사항들 또한 선택 가능합니다. 단, 오락과 같은 추가적인 혜택은 상품에 포함되어있지 않습니다.

보험

여행 보험은 여행사가 부담하며 이는 여행 취소, 분실된 수하물, 응급 의료, 그리고 이 외 여행 중 발생한 예기치 못한 비상 상황을 보장합니다.

---

licensed 자격 있는, 허가 받은
overview 개요
travel package 여행 상품
cover 다루다, 포함하다, 보장하다
including ~ ~을 포함한
Mediterranean Sea 지중해

round trip 왕복 여행
itinerary 여행 일정표
option 선택, 선택 가능한 사항
luxury 사치, 혜택
travel insurance 여행 보험
unforeseen 예측하지 못한

 문서 샘플 1

절차 매뉴얼 – 연례 보고서

1.0 목적과 범위
1.1 이 매뉴얼은 Meyer 사의 CEO에게 보고되는 연례 보고서의 준비 및 제출 과정을 설명한다.

2.0 책임
2.1 업무의 주된 책임은 다음과 같은 이들에게 주어진다:
2.1.1 최고 운영 책임자(COO)
2.1.2 최고 재무 책임자(CFO)
2.1.3 마케팅 담당 이사

3.0 정의
3.1 연례 보고서 – 회사의 연간 매출과 수익을 나타낸 보고서로서 매월 1월경 CEO에게 배부되는 종합적인 재정 보고서

4.0 참고
4.1 20××년 연례 보고서
4.2 연례 보고서 양식
4.3 송장 기록부

5.0 절차
5.1. 연례 보고서는 CEO가 정한 요구사항에 따라 COO가 준비한다.
5.2. 연례 보고서는 기존에 이미 정해져 있는 연례 보고서 양식을 이용한다.
5.3. COO와 마케팅 이사는 보고서를 검토한 후 이를 매년 1월 31일까지 승인해야 한다.

비고: 연례 보고서는 전년도 1월 1일부터 12월 31일까지의 기간을 다룬다.

---

annual report 연례 보고서
scope 범위
describe 묘사하다, 설명하다
chief responsibility 주된 책임
task 일, 과업, 과제
fall on ~ (책임, 의무 등이) ~에 있다

Chief Executive Officer (CEO) 최고 경영자
Chief Operating Officer (COO) 최고 운영 책임자
Chief Finance Officer (CFO) 최고 재무 책임자
invoice register 송장 기록부
approve 승인하다
note 비고

문서 샘플 2

정책 및 절차 매뉴얼

St. Joseph 의료 센터

미주리 캔자스시티

정책 번호: 133

제목: K-101의 처리 및 복용 방법

목적: K-101의 처방 조건을 갖춘 환자들에게 K-101을 투약하는 것과 관련해 약사들에게 지침을 제공하는 것.

정책 및 절차:

I. 환자의 자격조건

 – 18세 이상

 – St. Joseph 의료 센터의 환자

 – K-101 처방전 소지

II. K-101 처방전 수령 절차:

 – 약사는 중앙 데이터베이스 점검을 통해 처방전을 확인한다.

 – 약사는 처방전에 기록된 대로 정확한 복용량을 배포한다.

 – 약사는 약의 복용과 관련해 환자에게 명확한 지침을 전달한다.

 – 최초 복용량이 소진된 후 약사는 환자에게 필요한 추가적인 복용량을 제공할 의무가 있다.

III. 처방 제한

 – 담당 의사가 특별한 복용 지침을 권고하지 않았을 경우, 환자의 복용량은 일일 6정, 일주 42정으로 제한된다.

작성자: Eric M. Blakely 박사

발표일: 20××년 3월 11일

수정일: 20××년 4월 27일, 20××년 10월 9일

---

pharmacist 약사

dose 투여하다, 복용량

guideline 지침

eligible 자격 있는, 조건이 되는

prescription 처방전

verify 검증하다, 확인하다

additional 추가적인

consume 소모하다

tablet 정, 알

recommend 권고하다, 권장하다

effective date 발효일

revised date 수정일

뉴스레터

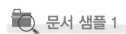 문서 샘플 1

Kesco 뉴스레터

20××년 3월호

신제품 출시!

20××년 3월 1일에 출시된 INOS 2.0은 중대한 버그 수정과 함께 완전히 새로운 기능들이 추가되어 INOS 1.0에서 크게 업그레이드되었습니다. INOS는 Inter-Multitasking Operating System의 약어로서, 사용자들이 하나의 솔루션으로 다양한 작업을 관리할 수 있도록 만든 다중화 작업 시스템입니다. 더 알아보려면 이곳을 클릭하십시오.

이달의 우수 사원

3월의 우수 사원은 소프트웨어 연구 센터의 Rachel Shin 씨입니다. 지난 2년 동안 그녀는 INOS 2.0의 개발에 헌신하며 끊임없는 노력을 기울였고, 그 결과 INOS 2.0의 성공적인 출시에 크게 기여했습니다. 이번 출시 덕분으로 다중화 작업 분야에 많은 관심 및 투자가 몰릴 것으로 예상됩니다.

향후 일정

3월 8일 수요일: 클라우드 서비스 시스템 Kesco PRL 출시

3월 17일 금요일: Kesco 연례 개발자 컨퍼런스(Kesco 본사)

3월 20일 월요일: Ureka 시스템을 위한 패치 4.5 출시

바이러스 주의!

2월 마지막 주에 악성 바이러스가 돌았습니다. 의심스러운 첨부 파일을 포함하고 있는 것으로 알려진 "Outstanding invoice"라는 제목의 이메일과 악성 피싱 이메일로 확인된 "Amazing New Stamina Drug!"라는 제목의 이메일에 주의하시기 바랍니다.

Kesco 홍보팀

Frederick Creech | 070-3736-1100 | pr@kesco.com

---

launch 출시, 출시하다
release 출시, 출시하다
significant 중요한, 중대한
bug fix 버그 수정
brand new 완전히 새로운
stand for ~ ~을 나타내다, ~의 약자이다
all-in-one solution 통합된(하나의) 솔루션

dedication 헌신
constant 끊임없는
invaluable 매우 유용한(귀중한)
garner 얻다, 모으다
upcoming 다가오는
suspicious 의심스러운
harmful 해로운, 악성

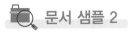 **문서 샘플 2**

The Professional
– Pro Office 480 사용자를 위한 월간 뉴스레터 –

20××년 3월 11일

편집자의 한마디

안녕하세요, The Professional 5호를 찾아주신 여러분을 진심으로 환영합니다. 이번 호엔 Pro Office 클라우드의 기능(특징)에 관한 최신 정보 및 조언이 수록되어 있습니다.

목차

- Pro Office 480에서의 스케줄 관리
- 이달의 기능: 문자 클라우딩
- 곧 있게 될 업데이트
- 추천란: IT 분석가 Max Brown

스케줄 관리요? 쉽죠? 더 쉽게 하세요!

Pro Office 480의 Work Manager 덕분에 스케줄 관리가 그 어느 때보다도 쉬워졌습니다. Work Manager는 Marty Jones 씨의 아이디어로서 3년 이상의 기간 동안 이 프로그램 제작에 공을 들였습니다. 이 프로그램은 다른 Pro Office 480 프로그램들과의 편리한 상호 접속(연동) 기능을 제공합니다. <u>더 알아보기</u>.

무료 체험!

The Professional은 등록한 모든 회원들에게 Community Help의 1개월 무료 체험 서비스를 제공하고 있습니다. Community Help을 통해, 회원들은 Pro Office 480을 사용하는 데 있어 문의사항이 있거나 문제가 있을 경우 24시간 온라인 지원 서비스를 이용할 수 있습니다. <u>더 알아보기</u>.

<u>수신거부</u>

The Professional
이메일: editor@theprofessional.com | 웹사이트: www.theprofessional.com

---

edition 판, 호
contain 포함하다, 함유하다
advice 조언, 충고
feature 특징, 특색
testimonial 추천의 글, 추천
thanks to ~ ~ 덕분에

brainchild 아이디어, 발명품
convenient 편리한
interconnection 상호 접속, 연동
free trial 무료 체험
registered member 등록 회원
unsubscribe 수신 거부하기

Unit 15 브로셔

 문서 샘플 1

당신의 은행 거래는 안전한가요?
Cyan 은행
온라인 뱅킹을 올바르게

Cyan 은행 연혁

19××년 Cyan Banking Co.로 창립

19××년 국내 첫 온라인 뱅킹 시스템 구축

19××년 중국 시장 진출

20××년 인도 시장 진출

20××년 창립 40주년 기념

왜 Cyan 은행이어야 하는가?

Cyan 은행은 미국 내에서 가장 큰, 가장 신뢰할 수 있는 은행 중 하나입니다. 저희는 안전하고도 해킹으로부터 보호가 되는 온라인 뱅킹을 전문으로 하고 있습니다. 저희 은행의 온라인 및 모바일 뱅킹 시스템을 통해 여러분께서는 청구서 납부 및 계좌 이체, 자금 이체를 안전하게 처리하실 수 있습니다.

문의사항이 있으신가요?

좀 더 자세한 사항을 알고 싶으시다면 가까운 Cyan 은행 지점이나 www.cyanbank.com을 방문해주시기 바랍니다.

Cyan Bank Corporate Center

메릴랜드 윈저밀

Columbia Boulevard 2807, (우번번호) 21244

www.cyanbank.com

---

found 설립하다, 창립하다
enter 진입(진출)하다, 들어가다
market 시장
celebrate 기념하다
anniversary 기념일
trusted 신뢰할 수 있는, 믿을 만한

specialize in ~ ~을 전문으로 하다
hack-proof 해커로부터 보호되는(안전한)
process 처리하다
bill payment 청구서 납부
account transfer 계좌 이체
fund transfer 자금 이체

 문서 샘플 2

왜 JTS로 택배를 보내야 하는가?
JTS Online Express
단순하고, 빠르고, 믿을 수 있다

단순하다

택배를 발송하는 데 3가지 단계밖에 걸리지 않습니다. 다 온라인으로!

빠르다

물품이 24시간 내로 수령되고, 24시간 내로 배송됩니다. 총 48시간 소요!

믿을 수 있다

손실이나 파손 없는 배송을 보장합니다. 그렇지 못할 경우 100% 보상해드립니다!

편리하다

배송 추적이 이보다 더 쉬울 순 없습니다! JTS Express 웹사이트에서 저희 JTS의 실시간 추적 시스템을 확인해보세요!

서비스 이용 안내

1. www.jtsexpress.com에 접속한다.

2. 회원가입을 한다.

3. 주문을 한다!

---

ship 택배로 발송하다
shipment 수송품, 적하물
pick up 찾다, 회수하다
dependable 믿을(신뢰할) 수 있는
loss 손실
damage 파손

otherwise 그렇지 않으면
compensate 보상하다
tracking 추적
check out 확인하다
real-time 실시간
register 등록하다, 회원가입을 하다

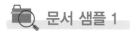 문서 샘플 1

Sherman Energy Co.
전화 메시지

수신자: *Kelly Kim*

발신자 정보

Mr. ☑ Ms. ☐ *Joseph High*
회사명: *TraderFarm Co.*
전화번호: *562-344-3562*

☑ 전화 요망   ☐ 다시 전화할 예정
☐ 답신 전화   ☐ 미팅 요청
☑ 메시지 남기기(하단)

메시지 내용:
9월 23일자 주문에 대한 확인 전화. 오늘 중으로 회신 전화 요망.

날짜: *Sep. 25, 20××*   시간: *오후 3:05*
작성자: *Pat Ames*

telephone message 전화 메시지   leave a message 메시지를 남기다
caller 전화를 건 사람, 발신자   return a call 답신 전화를 하다

🔍 문서 샘플 2

메시지

수신자 *Alonzo Gomez*

날짜 *20××년 7월 5일*　　　　　　　　　　　　　　　시간 ⟨오전⟩/ 오후 *11:20*

발신자 *Juan Aguila*

전화번호 *311-494-5561*

✓ 전화했었음	☐ 전화 요망
☐ 답신 전화	✓ 다시 전화할 예정
✓ 미팅 요청	☐ 긴급 사안
☐ 이메일을 발송함	☐ 팩스를 발송함

메시지

계약 조건 논의를 위해 회의하길 원함. 미팅을 잡기 위해 오늘 오후 다시 전화할 예정.

작성자 *Misty Kapoor*

---

call back 다시 전화하다　　　　　　　　　　discuss 논의하다
urgent 긴급한, 급박한　　　　　　　　　　　contract terms 계약 조건
as soon as possible 가능한 한 빨리　　　　　appointment 약속

 문서 샘플 1

Key Widget의 혁명적인 태블릿 시리즈 공개
Interactive Pro

로스앤젤레스, 20××년 8월 24일 – Key Widget은 오늘 Interactive Pro라는 업계 최초의 태블릿 컴퓨터를 공개했다. 이 태블릿 컴퓨터는 획기적인 멀티 터치 디스플레이와 7세대 쿼드 코어 프로세서를 특징으로 한다.

이 기기는 LA Technology Expo에서 CEO인 Janet Hillman 씨에 의해 도입되었다. "이 완전히 새로운 세대의 태플릿 시리즈는 지금까지 우리가 이뤄낸 가장 자랑스러운 성취라고 보는 게 맞을 것이다"라며 "우리는 소비자들이 제품의 손쉬운 사용법과 독특한 니사인을 좋아할 것이라고 확신하다"고 밝혔다.

Interactive Pro는 다음과 같은 기능을 제공한다.

- 이전 Interactive X보다 3배 더 민감한 멀티 터치 디스플레이
- 7세대 쿼드 코어 프로세서
- 무게 550g
- 128GB 또는 256GB 저장 용량 옵션

더 자세한 사양 및 사용자 정의 옵션, 액세서리에 관해 알아보려면 www.keywidget.com/interactivepro을 방문하면 된다.

Key Widget 소개
캘리포니아 토런스에 본사를 두고 있는 Key Widget는 가정에 획기적인 최첨단 제품을 제공하는 것을 전문으로 하고 있는 회사이다.

언론사(기자) 연락처
Laura Hayes
lauraehayes@keywidget.com
901-763-9146

---

revolutionary 획기적인
groundbreaking 신기원을 이룬, 획기적인
device 장치, 기기
fitting 적합한, 어울리는
achievement 성취, 달성
unique 유일한, 독특한

sensitive 민감한
storage capacity 저장 용량
specification 사양
headquarter ~에 본사를 두다
custom option 사용자 지정 옵션
accessory 액세서리

 **문서 샘플 2**

Calhoun Logistics,
플로리다 허리케인 구조에 100,000달러 기부

플로리다 마이애미 – 20××년 9월 20일 – Calhoun Logistics는 허리케인 피해를 입은 남부 플로리다 지역에 100,000 달러의 현금 및 구호품을 제공하며 구조를 지원했다.

허리케인 Linda가 9월 18일 저녁 지역을 휩쓸면서 수천 개의 가정집을 파괴하였고 수백 명의 사람들을 다치게 했다. 운영 전무인 Eric Flores 씨는 "피해를 입은 사람들에게 구호품을 제공하는 데 있어 최선을 다하겠다"고 밝혔다.

Calhoun Logistics는 재난 시기에 중요 구호 물품을 제공하는 데 있어 긴 역사를 가지고 있다. 물품 운송은 Calhoun의 전문 분야이며, 이는 특히 2005년 허리케인 Katrina 재난 당시 식품, 의약품, 의류 등의 10,000개 박스를 배송하는 등 큰 도움이 되었다.

Calhoun Logistics 소개

Calhoun Logistics 전 세계적으로 매일 수백만 개의 택배를 운송하는 글로벌 물류 업체이다. Calhoun은 25개의 허브 센터를 운영하고 있으며, 전 세계적으로 900,000명의 직원을 고용하고 있다. Calhoun Logistics에 더 알고자 한다면 www.calhoun.com을 방문하면 된다.

연락처

Ronald Kaczmarek
542-484-7130
pr1@calhoun.com

Carla Underwood
542-484-7131
pr2@calhoun.com

---

commit 약속하다, 주다
relief 구호, 구호품
aid 원조, 지원
hit 휩쓸다
destroy 파괴하다
critical 중대한

disaster 재난
supplies 물자, 물품
logistics 물류
throughout the world 전 세계적으로
hub center 물류거점 센터
associate 직원

Unit 18 품질 보증서

 문서 샘플 1

SD 제품 품질 보증서

본 보증은 SD Inkjet 5460 프린터에 적용됩니다.

보증 기간
본 보증은 보증서에 명시된 구매일로부터 **12개월** 동안의 무상 서비스 제공을 보장합니다.

보증 조건
본 보증은 12개월의 보증 기간 내에 발생한 모든 제조상의 결함 및 정상적인 사용으로부터 발생한 모든 결함의 무상 서비스를 보장합니다.

만약 귀하께서 본 보증에 따라 보증 기간 내에 SD에 보상 신청을 하시게 되면, SD는
1. 품질이나 성능에 있어 동일한 부품을 사용하여 제품을 수리해 드리거나,
2. 같은 모델로 제품을 교환해 드리거나, 귀하께서 원하실 경우 동일한 기능을 가진 유사 제품으로 교체해 드리거나,
3. 제품을 수령하고 귀하의 제품 구매가에 상응하는 환불 금액을 돌려 드립니다.

서비스 이용
보증 서비스를 받기 위해서는 가까운 서비스 센터에 방문하셔서 무상 서비스를 받는 데 필요한 보증 카드 및 구매 영수증을 함께 제출하셔야 합니다.

책임 제한
본 보증은 부주의, 오용, 남용, 자연재해, 비정상적인 전압이나 습기, 오염, 번개 등과 같은 예상치 못한 상황으로 발생한 손상에는 적용되지 않습니다. 또한, 본 보증은 허가 받지 않은 사람이 수행한 변경이나 조정, 수리로 인해 발생한 손상을 책임지지 않습니다.

---

warranty 품질 보증(서)
warranty period 보증 기간
free service 무상 서비스
defect 결함
normal usage 정상적인 사용
repair 수리하다
equivalent 동일한, 동등한

refund 환불, 환급
receipt 영수증
neglect 부주의
natural disaster 자연 재해
unforeseen circumstance 예상치 못한 상황
alteration 변경
unauthorized person 허가 받지 않은 사람

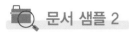 문서 샘플 2

보증 상태
SD Inkjet 5460 프린터
귀하의 SD 보증은 20××년 6월 4일에 만료될 예정입니다

일련 번호: 4DC9403M2D

제품 번호: G4809AT

제품명: SD Inkjet 5460 프린터

보증 확인 날짜: 20××년 9월 13일

보증 유형: 기본 보증

서비스 유형: SD 유지보수 오프사이트(외부) 지원

상태: 유효 (만료)

시작일: 20××년 6월 5일

만료일: 20××년 6월 4일

서비스 수준: 글로벌 서비스, 표준 자재 처리, 표준 부품, 수리센터에 고객 방문 및 수령

제품 교환 방법

결함 상품을 교환하고자 하실 경우, UPS나 FedEx와 같이 추적이 가능한 운송사를 이용하여 가까운 서비스 센터로 제품을 발송해야만 합니다. 저희 측에서 결함 상품을 받고 난 후에 교환 상품을 보내드리게 됩니다.

보증 정책을 확인하세요.

---

warranty status 보증 상태
warranty type 보증 유형
maintenance 유지보수
active 유효
expired 만료
standard 표준

material 자재
repair center 수리센터
defective product 결함 상품
traceable carrier 추적이 가능한 운송사
ship 발송하다
replacement product 교환(대체) 상품

Unit 19 메모

문서 샘플 1

수신자: Office Mart 전 직원

발신자: Nate Kendall, 사장 겸 최고경영자

날짜: 20××년 7월 11일

제목: 구조 조정

오늘 저희의 소중한 Office Mart 직원들에게 큰 영향을 미치게 될 구조 조정을 발표하고자 합니다. 이는 매우 어려운 결정이었지만 저희 회사의 미래 생존과 성장을 위해 꼭 필요한 결단이었다고 저는 확신합니다.

현재 시장에 불어 닥친 변화와 부정적인 경기 침체의 영향으로, 미래에 순응하며 적응해야 할 필요가 생기게 되었습니다. 저희는 Office Mart를 치열한 경쟁 속에서 고객의 요구를 기꺼이 충족시켜 줄 수 있는 좀 더 민첩한 회사로 자리매김하게끔 만드는 중입니다. 이러한 시도의 결과로서, 2주 내로 350명의 직원들이 회사를 떠나게 될 예정입니다.

저희는 이들이 회사에 기여한 노고에 감사드릴 따름입니다. 이 같은 어려운 전환기 속에서 이들을 지원하는 데에 최선을 다할 것을 확실히 약속드리는 바입니다.

곧 여러분의 지도부로부터 여러분이 속해 있는 지역에서 이루어질 구조 변화에 대해 듣게 될 것입니다. 문의사항이 있으실 경우 여러분의 지도부와 상의해 주시기 바랍니다. 이 어려운 시기에 이해해주신 여러분께 진심으로 감사의 말씀드립니다.

---

company restructuring 구조 조정
survival 생존
economic downturn 경기 침체
adapt 적응하다
position 자리를 잡다
agile 민첩한

stiff competition 치열한 경쟁
associate (사업, 직장 내) 동료, 직원
displace 쫓아내다, 대체하다
assure 장담하다, 보장하다
transition 이행, 전환
structural change 구조 변화

문서 샘플 2

수신자: Christopher Sullivan, Roger Brock, Hildred Cho

참조: Keith Jackson, Javier Williams

발신자: Jeana Scott

날짜: 20××년 3월 11일

제목: 5월 15일 교육 세미나

신입사원들의 전입으로, 부서 전체 차원에서 20××년 5월 15일 Grand Hotel에서 교육 세미나를 열게 될 예정입니다.

세미나는 회사 규정, 일반 정책, 복장 규정, 비즈니스 에티켓과 같은 주제들을 다룰 예정입니다. 동기부여 강사 분들께서 방문하실 예정이며, 팀워크와 협업 능력을 기르게 될 그룹 활동 역시 계획 중입니다. 이번 세미나가 직원들의 사기를 매우 높일 수 있는 행사가 될 것으로 확신하는 만큼, 이번 행사가 연례 행사가 되었으면 하는 바램입니다.

첨부한 교육 세미나의 의제를 살펴봐주시기 바랍니다. 이에 대한 어떠한 피드백이나 의견도 감사히 받도록 하겠습니다.

첨부: 5월 15일 세미나 의제

---

influx 유입, 전입
department 부서
training seminar 교육 세미나
company rules 회사 규정
policy 정책
dress code 복장 규정

motivational speaker 동기부여 강사, 직원
foster 발전시키다
cooperation 협업, 협동
employee morale 직원의 사기
attach 첨부하다
agenda 의제

Unit 21 홍보 이메일

 문서 샘플 1

제목: James Sutton님, EZ 사이트 WearPlus.com으로 초대합니다!

James Sutton 님께,

EZ의 전용 쇼핑 사이트
WearPlus.com을 추천합니다.
즐거운 쇼핑을 위한 여러 가지 혜택을 제공해드립니다.

매일 세일 이벤트: 유명 브랜드 최대 40% 할인 혜택과 함께 대단히 멋진 가정용 제품까지 찾아보실 수 있습니다.

무료 배송: 69 달러 이상 주문 시 무료 배송

EZ와 연동: 기존 EZ 계정으로 로그인 후 구매 가능

매일 새로운 이벤트가 열립니다. 오늘 바로 가입하세요!

수신거부 | 도움

고객 서비스 1-866-235-5443

©2017 EZ Inc., 뉴욕 웨스트베리, Clark Street 1555
(우편번호) 11590. 무단 전재를 금합니다.

---

designer brand 유명 브랜드, 명품
private 사유의, 전용의
benefit 혜택
pleasure 즐거움
great find 대발견, 굉장한 발견물
sign in 로그인하다

make a purchase 구매하다
existing 기존의
unsubscribe 수신거부(하다)
access 접근(권), 접근하다
customer assistance 고객 지원(서비스)
all rights reserved 무단 전재를 금하다

문서 샘플 2

제목: Headway Plus에서 30% 이상 비용을 절약하세요

<u>웹에서 열람하기</u> | <u>친구에게 전달하기</u>

Headway Plus에 오신 걸 환영합니다.
독점적인 혜택. 엄청난 비용 절감.

혜택을 받아가실 수 있는 이 기회를 지금 바로 이용하세요.

온라인 웹사이트
저희 웹사이트에서 구매하신 뒤 30% 이상의 금액을 절약하세요!
가입하기 >

모바일 앱
대량 할인을 받으실 수 있는 쿠폰 및 그 이상의 혜택을 접해보세요.
다운로드 받기 >

오프라인 매장
여러분에게 딱 맞는 최적의 물건을 찾아줄 매니저들을 만나보세요.
매장 찾기 >

온라인으로 저희를 팔로우해주세요.

본 이메일에 답장하지 마시기 바랍니다. 연락을 하고자 하시면 <u>여기</u>를 클릭하시거나 1-800-766-5000으로 전화 주시기 바랍니다.

귀하의 프로필 설정과 구독 정보를 변경하고자 하실 경우 <u>여기</u>를 클릭해주십시오. 이메일 수신 거부를 하려면 <u>여기</u>를 클릭해주십시오.

---

view 보다, 열람하다
forward to ~ ~에게 전달하다
exclusive 전용의, 독점적인
terrific 엄청난
savings 절감
sing up 등록하다

take advantage of ~ ~을 이용하다
get access 접근하다
discount coupon 할인 쿠폰
follow online 온라인으로 팔로우하다
customize 원하는 대로 만들다(바꾸다)
subscription 구독

Unit 22 요청 이메일

 문서 샘플 1

제목: 'Active Liver' 샘플 요청

Spink 씨께:

제 이름은 이현정이며, Han 제약에서 마케팅을 담당하고 있습니다. 저희는 한국에서 두 번째로 큰 제약 회사이며, 현재 꾸준히 제품 라인업을 확장할 방법을 모색 중입니다.

저희는 귀하의 제품 일부를 수입하는 것에 관심을 갖고 있습니다. 특히 간 건강을 개선시키는 것으로 알고 있는 'Active Live'에 관심을 두고 있습니다.

저희에게 Active Liver의 무상 샘플을 보내주실 수 있는지요? 제품 1개 유닛, 혹은 30정 정도를 보내주시면 충분할 걸로 생각됩니다. 또한 사용 재료와 같은 제품의 상세 정보 및 권고되는 복용 방법, 영양 정보 등도 알려주신다면 매우 좋을 듯합니다. 그리고 대량 주문과 관련된 가격 정보도 포함해 알려주시기 바랍니다. 수익성이 있을 시 귀사와 독점 계약을 맺고자 합니다.

이 이메일 주소로 메일을 보내시거나 82-2-990-3993으로 전화하시면 연락 가능합니다. 귀사로부터의 연락을 기다리고 있겠습니다.

안녕히 계십시오.

이현정
마케팅 매니저
Han 제약

---

pharmaceutical 제약의, 제약
chain 체인(점)
be looking to ~ ~할 방법을 찾고 있다
expand 확장하다
product lineup 제품 라인업
import 수입하다

sufficient 충분한
supplement facts 보충 정보, 영양 정보
bulk order 대량 주문
lucrative 수익성 있는
exclusive contract 독점 계약
via ~ ~을 통하여

문서 샘플 2

제목: 추천서 요청

Berman 부장님께,

모쪼록 잘 지내고 계시기를 바랍니다. 다름이 아니라 중요한 부탁을 드릴 것이 있어 이렇게 연락드립니다. 제가 이번에 Kaellum 사의 선임 마케팅 직책에 지원하려고 하는데, 부장님께서 저를 위해 추천서를 작성해주셨으면 합니다. 부장님과 함께 10년 이상을 가깝게 일해왔고, 그러한 이유로 추천서와 관련해 부장님이 가장 먼저 떠올랐습니다. 또한 부장님께서는 많은 신뢰를 받고 계시고 저는 항상 부장님의 판단과 의견을 존중했었습니다.

부장님의 편의를 위해, 부장님께서 템플릿으로 사용하실 수 있는 추천서 초안을 첨부했습니다. 그리고 저의 업적과 강점이라고 생각하는 리스트도 함께 포함했습니다. 이 리스트가 20××년과 20××년 사이에 제가 추진했던 프로젝트와 관련해 부장님의 기억을 되살릴 수 있을 것이라고 확신합니다.

만약 추천서를 쓸 시간이 안 되시거나 추천서를 쓸 의사가 없으시더라도 충분히 이해합니다. 만약 작성해주실 의향이 있으시다면, 부장님께서 생각하시기에 알맞도록 첨부한 샘플을 자유롭게 수정하시면 됩니다. 부장님께서 참고해보실 수 있도록 이력서와 채용 공고도 함께 첨부했습니다. 궁금한 점이 있으시거나 좀 더 많은 정보가 필요하시다면 324-339-4554로 연락해주십시오.

부장님의 배려에 감사의 말씀 올립니다.

안녕히 계십시오.

Amy Leo 올림

---

favor 부탁
on one's behalf ~을 대신해, ~을 위하여
reference 추천서
credibility 신뢰도, 신뢰성
judgment 판단
convenience 편리, 편의

draft 초안
core achievement 주요 업적
inclination 의향, 의사
willing 꺼리지 않는
reference 참고
consideration 사려, 숙고, 배려

Unit 23 제안 이메일

 문서 샘플 1

제목: 'Active Liver'에 대한 사업 제안

Spink 씨께,

Han 제약의 이현정입니다. 저희가 귀사께 요청 드렸던 'Active Liver'의 샘플을 보내주신 것에 대해 감사의 말씀 전합니다. 샘플은 약 일주일 전에 양호한 상태로 도착하였습니다.

샘플 연구 및 광범위한 시장 조사를 실시하고 난 후, 저희는 'Active Liver'가 이곳 한국 시장에서 훌륭한 잠재력을 갖고 있다고 확신하게 되었습니다. 따라서 이 같은 이유로 저희는 독점 수입 계약을 제안 드리는 바입니다. 귀사의 제품을 2년 동안 수입하고 판매할 수 있는 독점권을 저희에게 주신다면, 바로 다음과 같은 혜택을 제공해 드릴 예정입니다.

- 'Active Liver'의 광범위한 유통 및 홍보
- 연간 최소 1,500개 유닛 판매 보장
- 향후 다른 제품들의 수입 고려

본 제안에 대해 어떻게 생각하시는지 제게 알려주시길 바랍니다. 제게 이메일을 주시거나 82-2-990-3933으로 전화를 걸어 귀사의 의견을 알려주시면 됩니다.

감사합니다.

이현정
마케팅 매니저
Han 제약

---

good condition 양호한 상태
study 연구하다
extensive 광범위한
market research 시장 조사
potential 잠재력
propose 제안하다

import contract 수입 계약
wide 넓은, 폭넓은
distribution 유통, 배부
promotion 홍보
guarantee 보장하다
consideration 고려

문서 샘플 2

제목: 회의 제안

안녕하세요, Mike 씨,

인사부의 Lizzy예요. 최근 저희 고객들과 관련해 보안 유출 문제가 잘 해결되지 않고 있고, 그에 따라 본 사안에 즉각적인 주의를 기울일 필요가 있게 되었어요.

따라서 이러한 이유로 저희(인사부), 홍보부, 기술부, 그리고 영업부가 함께 참석하는 회의를 제안하려고 합니다. 제가 보기엔 당신이 영업부에서 내용을 제일 잘 알고 있는 사람이기 때문에 회의에 직접 참석한다면 아주 좋을 것 같다는 생각이 들어요.

만약 회의 참석이 괜찮다면, 내일 언제쯤 시간이 되는지 제게 알려주시겠어요?

Lizzy

---

recent 최근의
security leak 보안 유출(누출)
go well (어떠한 일 등이) 잘 풀리다
require 필요로 하다
immediate 즉각적인
attention 주의

attend 참석하다
PR Department 홍보부
Technical Department 기술부
Sales Department 영업부
knowledgeable 많이 아는
available 이용 가능한, 시간이 되는

 문서 샘플 1

제목: 점화 케이블에 대한 문의

Jennings 씨께,

제 이름은 John Ha이며, 저는 TK Motors의 생산 관리인입니다. 저는 점화 케이블 공급업자를 찾고 있습니다.

저는 귀사께서 혹 점화 케이블을 보유하고 있는지 알았으면 하며, 만약 보유하고 계시다면 케이블의 가격이 얼마인지 궁금합니다. 특히 귀사께서 어떤 종류의 케이블을 보유하고 계신지, 그리고 케이블의 개당 가격은 얼마인지 궁금합니다. 또한 연장 보증 및 결제 방법에 대해서도 문의를 드리고자 합니다.

부디 모든 관련 정보 및 옵션 사항들과 함께 답변해주시기 바랍니다. 감사합니다.

안녕히 계십시오.

John Ha
생산 관리인
TK Motors
070-3651-9302
www.tkmotors.com

---

supplier 공급자, 공급업자
sparking cable 점화 케이블
production manager 생산 관리자
cost (값, 비용이) ~만큼 들다
especially 특히
be interested in ~ ~에 관심(흥미)이 있다

type 종류
inquire 문의하다
extended warranty 연장 보증
payment option 결제 방법
revert back to ~ ~에게 답변(회신)하다
relevant information 해당 정보

 **문서 샘플 2**

제목: Collor Ads 온라인 서비스

안녕하세요.

제 이름은 Linda Batten이며, 저는 Collar Ads에서 근무하고 있습니다. 저희는 디지털 마케팅 서비스를 제공하는 선두적인 공급업체 중 하나입니다. 저는 저희 회사의 서비스가 필요하지 않을까 하는 기업을 찾고 있던 와중, 귀사를 우연히 접하게 되었습니다.

귀사께서는 이미 강력한 온라인 인지도를 확보하고 계신 것으로 보이며, 따라서 귀사께서 혹 저희 회사의 검증된 온라인 전략을 활용하여 인지도를 좀 더 굳힐 생각이 있으실지 궁금합니다. 귀사의 올해 목표를 저희 측에 공유해주신다면, 저희가 온라인 광고를 통해 귀사께서 이를 달성하는 데에 어떻게 도움을 드릴 수 있을지 설명해 드리고자 합니다.

만약 저희 회사와의 제휴(협업) 가능성을 검토해보고자 하신다면, linda.batten@collor.com으로 이메일을 주시거나 353-477-9004으로 언제든 전화해 주시기 바랍니다. 귀사와 거래하게 되길 기대하고 있겠습니다.

안녕히 계십시오.

Linda Batten
Collor Ads
www.collor.com

---

leading provider 선두적인 공급업체
digital marketing 디지털(인터넷, 모바일) 마케팅
come across 우연히 발견하다
presence 존재, 인지
solidify 강화하다, 굳히다
strategy 전략

achieve 달성하다
online advertising 온라인 광고
explore 탐구하다, 검토하다
cooperation 협업
feel free to ~ 언제든 편하게 ~하다
do business with ~ ~와 거래하다

문서 샘플 1

제목: Netvert 서비스 중지

Brian Hayden 님께,

저희는 3월에 다음과 같은 서비스를 중지함을 알려드리고자 본 서신을 작성하였습니다.

* Netvert 번역기
* Netvert 갤러리
* Netvert 일지리

상기에 명시된 서비스들은 저희 서비스 라인업을 간소화하고 여러분께 앞으로 더 나은 서비스를 제공하기 위해 20××년 8월 11일부로 중단되었습니다.

해당 서비스들은 www.netvert.com 메인 페이지에서 삭제되었으며 그에 따라 여러분께서는 서비스를 이제 더 이용하실 수 없습니다. 하지만 저희 측에서 적절한 대안을 이미 개발하고 있는 중이오니 안심하시기 바랍니다.

이로 인해 야기된 불편함에 진심으로 사과드리오며, 저희를 지지하고 이해해주신 것에 감사의 말씀드립니다. 문의하실 사항이 있으실 경우 www.netvert.com/help의 고객센터를 방문해주시기 바랍니다.

본 이메일 주소로 발송된 메일은 답변이 불가하오니 본 이메일로 답장하지 말 것을 부탁드립니다.

discontinue 중지하다	suitable 적합한, 알맞은
translator 번역기	alternative 대안
streamline 간소화하다	apologize 사과하다
remove 제거하다, 삭제하다	inconvenience 불편
no longer ~ 더 이상 ~하지 않다	appreciate 고마워하다, 환영하다
be assured that ~ ~이니 안심하라	assistance 지원, 도움

 **문서 샘플 2**

제목: 비정상적인 신용 카드 이용 내역

수신자: Wendy Parra

통장번호: 4474609771

신용카드 번호: 8330-1833-1731-9012

날짜: 20××년 7월 30일

소중한 고객님께,

저희 측에서 20××년 7월 30일 귀하의 애리조나은행 신용카드 이용 내역 중 비정상적인 거래 내역을 발견하게 되었습니다. 고객님의 (정보) 보호를 위해, 귀하께서 다시 이 카드를 사용하실 수 있게 되기 전 해당 거래 내역을 반드시 확인하셔야만 합니다.

해당 거래 내역을 검토 및 확인하고자 하실 경우 www.bankofarizona.com/protection을 방문하거나 1-800-832-9412로 전화해주시기 바랍니다. 귀하께서 확인하시는 대로 계좌 제한 조치를 삭제하도록 하겠습니다. 만약 이 거래 내역을 이미 확인하셨으면 이 통지를 무시해주시기 바랍니다.

본 이메일은 안전한 의사소통 수단이 아닌 관계로, 본 이메일엔 답장하지 말 것을 부탁드립니다. 귀하의 계좌와 관련해 문의사항이 있으시거나 도움이 필요하실 경우, 명세서에 있는 전화번호로 연락을 주시거나 www.bankofarizona.co의 'Contact Us'를 찾아보시기 바랍니다.

---

irregular 불규칙한, 비정상적인
valued customer 소중한 고객
detect 탐지하다, 발견하다
protection 보호
verify 확인하다, 입증하다

immediately 즉시
restriction 제한
disregard 무시하다
secure 안전한
statement 명세서

Unit 26 거래 이메일

 문서 샘플 1

제목: Wireless.com 주문 확인서

주문 확인
주문번호: 901-3846119-391

안녕하세요, David Lee 고객님,

저희 제품을 구매하여 주셔서 감사합니다. 귀하께서 10월 9일에 주문하신 주문 상세 내역은 하단에 명시되어 있습니다. 거래 결제 내역은 주문 청구서에서 확인하실 수 있습니다. 주문 상태를 확인해보시거나 주문 변경을 하고자 하실 경우, Wireless.com을 방문하시어 'Your Orders(주문 내역)'을 확인하시면 됩니다.

예상 도착일: 20××년 10월 11일, 화요일

배송 유형: 일반 택배

배송 주소: David Lee
미시간 마르케트
Railroad Street 4467, (우편번호) 49855

주문 내역:

V-MODA Headphone RS 210
품목 가격: $58.95
운송 및 취급료: $2.50
총 금액: $61.45

Wireless.com에서 쇼핑해주신 것에 감사드립니다. 좀 더 많은 상품을 둘러보시고 포인트를 적립하시려거든 이곳을 클릭하세요.

---

order confirmation 주문 확인
details 상세 내역
indicate 표시하다
transaction 거래
invoice 청구서
status 현황, 상태

estimated 예상되는
delivery date 배송일, 도착(인도)일
handling 취급, 처리
browse 둘러보다
subtotal 소계
store credit (적립) 포인트

문서 샘플 2

제목: Flex Blogger 비밀번호 재설정

Flex Blogger

Jessica 님 안녕하세요,

저희는 회원님의 Flex Blogger 계정의 비밀번호를 변경해달라는 요청을 받았습니다.

귀하께서 변경 요청을 하신 것이 맞으실 경우, 아래의 링크를 클릭해주십시오.

비밀번호 재설정

이 링크는 24시간 또는 비밀번호를 재설정할 때까지 유효합니다.

만약 비밀번호 변경을 신청하지 않으셨다면, 이 이메일을 무시해주시기 바랍니다. 필시 다른 사용자가 귀사의 아이디를 잘못 입력한 것일 겁니다. 링크를 클릭하시지 않는다면 귀하의 계정엔 아무런 변경이 발생되지 않을 것입니다.

Flex Blogger 팀

Facebook과 Twitter에서 저희를 팔로우하십시오.

---

greetings (인사말) 안녕하세요
password 비밀번호
request 요청, 요청하다
account 계정
reset 재설정하다
most likely 아마도, 필시

enter 입력하다, 적어 넣다
by mistake 실수로
ignore 무시하다
user 사용자
username 아이디
click on ~ ~을 클릭하다

Unit 27 항의 이메일

제목: 배송된 우유의 유통기한

Moore 씨께,

저는 Almond 베이커리의 Kara Snyder입니다. 저희는 어제 귀사께 요청했던 우유 120개를 받아보게 되었습니다. 하지만 저희는 그 중 40개 우유의 유통기한이 이미 지났다는 사실을 발견하게 되었습니다.

저희는 8월 21일에 물건을 받았는데, 80개는 양호한 상태로 도착하였지만, 나머지 40개는 모두 유통기한이 8월 19일로 되어 있었습니다. 저희 베이커리는 가장 신선한 재료만을 사용하는 것을 자부하고 있는 가게이기 때문에 해당 재료를 쓰는 것은 불가능합니다. 이는 인기 있는 미니 머핀의 생산 지연 및 공급 부족을 초래하였고, 이는 결국 최소 5천 달러의 수익 손실을 야기하게 되었습니다.

저는 이 불미스러운 사건에 대한 귀사의 의견 및 귀사께서 이를 어떻게 보상해주실 수 있을지에 관해 답변을 들었으면 합니다. 가능한 한 빠른 시일 내에 998-867-0987로 전화를 주시거나 ksnyder@gmail.com으로 이메일을 보내 제게 연락 주시기 바랍니다.

안녕히 계십시오.

Kara Snyder
Almond 베이커리

---

bakery 베이커리, 빵집
carton (음료 등을 담는) 통
find out that ~ ~이라는 사실을 발견하다
expiration date 유통기한(날짜)
pride itself 자부심을 가지다
fresh ingredient 신선한 재료

be unable to ~ ~하는 것이 불가능하다
delay 지연
shortage 부족
revenue 수익
unfortunate 불행한
compensate 보상하다

문서 샘플 2

제목: 항공기 121편 탑승권

Nevada 항공사께,

제가 항공사 직원에게 탑승권을 요청했을 당시 저는 20××년 4월 21일 파리행 항공기 121편에 탑승하기로 되어 있었습니다. 그러나 불행하게도 저는 실수로 다른 항공기의 탑승권을 받게 되었습니다.

저는 잘못된 게이트에 거의 다 도착할 때까지도 잘못된 점을 발견하지 못했습니다. 이로 인해 저는 제 시간에 비행기에 탑승할 수 있는 제대로 된 게이트에 도착할 수 없었습니다. 이 같은 실수는 저를 곤란한 상황에 빠트리고 말았습니다. 저는 이틀이 지날 때까지 새 항공편을 잡을 수 없었습니다.

이 사건으로 인해 저는 정신적으로나 경제적으로 많은 스트레스를 받게 되었습니다. 저는 귀 항공사가 이 같은 일이 다시는 발생하지 않도록 적합한 보상 및 조치를 마련하길 바라는 바입니다. 이 사안에 대한 귀사의 신속한 답변을 기다리고 있겠습니다.

안녕히 계십시오.

Christina Griffin

---

board 탑승하다
unfortunately 불행하게도
mistakenly 실수로
boarding pass 탑승권
gate 게이트, 탑승구
prevent 막다, 방지하다

reschedule 일정을 변경하다, 예약하다
mentally 정신적으로
financially 경제적으로
suitable 적절한
compensation 보상
prompt 즉각적인

Unit 28 초대 이메일

 **문서 샘플 1**

제목: 연례 주주 총회 초청장

Lyncast 주주께,

플로리다 올랜도에 있는 올랜도 컨벤션 센터에서 동부시간 기준 20××년 2월 28일 화요일 오전 11시에 열리는 주식회사 Lyncast의 연례 주주회의에 참석해주십사 귀하를 정중히 초대합니다. 첨부파일을 보시면 오시는 길을 자세히 확인해 보실 수 있습니다.

금년 회의의 의제는 다음과 같습니다:

1. 20××년 3월 24일에 개최된 연례 주주회의 회의록에 대한 승인
2. 회사의 20××년 대차 대조표에 대한 검토 및 승인
3. 회계 감사관 임명 및 보수 결정
4. 기타 사업 사항들 검토

금년 회의에서 결정되어야 할 중대 사안들이 많은 관계로, 귀하께 이번 회의에 참석해주십사 정중히 요청드리는 바입니다. 혹 참석하지 못할 부득이한 사유가 있으실 경우 대리인을 보내주시기 바랍니다.

귀하를 뵙게 되길 기대하고 있겠습니다.

그럼 안녕히 계십시오.

Barbara G. Rentro
최고 경영 책임자
Lyncast, Inc.

---

shareholders' meeting 주주회의
shareholder 주주
cordially 진심으로, 정중히
agenda 의제
approve 승인하다
appoint 임명하다, 배정하다

auditor 회계 감사관
remuneration 보수
ask for ~ ~을 요구(요청)하다
presence 참석
crucial 중대한, 결정적인
representative 대표, 대리인

문서 샘플 2

제목: S&M 프레젠테이션 초청장

Paulson 씨께,

중소기업협회에 가입해주신 것에 대해 귀하께 감사의 말씀드립니다. 귀하를 20××년도 중소기업 전망을 주제로 한 프레젠테이션에 초대하게 되어 기쁩니다.

상세한 내용은 다음과 같습니다:

일자: 20××년 1월 6일 (토)
시간: 오후 2:00~4:00
장소: Hotel Royale 2층(주소: 캘리포니아 로스앤젤레스 Southside Lane 4478, (우편번호) 90071)
발표자: Julio Yeomans 박사
주제: 20××년도 중소기업 전망

저희는 이번 프레젠테이션이 다가오는 신년에 귀하의 사업에 도움이 되는 아이디어를 제공하게 될 것이라 확신합니다. 오시는 길은 별도 파일로 첨부되어 있습니다. 20××년 1월 4일까지 본 이메일에 회신하시어 귀하의 참석 여부를 확정해주십시오. 문의하고자 하는 사항이 있으실 경우 help@smba.org로 협회에 연락해주시기 바랍니다.

그럼 안녕히 계십시오.

Brenna A. Blair
의장
중소기업협회

---

small and medium-sized business 중소기업
association 협회
outlook 전망
speaker 발표자
subject 주제
helpful idea 도움이 되는 아이디어

upcoming 다가오는
directions 오시는 길
be enclosed 동봉(첨부)되어 있다
separate file 개별 파일
confirm 확인하다, 확정하다
attendance 참석

설문조사 이메일

 문서 샘플 1

제목: Headstart에서 고객님의 의견을 구합니다!

고객 설문조사

안녕하세요 Kyle 님,

저희 Headstart에서는 여러분께 제공하고 있는 저희 상품과 서비스를 향상시킬 수 있는 방안을 모색하고자 끊임없이 노력하고 있습니다. 이러한 노력의 일환으로서, 여러분께서 이 설문조사에 참여해주신다면 매우 감사하겠습니다. 여러분의 피드백은 저희가 여러분의 요구를 좀 더 잘 충족시키는 데 도움이 되는 귀중한 정보를 제공하게 됩니다.

이 설문조사는 완료하는 데 약 10분이 소요될 예정입니다. 설문조사를 마치는 모든 회원 분들께 감사의 표시로서 Headstart는 여러분의 잔고에 1달러를 송금해드릴 것입니다.

설문조사를 시작하려면 아래의 버튼을 클릭해주십시오.

설문조사 시작

문의하고자 하는 사항이 있으시거나 설문조사를 진행하는 동안 기술적인 문제가 있으실 경우 survey@headstart.com로 이메일을 보내주시기 바랍니다.

여러분의 참여에 미리 감사의 말씀드립니다. 여러분의 의견을 기다리고 있겠습니다!

---

continually 끊임없이, 줄곧	approximately 대략적으로
effort 노력	complete 완료하다
participation 참여	forward 보내다
provide 제공하다	balance 잔고
invaluable 귀중한	technical problem 기술적인 문제
survey 설문조사	in advance 미리, 사전에

문서 샘플 2

제목: 판매 경험에 대한 귀하의 의견을 공유해주세요.

Clear Market

Amanda Fisher 님께,

Clear Market의 소중한 판매원으로서 활동해주신 것에 대해 감사드립니다. 저희 측 기록에 따르면 귀하께서는 Clear Market에서 1주 동안 8개의 물품을 판매하신 것으로 나타났습니다. 저희는 귀하께서 짧은 설문조사를 통해 Clear Market에서의 본인의 판매 경험에 관한 의견을 말씀해주셨으면 합니다. 귀하의 의견은 Clear Market이 저희의 소중한 구매자와 판매자에게 더 나은 장소가 될 수 있도록 도와줄 것입니다.

아래의 링크를 클릭하시어 설문조사를 바로 시작해주십시오. 설문조사는 5분 정도밖에 소요되지 않을 것입니다! 또는 다음의 주소를 귀하의 브라우저에 복사하여 붙여 넣으시기 바랍니다.

https://survey.clearmarket.com/survey/seller/clr88301?co+us&smpl_gst=146827313

귀하의 피드백에 감사드리오며, Clear Market을 이용해주셔서 매우 감사드립니다.

그럼 안녕히 계십시오.

Clear Market 고객팀

---

valued 귀중한
record 기록
item 물품
express 표현하다
opinion 의견, 견해
selling experience 판매 경험

input 조언, 피드백
buyer 구매자
seller 판매자
right away 즉각, 곧바로
copy and paste 복사하여 붙여 넣다
appreciate 감사해하다, 감사히 여기다

 문서 샘플 1

제목: 기조연설 감사드립니다

Craig 씨께,

바쁘신 와중에도 지난 금요일 저희 회사에서 기조연설을 해주신 것에 대해 감사의 말씀을 전합니다. 귀하께서 선택하신 강력한 의사소통의 힘이라는 주제는 지금까지도 반향을 일으키고 있습니다.

귀하의 강의는 매우 교육적이면서도 매우 즐거웠다고 말씀드려도 과언이 아닙니다. 귀하의 강의는 당사의 많은 직원들이 의사소통 기술을 연마하도록 동기부여를 해주고 영감을 얻을 수 있도록 해주었습니다. 또한 준비하신 이미지와 보충 자료는 귀하의 메시지를 좀 더 잘 이해할 수 있도록 해주었습니다. 이러한 귀하의 노력에 진심으로 감사드립니다.

곧 귀하와 함께 다시 일할 수 있게 되기를 바랍니다. 멋진 강의에 축하와 감사의 말씀을 전합니다!

Sandra Colegrove
인사팀장
Calhoun Logistics

---

busy schedule 바쁜 일정
keynote speech 기조 연설
communication skills 의사소통 능력
resonate 울려 퍼지다, 반향을 일으키다
as we speak 바로 지금
educational 교육적인

entertaining 재미있는
motivate 동기부여를 해주다
inspire 영감을 주다
hone 연마하다
supplementary material 보충 자료
sincerely 진심으로

문서 샘플 2

제목: 면접에 감사드립니다

Green 씨께,

오늘 저의 면접을 위해 시간을 내주신 것에 감사의 말씀드립니다. 면접관님을 만나 뵙게 되어 매우 즐거웠으며, Mind Tech의 엔지니어 직책에 관해 좀 더 많은 걸 알 수 있게 되어 매우 기뻤습니다.

귀하를 만나 뵙고 난 후 저는 Mind Tech 입사에 더욱 많은 관심을 가지게 되었습니다. 저는 PXO에 인턴 경험이 해당 직책의 책무를 효율적으로 수행하는 데에 도움을 줄 것이라고 확신합니다.

제가 귀하께 제공할만한 좀 더 필요한 정보가 있을 경우 언제든 제게 연락 주시기 바랍니다. 귀하의 답변을 기다리고 있겠으며, 제게 베풀어주신 친절에 다시 한번 감사의 말씀 전합니다.

그럼 안녕히 계십시오.

Carolyn Fink 드림

appreciate 고마워하다, 환영하다
interview 면접을 진행하다
position 직책
interested in ~ ~에 관심이 있는
I feel confident that ~ 나는 ~을 확신한다
as ~ ~로서

duty 의무, 책무
perform 수행하다
effectively 효율적으로
feel free to ~ 언제든 편하게 ~하다
kindness 친절, 다정함
extend 주다, 베풀다

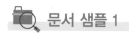 문서 샘플 1

물품 매매 계약서

본 매매 계약서는 텍사스 휴스턴 Bird Spring Lane 641에 본사를 둔 Smith Company(판매자)를 매도인으로 하고 일리노이 시카고 Point Street 1450에 본사를 둔 Benavides Company(구매자)를 매수인으로 하여 당사자 간에 20××년 2월 14일부로 다음과 같이 매매 계약을 체결한다.

물품 매매. 본 계약 조건에 따라 판매자는 다음 물품을 판매하고 구매자는 다음 물품을 구매하는 것에 동의한다.

물품명	수량	단가	총액
Smith TY189 칩셋	200	55.00달러	11,000.00달러

대금 지불. 계약서에 기술된 모든 물품이 인도되는 즉시 구매자는 판매자에게 현금으로 11,000.00달러의 대금을 지불해야 한다.

인도. 판매자는 구매자가 정한 운송업자를 통해 물품의 인도를 준비해야 한다. 인도는 20××년 2월 28일에 완료되어야 한다.

보증. 판매자는 물품의 원료나 제작 기술 면에서 실질적인 결함이 없음을 보증한다.

본 계약은 Smith Company를 대신해 판매 대리인 Ellen Crane이 서명하고, Benavides Company를 대신해 CFO인 Larry M. Guillemette 서명한다.

매도인:
Smith Company
Ellen Crane
Ellen Crane
판매 대리인

매수인:
Benavides Company
Larry M. Gillemette
Larry M. Gillemette
CFO

---

made effective 유효하게 되다
good 물품
unit price 단가
payment 대금 지불, 결제
delivery 인도, 배달
warranty 보증

warrant 보장(보증)하다
substantive 실질적인
defect 결함
workmanship 제작 기술(솜씨)
on behalf of ~ ~을 대신하여(대표하여)
sales representative 판매 대리인

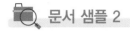 **문서 샘플 2**

사업 매매 계약서

20××년 5월 17일에 대한민국 서울 마포구 큰우물로 75에 본사를 둔 매도인 SD Corporation(판매자)과 대한민국 서울 종로구 삭지로2길 48에 본사를 둔 TK Corporation(구매자)이 다음과 같이 계약을 체결한다.

1. 사업 정보

본 기업은 다음 자산을 포함한다: 계약에 따라 판매자로부터 구매자에게로 이전되는 재고, 원자재, 완제품

2. 구매 단가와 대금 지불 방법

구매자는 판매자에게 모든 판매세를 포함하여 지불 보증 수표로 미화 14,200,000.00달러의 금액을 지불하여야 한다.

판매자는 (1) 판매자가 사업의 법적인 소유권을 가지고 있다는 것과 (2) 판매자가 사업권을 판매하고 이전할 모든 권리가 있다는 것을 보증한다.

구매자는 사업 및 관련 재산을 점검할 기회를 부여 받았고, 구매자는 기존의 조건으로 사업을 수락하기로 한다. 본 계약은 대한민국 법에 준거하여 해석되며, 해당 법의 지배를 받는다.

20××년 5월 17일에 다음 대표자 앞에서 서명, 날인 및 발송됨.

매도인   매수인

SD Corporation   TK Corporation

Chin-ho Lym   *Young-min Ock*

---

head office 본사
property 자산
raw material 원자재
transfer 이전하다, 이관하다
inventory 재고
finished good 완제품

inclusive of ~ ~을 포함하여
right and authority 권리
legal owner 법적인 소유자
inspect 점검하다
construe 이해하다, 해석하다
be governed by ~ ~의 지배를 받다

Unit 33 근로 계약서

근로 계약서

20××년 2월 14일에 Rocklyn Corporation("사업주"라 함)과 Rudy L. Adams("근로자"라 함)는 다음과 같이 근로 계약을 체결한다.

1. 근로. 사업주는 근로자를 20××년 3월 1일부터 고용 종료 시점까지 영업사원으로 고용한다. 근로자는 사업주 제품의 영업 활동에 최선을 다해 헌신하고 근로자 본인의 능력과 경험을 최대치로 발휘하여 성실하고도 부지런하게 업무를 수행하기로 동의한다. 근무시간은 1주일에 40시간으로 한다.

2. 임금. 근로자가 제공한 영업 활동에 대한 보상으로, 사업주는 급여 절차에 따라 근로자에게 연봉 30,000달러를 지급한다.

3. 기밀 유지. 근로자는 사업주의 사전 서명 동의 없이 제 3자에게 회사 기밀 정보를 누설, 공개, 전달하지 않기로 동의한다. 기밀 유지 위반은 손실과 피해에 대한 손해 배상 청구를 포함한 사업주의 법적 조치와(나) 이에 상응하는 조치를 정당화한다.

4. 혜택. 근로자에게 연간 유급휴가 21일과 병가 5일을 부여한다.

5. 기간 및 계약 해지. 사업주와 근로자는 1개월 전에 서면 통보로 본 계약을 해지할 수 있다.

Laura Swann
Laura Swann, HR Manager
Rocklyn Corporation (사업주)

Rudy L. Adams
Rudy L. Adams
(근로자)

---

employer 고용주
employee 고용인, 근로자
terminate 끝나다, 종료되다
affairs 일, 업무
faithfully 충실히
industriously 열심히, 성실하게
annual salary 연봉

payroll 급여
divulge 누설하다
disclose 공개하다
consent 동의, 허락
legal action 법적 조치
sick leave 병가
written notice 서면 통보

 문서 샘플 2

Keystone Construction
근로 계약서

20××년 7월 1일에 Keystone Construction Co. (이하 "회사"라 함)과 John Norris(이하 "간부 근로자"라 함)는 다음과 같이 근로 계약을 체결한다.

직무와 고용 범위. 20××년 8월 1일부터 간부 근로자는 회사의 대표이사 역할 및 최고 경영자 역할을 수행하게 되며, 회사 이사회의 지시를 받게 된다. 고용 기간 동안 간부 근로자는 본인의 모든 사업적인 노력과 시간을 회사에 쏟을 것이며 간부 근로자 본인의 능력을 최대치로 발휘하여 계약서에 명시된 간부 근로자의 의무를 공평하고도 정직하게 수행할 것이다.

계약 해지. 간부 근로자와 회사는 간부 근로자나 회사 어느 한 쪽의 뜻에 따라 타당한 이유가 있거나 타당한 이유가 없을 때에도, 혹은 특별한 이유가 있거나 특별한 이유가 없을 때에도 서면 통보로 언제든지 고용 관계가 종료될 수 있음을 인정한다. 단, 간부 근로자의 고용 해지 상황에 따라 간부 근로자는 퇴직금과 다른 혜택들을 받을 자격이 있을 수 있다.

계약 기간. 본 계약의 기간은 계약 발효일로부터 시작해 4년간 유효한 것으로 한다. 늦어도 본 계약의 만료일 90일 전에 회사와 간부 근로자는 계약을 갱신할지 말지 여부, 그리고 어떠한 조건 하에 계약을 갱신할지 여부를 논의하게 될 것이다.

임금. 계약 발효일로부터 20××년 6월 30일까지 회사는 간부 근로자의 업무에 대한 보상으로서 간부 근로자에게 400,000달러의 연봉을 지급할 것이다.

hereinafter 이하에
refer to ~ ~을 가리키다
board of directors 이사회
devote (노력, 시간 등을) 쏟다, 바치다
use good faith 공평하고 정직하게 행동하다
discharge obligation 의무를 이행(수행)하다

acknowledge 인정하다
severance 퇴직금
termination 해지, 종료
commence 시작하다
effective date 계약 발효일(유효일)
renew 연장하다, 갱신하다

 문서 샘플 1

저작물 사용 계약서

20××년 5월 15일("계약 발효일"로 칭함)에 ART TECHNOLOGIES ("라이선서"라 함)과 MASON CO.("라이선시"라 함)은 다음과 같이 저작물 사용 계약("계약"으로 칭함)을 체결한다.

라이선스 부여. 본 계약 조건에 따라 라이선서는 라이선시에게 독점이 불가한 제 3자에게 양도할 수 없는 라이선스를 부여하며, 라이선시는 부여 받은 라이선스를 통해 자신의 사업에 라이선서의 저작물을 이용하고 이를 복제, 제작, 판매하는 것이 가능하나 이 외 다른 목적으로 사용해서는 안 된다. 오직 라이선서로부터 사전에 서면 허락을 받았을 경우에만 라이선시는 다른 용도로 저작물을 사용할 수 있다.

조건과 해지. 본 계약은 계약 발효일로부터 시작되어 이로부터 (2)년의 기간 동안 완전한 효력을 지니게 되며, 늦어도 (1)년의 기간이 만료되기 (60)일 전 어느 한쪽 당사자가 다른 당사자에게 갱신을 하지 않겠다는 서면 통보를 하지 않은 이상 계약은 자동적으로 1년이 연장된다.

수수료. 라이선시는 라이선서에게 매월 저작물 판매로부터 얻은 총 수입액의 (5)%를 인세로 지급해야 한다. 모든 인세는 매월 말 (10)일 이내에 지급되어야 한다.

이상, 서명인은 상단에 명시된 첫째 날로부터 본 계약을 시행한다.

라이선서	라이선시
ART TECHNOLOGIES	MASON CO.
_____	_____

---

non-exclusive 독점적이지 않은
non-transferrable 양도할 수 없는
upon the receipt of ~ ~을 받은 후
prior 사전의
commence 시작되다
in full force and effect 완전한 효력을 지닌

automatically 자동으로
renew 연장하다, 갱신하다
non-renewal 갱신되지 않는
expiration 만료
royalty 인세
undersigned 서명인

 **문서 샘플 2**

최종 사용자 라이선스 동의서

ITSS 소프트웨어 2.1("ITSS SOFTWARE")의 설치, 복제, 접근, 혹은 이를 사용함에 있어 귀하("최종 사용자")는 본 최종 사용자 라이선스 동의서("EULA")의 조건을 준수하는 것에 동의한다. 만일 최종 사용자가 본 조건에 동의하지 않는다면, ITSS SOFTWARE의 설치, 복제, 접근이 불가하며 혹은 이를 사용해서는 안 된다.

1. 동의
본 EULA는 최종 사용자와 Sidtech Inc. ("SIDTECH")간의 합법적 협정이며 SIDTECH는 ITSS SOFTWARE의 모든 권리, 소유권 및 이권, 그리고 이와 관련된 서류, 파일 및 지적 재산을 소유한다.

2. 소프트웨어
ITSS SOFTWARE에는 SIDTECH가 최종 사용자에게 제공하거나 최종 사용자가 사용할 수 있도록 허가해준 관련 미디어, 인쇄물, 전자문서("Documentation"), 소프트웨어 업데이트, 추가 구성요소, 웹 서비스, 부록이 포함된다.

3. 권리 부여
ITSS SOFTWARE는 최종 사용자에게 판매되는 것이 아니라 최종 사용자에게 사용이 허가되는 것이다. 최종 사용자는 다음과 같이 ITSS SOFTWARE를 사용하도록 허가 받는다: SIDTECH는 비상업적인 목적으로 ITSS SOFTWARE의 등록된 복제본을 사용할 수 있는 권한을 최종 사용자에게 부여하며, 본 권한은 양도할 수 없는 독점 불가능한 권한이다.

4. 해지
SIDTECH는 본 라이선스와 그에 따른 최종 사용자의 ITSS SOFTWARE 사용권을 언제든 종료시킬 수 있는 권한을 보유한다. 최종 사용자가 본 EULA의 약관을 준수하지 못했을 경우 최종 사용자의 라이선스는 자동적으로 종료된다. 최종 사용자 또한 약정을 언제든 해지할 수 있다. 최종 사용자가 ITSS SOFTWARE를 사용하기 위한 라이선스를 종료하고자 할 경우, 그 의사를 SIDTECH에 전달해야 한다. 최종 사용자는 라이선스 종료 시 본인이 보유하고 있는 ITSS SOFTWARE의 모든 복제본과 서류를 파기하는 것에 동의한다.

---

install 설치하다
access 접근하다
end-user 최종 사용자
legal agreement 법률 계약서, 합법적 협정
intellectual property 지적 재산
electronic documentation 전자문서

add-on component 추가 구성요소
grant of right 권리 부여
automatically 자동으로
comply with ~ ~을 준수하다
destroy 파기하다
in your possession 당신이 보유하고 있는

비밀 유지 계약서

 문서 샘플 1

비밀 유지 계약서

본 비밀 유지 계약서는 아래에 제시된 날짜에 따라 Skynet Corporation("정보제공자")과 Telpet Company("정보수취자") 간에 체결되며 그 효력을 발휘한다.

1. **기밀 정보.** 정보제공자가 제공하는 기밀 정보, 독점 정보, 기업 비밀 정보는 "confidential", "proprietary", 또는 유사한 범례로 표시된 정보를 말한다.

2. **정보수취자의 의무.** 정보수취자는 자신의 기밀 정보와 상표 등록 정보를 보호하는 것과 같은 수준으로 정보제공자의 기밀 정보의 기밀을 유지할 것이다. 정보수취자는 정보제공자의 기밀 정보를 직원들이나 제 3자에게 누설하지 않을 것이다.

3. **기간.** 정보수취인이 정보제공자의 기밀 정보를 수령한 날짜로부터 3년 이상이 경과된 정보제공자의 기밀 정보를 누설하는 것으로 인해 발생한 계약의 파기, 혹은 이로 인해 발생한 정보수취자의 기업 비밀 정보 오용에 대해서는 정보제공자는 이의를 제기하지 않을 것이다.

본 협약과 각 당사자의 의무는 각 당사자의 대리인, 지명인 및 승계자에게 구속력을 가진다. 각 당사자는 자신의 허가 받은 대리인을 통해 본 계약서에 서명한다.

정보제공자   정보수취자

서명 _____   서명 _____

성명 _____   성명 _____

날짜 _____   날짜 _____

---

proprietary 등록 상표가 붙은, 소유주의   receipt 수령, 인수
trade secret 영업(기업) 비밀   binding on ~ ~에 구속력이 있는
legend 범례   representative 대리인
maintain 유지하다   assign 지명인
confidentiality 비밀, 비밀리   successor 계승자
breach 위반   authorized 승인된

 문서 샘플 2

기밀 프로젝트 협정

서명 업체인 귀사는 Emerald라고 명명된 극비 Cantech 프로젝트 개발에 참여하고 있다. 본 Cantech 기밀 프로젝트 협정은 프로젝트의 비밀을 보호하고자 하는 취지의 요구사항들을 기술한다.

1. 귀사는 Cantech로부터 프로젝트 관련 기밀 정보에 접근할 수 있는 허가를 확실하게 받은 직원 외에는 그 어떤 직원에게도 해당 정보를 누설하지 않도록 한다.

2. 귀사는 프로젝트에 대한 기밀 정보를 수령하기 전, 승인된 모든 직원들이 기밀 양식에 서명하게끔 조치해야 한다는 것에 동의한다.

3. 귀사는 Cantech가 귀사의 기록 감사 및 귀사의 시설 검사, 그리고 귀사의 직원들을 대상으로 인터뷰를 시행하는 것을 통해 귀사가 본 협정 및 관련 협정들을 준수하고 있음을 확인하도록 허용해주는 것에 동의한다.

4. 본 협정 위반 시 20××년 9월 22일 Cantech와 귀사 사이에 합의된 바와 같이 Cantech는 확정손해배상금을 받을 권리가 주어진다.

보안 요구사항:

1. 자격을 갖춘 보안 관리자와 함께 보안팀을 구성한다.
2. Cantech을 코드명으로 언급한다.
3. 기밀 프로젝트를 코드명으로 언급한다.
4. 기밀 및 보안과 관련해 정기적인 교육을 실시한다.
5. 기밀 정보 및 자료의 승인되지 않은 누출, 도난, 손실에 대해 Cantech에게 통보하고 적절한 법적 조치 및 해결 방안을 취한다.

---

intend 의도하다
secrecy 비밀
personnel 인원, 직원
verify 확인하다
in compliance with ~ ~에 따라(준수하는)
audit 감사하다
inspect 검사하다

violation 위반
recover (손실 등을) 만회하다, 되찾다
liquidated damage 손해 보상, 확정손해배상금
exposure 노출
appropriate 적절한
legal action 법적 조치
remedy 처리, 치료약, 구제 방법

임대 계약서

임대차 계약서

20××년 1월 23일자로 Candlestick, LLC(이하 "임대인"이라 함)와 Teller Energy, Inc.(이하 "임차인"이라 함)는 다음과 같이 임대차 계약을 체결한다.

부동산. 본 계약서에서 제시한 임대료로 임대인은 임차인에게 서울 마포구 월드컵로 78에 위치하는 성질빌딩 4층을 임대한다.

임대차 기간. 임대는 20××년 1월 25일에 시작되어 20××년 1월 24일에 종료될 것이다. 늦어도 임대 기간이나 갱신 기간 만료 30일 전에 어느 한쪽의 당사자가 서면으로 계약 종료를 통보하지 않는다면, 임대는 자동적으로 추가 2년의 기간 동안 갱신된다.

임대료. 임차인은 임대인에게 매월 5일에 월세 10,000,000원을 선지불한다.

보증금. 본 계약 체결 시, 임차인은 임대인에게 보증금 200,000,000원을 지불하여 위탁하고, 보증금은 계약 종료 시 돌려받게 된다.

유지보수 및 공공요금. 임대인은 임대 기간 동안 부동산을 항상 제대로 수리하여 좋은 상태를 유지할 수 있도록 해야 한다. 임차인은 부동산에서 발생하는 모든 공공요금을 부담한다.

임대인
Candlestick, LLC

_____

임차인
Teller Energy, Inc.

_____

lease 임대, 임대하다
landlord 임대인
tenant 임차인
premise 부지, 부동산
automatically renew 자동으로 갱신하다
renewal term 갱신 기간
monthly installment 월세

payable in advance 선불로 지불할 수 있는
pay in trust 신탁하다, 위탁하다
reimburse 배상하다
maintenance 유지비
be in good repair 수리가 잘 되어있다
utilities 공공요금
incur 초래하다, 발생시키다

 **문서 샘플 2**

장비 임대 계약서

20××년 4월 15일에 Intranetlt("임대인")와 TechMode.com("임차인")이 다음과 같이 장비 임대 계약을 체결한다. (2명을 통틀어 "당사자들"이라 함)

1. **장비**: 임대인은 다음 장비를 임차인에게 임대한다:
   두(2) 개의 복사기(모델명: Xeron WorkCentre 7970) ("장비")

2. **임대 기간**: 임대는 20××년 4월 20일에 시작되어 20××년 4월 19일에 종료된다. ("임대 기간")

3. **임대료**: 임차인은 임대인에게 장비 임대료로 매월 1일 250.00달러를 루이지애나 메타리 Shadowmar Drive 3392로 선지불하는 것에 동의한다. 계약서에 명시된 임대료의 전액 지불이 10일 이상 지연될 경우, 임차인은 100달러의 연체료를 지불하는 것에 동의한다.

4. **보증금**: 장비를 인수하기 전 임차인은 임대인에게 보증금으로 8,000.00달러를 지불하여 위탁하며, 이는 본 계약 조건을 임차인이 준수하고 임대 기간 중 임차인이나 임차인의 대리인에 의해 발생할 수 있는 장비 손상을 보장하기 위한 안정 장치이다.

5. **장비의 인수와 양도**: 임차인은 임대 기간의 첫날에 장비를 인수한다. 임대 기간 만료 시점에, 임차인은 계약 시작 당시와 마찬가지로 양호하고도 정상적으로 작동되는 상태의 장비를 임대인이나 임대인의 대리인에게 전달하는 방식으로 장비를 임대인에게 넘겨준다.

임대인: 임차인:

Intranetlt   TechMode.com

_____   _____

---

equipment 장비
lessor 임대인
lessee 임차인
lease term 임대 기간
in advance 미리, 선불로
late fee 연체료
take possession 취하다, 인수하다

agent 대리인
security deposit 임대 보증금
be entitled to ~ ~에 자격이 있다
surrender 넘겨주다
in good condition 양호한 상태인
in working order 정상적으로 작동하고 있는
commencement 시작, 개시

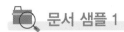 문서 샘플 1

양해 각서

20××년 3월 7일에 통신·멀티미디어부가 대표하는 Malaysia Government("Government")와 PT Netso Malaysia("Netso")가 다음과 같이 양해 각서("MOU")에 합의한다. (2명을 통틀어 "당사자들"이라 함)

목적. 본 MOU의 목적은 Government와 Netso간에 말레이시아 내 정보 통신 기술("ICT")의 발전을 위한 향후 협력의 체계를 제공하는 것이다.

라이선스와 협력 관계. 당사자들은 늦어도 2017년 10월 31일까지 당사자 본인들의 의향을 확정하고, 정당한 법적 절차를 밟은 후 당사자들은 Government의 모든 부처, 부서 및 기관에서의 Netso 소프트웨어의 사용을 Government에게 허가해준다는 내용의 구속력 있는 계약을 맺게 될 것이다. Netso는 말레이시아 내의 정보 기술로의 접근 및 소프트웨어 산업 발전을 증진시키게 될 Government가 확정한 ICT 프로젝트들을 지속적으로 지원하게 될 것이다.

기간과 해지. 본 MOU는 MOU가 서명된 날짜로부터 시작될 것이며, 본 MOU는 (i) 본 MOU에 따라 라이선스 허가가 실행되는 날짜, (ii) 20××년 10월 31일까지 효력이 유지될 것이다.

비독점과 기밀 유지. 본 MOU는 독점적인 것이 아니지만, 당사자들은 본 MOU의 조건을 반드시 기밀로 유지해야 한다.

위를 증명하기 위해, 당사자의 대리인 역할을 하는 서명인이 본 MOU에 서명하였다.

Government of Malaysia   PT Netso Malaysia

_____   _____

---

framework 구조, 체계
cooperation 협력
Information and Communication Technology 정보 통신 기술
intent 의사, 의향
binding 구속력 있는
license 허가하다

ministry 부처
software economy 소프트웨어 산업
continue in force 효력을 유지하다(지속하다)
licensing transaction 라이선스 제공(허가)
according to ~ ~에 따라
non-exclusive 독점적이지 않은
confidential 기밀의

 문서 샘플 2

양해 각서

20××년 3월 10일에 ADT Corporation("ADT"), FT Korea("FT"), Boston Innovation Center("Center")가 다음 양해 각서에 합의한다. (3명을 통틀어 "당사자들"이라 함)

목적과 의무
당사자들은 공동으로 매사추세츠 보스턴에서 20××년 5월 15일부터 20일까지 20××년 Innovation Cup을 개최하는 것에 합의한다. 당사자들은 본 각서로 계약 관계가 발생하지는 않는다는 사실을 인정하며, 하지만 성공적인 행사를 보장할 수 있도록 진정한 협업의 정신으로 함께 일을 하는 것에 합의한다.

협력
행사에 필요한 책무 및 서비스는 다음과 같은 내용을 포함하지만, 이제 국한되지는 않는다.

a. ADT가 제공할 서비스엔 다음이 포함된다: 참가자 등록을 포함한 모든 행사 관련 활동 준비.
b. FT가 제공할 서비스엔 다음이 포함된다: 모든 장비 제공과 행사 관련 홍보.
c. Center가 제공할 서비스엔 다음이 포함된다: 장소 제공 및 자원 봉사자를 포함한 인력 제공.

자원
ADT는 행사와 관련된 경제적, 물질적 자원을 제공하는 것에 동의한다.

기간
본 각서에 따라 당사자들이 합의한 사항들은 본 각서를 서명한 시점부터 행사가 종료될 때까지 유지된다.

---

jointly 공동으로
hold 개최하다, 열다
contractual relationship 계약 관계
work together 함께 일하다, 협력하다
true spirit 진정한 정신
render 제공하다
registration 등록
participant 참가자

promotion 홍보
venue 장소
volunteer 자원 봉사자
financial resources 경제적 자원
material resources 물질적 자원
in respect of ~ ~에 대한
arrangement 준비, 마련, 합의
remain in place 유지되다

Unit 38 의향서

의향서

Schema Company께,

본 의향서("LOI")는 Caskell Inc.("구매자")가 Shema Company("판매자")로부터 아래의 부동산을 매입한다는 내용에 따른 일반 조항에 대해 서술한다.

1. **부동산.** 'High Tower'라는 부동산은 코네티컷 윌턴 School Street 1486에 위치하였고 약 12,000 제곱 피트 크기의 창고와 사무실로 구성되어 있다.

2. **매입 가격.** 본 부동산의 매입 가격은 거래 완료 시 현금 15,000,000달러("매입 가격")가 될 것이다.

3. **실사.** 구매자는 본 의향서의 이행 시점으로부터 삼십(30)일 동안 부동산과 관련된 모든 실사를 수행하고, 법적인 구속력을 갖는 최종 매매 계약서를 체결하기 위한 부동산 실사를 수행할 것이다.

4. **수락.** 본 의향서의 조항이 수락 가능하다면, 하단에 서명하여 귀사의 수락 여부를 명시하고, 의향서 원본 1부는 서명인에게 반납한다.

구매자:

_____

20___년, ___월 ___일에 본 의향서에 동의하고 이를 수락함.

판매자:

_____

---

outline 서술하다	due diligence 실사
general terms 일반적인 조항	physical inspection 물질적 검사, 실사
real property 부동산	legally binding 법적인 구속력을 갖는
square feet 제곱 피트	definitive 최종적인
at closing 거래 완료 시	acceptable 수용할 수 있는
execution 체결, 실행, 이행	original 원본의

 **문서 샘플 2**

의향서

Kendall 씨께,

이것은 Wirtzi Co.가 Lofta Construction과 충청남도의 신규 공장 건설 계약을 체결하고자 하는 의도의 의향서입니다. 추가적으로, 저희는 계약 서류 완료 및 최종 가격 확정에 앞서 귀사가 작업을 먼저 시작해주셨으면 하는 바램입니다.

어떤 상황에서도, 귀사는 본 의향서의 지시사항에 따라 수행되는 작업 및 약정된 사항들의 총 가치가 5,000,000달러를 넘어가는 수준의 작업에 착수하거나 그러한 수준의 약정을 하지 않을 것입니다. 본 의향서에 따라 착수되는 작업의 범위는 다음과 같습니다:

• 현장 설계와 조사
• 착공을 하는 데에 필요한 허가증 및 보험 획득
• 임시 건축 사무소의 동산화 및 설치

본 의향서는 진행 중인 협상이 정식 CCDC-2 계약서를 작성하는 것으로 결론이 나거나 양측이 본 프로젝트를 중단하는 것으로 결론이 나기 전까지 Wirtzi Co.와 Lofta Construction 간에 임시 협정의 역할을 하게 될 것입니다.

그럼 안녕히 계십시오.

Wirtzi Co.

_____

20××년 3월 1일에 상기에 제시된 모든 조건에 동의함.
Lofta Construction

_____

---

intention 의도, 의사, 목적
finalization 최종화, 최종 승인
under no circumstances 어떤 상황에서도
undertake 착수하다
pursuant to ~ ~에 의하여, ~에 따라
layout 배치, 설계
survey 조사

permit 허가증
mobilization 동산화
installation 설치
interim 임시, 잠정
ongoing 진행 중인
execute 집행(이행)하다, 작성하다
discontinue 중단하다

 문서 샘플 1

제휴 계약서

본 계약은 20××년 7월 6일 Poexod Portal와 Hub Airlines 간에 체결되는 것이다(이하 이 2명을 통틀어 "당사자들"이라 함).

제휴의 명칭과 목적. 당사자들은 여행객들에게 Hub Airlines의 항공권을 구매할 수 있는 온라인 서비스를 제공하기 위해 "Poexod-Hub Online Service"라는 명칭 하에 제휴를 체결한다.

기간. 제휴는 20××년 7월 10일에 시작하여 어느 한쪽의 당사자가 제휴를 종료할 때까지 지속될 것이다.

기여. 각 당사자는 다음과 같이 기여한다.

Poexod Portal: 웹사이트 관련 서비스 및 온라인 홍보.
Hub Airlines: 여행 서비스, 여행 일정, 항공권 패키지 및 고객 서비스.

자본출자. 각 당사자는 제휴에 초기 분담금으로 10,000달러씩 출자한다. 각 당사자는 연간 운영 순이익이나 순손실을 1대1의 비율로 나눈다.

철회 및 해지. 당사자들은 언제라도 제휴를 철회할 권리를 가지고 있다. 제휴는 다수결에 따라 종료될 수 있다. 채무가 이행되고 난 후의 모든 자금은 1대1의 비율로 배부된다.

이에 대한 증거로, 당사자들은 처음 앞서 언급한 날짜에 서명하고 날인한다.

서명 _____   날짜_____
서명 _____   날짜_____

---

partnership 동업, 제휴   loss 손실
traveler 여행자   ratio 비율
contribution 기여   withdrawal 탈퇴, 철회
initial 첫, 초기의   dissolution 해소, 해지
annual 연간의   majority vote 다수결
operating profit 운영 이익   debt 빚, 채무

문서 샘플 2

가맹 계약서

20××년 8월 19일 Levine Coffee("가맹 본부")와 Roy Chung("가맹 사업자")은 다음과 같은 이해와 합의를 기반으로 가맹 계약을 체결한다.

1. **가맹점 운영권 부여.** 가맹 본부는 경기도 안산시 단원구 초지로 56에서 Levine Coffee 가맹점을 설립하고 운영하는 것과 관련해 가맹 본부의 상표권 및 소유주의 사업 운용 방법을 사용할 권한을 가맹 사업자에게 부여한다.

2. **가맹금.** 가맹 사업자는 가맹 본부에 가맹금으로 20,000,000원을 지불하는 것에 동의한다.

3. **로열티.** 계약 기간 동안, 가맹 사업자는 매월 가맹점에서 벌어들이는 총매출액의 8%에 해당하는 로열티로 가맹 본부에 지불하는 것에 동의한다.

4. **기간.** 계약 기간은 본 계약이 완전히 이행되는 날짜에 시작하여 2년 후에 종료된다. 각 당사자는 30일 전에 계약 종료를 통보할 수 있다.

5. **불이행과 해지.** 가맹 본부는 다음과 같은 사항 중 어느 하나라도 발생하게 될 경우 계약을 해지할 권한을 갖는다: a. 포기; b. 파산; c. 범죄; d. 지불 불능; e. 상표권 남용; f. 무단 비밀 누설; g. 반복된 규정 불이행.

Darrel Skyman이 가맹 본부를 대신하여 본 계약에 서명하고, Roy Chung이 가맹 사업자를 대신하여 본 계약에 서명한다.

가맹 본부:
Darrel Skyman

가맹 사업자:
Roy Chung

---

franchise 프랜차이즈, 가맹
franchisor 프랜차이즈 기업, 가맹 본부
franchisee 프랜차이즈 가맹점, 가맹 사업자
grant 부여, 부여하다
trademark 상표권
proprietary 소유주(자)의, 등록 상표가 붙은
franchise fee 가맹비
gross sales 총매출액

generate 발생시키다, 초래하다
default 불이행
abandonment 포기, 유기
insolvency 파산
misuse 남용
unauthorized 무단
repeated 반복되는
non-compliance 불이행

문서 샘플 1

견적서

견적일자: 20××년 9월 24일

견적번호: 48131311

유효기한: 20××년 9월 30일까지

고객번호: PI719

수신: Pineup Corporation
캘리포니아 어바인
Liberty Avenue 2303, (우편번호) 92618
714-422-0076

수량	품명	단가	금액
20	Tiema A4 80 gsm 사무 용지 (500장)	$9.50	$190.00
2	Basics 스테이플러 (스테이플러 철심1,000개 포함)	$4.50	$9.00

소계	$	199.00
부가가치세율	%	7.50
부가가치세	$	14.90
합계	$	213.90

상기 정보는 송장이 아니라, 상기에 명시된 서비스/물품의 견적입니다.
대금 결제는 본 견적서에 명시된 서비스/물품을 제공하기 전에 이루어질 것입니다.

본 견적을 수락하고자 하실 경우, 이곳에 서명하여 다시 보내주십시오: _____

거래해주셔서 감사합니다!

본 견적과 관련해 문의사항 있으실 경우 아래의 연락처로 연락 바랍니다.
Ronald A. Hensley (530-773-9081)
[Tiema Co., Ltd.] [캘리포니아 레딩, Byers Lane 2484, (우편번호) 96001]
전화 [530-773-9069] 팩스 [071-114-4932] [info@tiemapaper.com] [www.tiema.com]

---

valid until ~ ~까지 유효하다(유효기한)

unit price 단가

line total 공급금액

VAT (Value Added Tax) 부가가치세

invoice 송장, 인보이스

collect 수금하다, 징수하다

accept 수용하다

quotation, quote 견적(서)

inquiry 문의

concerning ~ ~에 관한

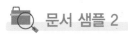 문서 샘플 2

청구서

청구일자: 20××년 10월 2일
송장번호: INV-2013100207
고객번호: PI719
주문번호: 4819
결제기한: 20××년 10월 24일까지

청구 주소:
Pineup Corporation
캘리포니아 어바인
Liberty Avenue 2303, (우편번호) 92618
714-422-0076

납품 주소 (다를 경우):
Pineup Corporation
캘리포니아 어바인
Liberty Avenue 2306, (우편번호) 92618
714-422-0081

영업 담당자: Ronald A. Hensley

납품일: 20××년 10월 4일

물품번호	품명	수량	단가	금액
38601	Tiema A4 80 gsm 사무 용지 (500장)	20	$9.50	$190.00
11381	Basics Stapler (스테이플러 철심 1,000개 포함)	2	$4.50	$9.00

소계	$	199.00
부가가치세율	%	7.50
부가가치세	$	14.90
운송료	$	5.00
할인	$	-2.50
합계	$	216.40

모든 수표는 Tiema Co. 앞으로 발행해주시기 바랍니다.

거래해주셔서 감사합니다!

본 송장과 관련해 문의사항이 있으실 경우 아래의 연락처로 연락 바랍니다.
Ronald A. Hensley (530-773-9081)
[Tiema Co., Ltd.] [캘리포니아 레딩, Byers Lane 2484, (우편번호) 96001]
전화 [530-773-9069] 팩스 [071-114-4932] [info@tiemapaper.com] [www.tiema.com]

purchase order 구매 주문(서)
salesperson 영업 담당자
delivery date 납품(배송)일
Qty (Quantity) 수량

S&H (Shipping and Handling) 운송료
discount 할인
check 수표
payable to ~ ~을 수취인으로 하는

Smiant Ltd.

세금계산서

플로리다 윈터파크, Terry Lane 3774, (우편번호) 32789
전화: 321-303-5484, 팩스: 321-303-5480
이메일: tax@smiant.com, 웹사이트: www.smiant.com

발행일: 20××.10.20
송장번호: 200003
주문번호: 05-BC-39138393

청구 대상(공급 받는 자):
Prado Health
캘리포니아 콩코드
Beech Street 4746, (우편번호) 94520

물품 번호	품목	수량	단위	단가	공급가액
P48602	와일드 블루베리	50	박스	$25.00	$1,250.00

소계	$ 1,250.00
세액(10%)	$ 125.00
합계금액	$ 1,375.00
운임	$ –
납부금액	$ –
미납금액	$ 1,375.00

계좌 정보
계좌 입금 대상:
은행명: EastWest
계좌명: Smiant Ltd.
계좌번호: 302597381981
지불기한: 송장 발행일 20일 내로

issue 발행하다, 발행
UM (Unit of Measure) 측정 단위
freight 운임
amount paid 납부금액

balance due 미납금액
payment information 결제 정보, 계좌 정보
direct deposit 계좌 입금
due date 만기일, (결제) 기한

문서 샘플 4

영수증

Smiant Ltd.

플로리다 윈터파크, Terry Lane 3774, (우편번호) 32789

전화: 321-303-5484, 팩스: 321-303-5480

이메일: tax@smiant.com, 웹사이트: www.smiant.com

날짜: 20××.10.30

영수증번호: 98171

주문번호: 05-BC-39138393

판매 대상(공급 받는자):

Prado Health

캘리포니아 콩코드

Beech Street 4746, (우편번호) 94520

물품 번호	품목	수량	단위	단가	공급가액
P48602	와일드 블루베리	50	박스	$25.00	$1,250.00

소계	$ 1,250.00
세액(10%)	$ 125.00
합계금액	$ 1,375.00

수취 금액: 1,375.00달러

결제 방법: 현금

영업 담당자: Thomas Valle

거래해주셔서 감사합니다!

---

sales receipt 영수증

amount received 수취 금액

payment method 결제(지급) 방법

sale made by 영업 담당자, 영업자

Unit 41 무역 서류

 문서 샘플 1

Wirenet Computing
미시간 머스키곤
Bee Street 2338, 미국
전화: 515-910-7311 팩스: 515-910-7350
이메일: saunders@wirenet.com 웹사이트: www.wirenet.com

구매 주문서

번호: PO-03-187311   날짜: 20××년 3월 3월

수신인: Raske Utilities
        AICHBERG
        Weihburggasse 79
        호주

선적일	선적조건	지불조건	통화코드
2017년 3월 13일	CIF	60일	USD(미국 달러)

품목번호	품명	수량	단위	단가	금액
1413	마우스 고무 캡 (파란색)	5,500	개수	4.50	24,750.00
	(부가세 포함)			총액	24,750.00

비고.
  1. 송장은 2부를 보내주십시오.
  2. 상기에 명시된 가격, 조건, 선적 방식 및 항목에 따라 주문을 접수해주십시오.
  3. 명시된 대로 선적이 불가할 경우 저희 측에 즉각 통보해주시기 바랍니다.
  4. 선적 지연 시 주문은 취소됩니다.

작성자   승인자
Shannon Saunders   Russell C. Harper

---

terms 조건
CIF (Cost, Insurance and Freight) 운임 보험료 포함 가격
currency 통화
VAT 부가세
inclusive 포함된

copy (문서 등의) 부, 사본
enter an order 주문을 접수하다
notify 통보하다, 알리다
unable 할 수 없는, 하지 못하는
be subject to ~ ~에 따라 변경될 수 있다

 **문서 샘플 2**

상업송장

수출일 20××년 3월 13일	참고 상업송장 번호: I-380033 AWB/BL 번호: 710-8371-9011
매매 조건 CIF	
선적인/수출인 Raske Utilities AICHBERG Weihburggasse 79, (우편번호) 4707 호주	수하인 Wirenet Computing 미시간 머스키곤 Bee Street 2338, (우편번호) 48001 미국
제품 원산지 호주	수입업자 (수하인과 다를 경우)
최종 도착지 미국	

품명	제조국	수량(개수)	단가	총 금액
마우스 고무 캡(파란색) – 품목번호 0901	호주	5,500	4.50달러	24,750.00달러
소계		5,500		24,750.00달러

총 패키지 수 55	운임	0.00
	보험	0.00
본 상품, 기술, 혹은 소프트웨어는 수출국 관리 규정에 의거하여 호주로부터 수출되었습니다. 호주 법에 따라 불법 사용은 금지됩니다.	총 송장 금액 24,750.00달러	

본 송장의 내용은 사실이며 정확한 정보를 나타내고 본 선적의 화물이 위에 명시된 것과 같다는 것을 증명합니다.

선적인/수출인의 서명
 Edgar B. Lombardo

날짜
 20××년 3월 13일

---

exportation 수출
reference 참고
AWB (Air Waybill) 항공 화물 운송장
BL (Bill of Lading) 선하증권
consignee 수하인
country of origin 원산지
ultimate 최종

country of manufacture 제조국
freight 운임
insurance 보험
commodity 상품
in accordance with ~ ~에 따라서
diversion 표준(기준)을 따르지 않은 행동
contrary to ~ ~에 반해서

PSK Line

선하증권

선적인 Berry Berry 뉴저지 뉴어크 West Side Avenue 4765, (우편번호) 07102 미국 전화 +1-229-371-3091		포장 명세서 번호 219476303-1	선하증권 번호 SSOF0376181
		운임 및 비용 부담 선적인	
		매매 조건 FOB	
수하인 Apeech International HU11 3NZ, Sproatley Bullwood Rd 49 영국 전화 +44-814-391-9012		발행된 원본 B/L(선하증권)의 수: 3	
		발행 장소와 날짜 미국 뉴어크 / 20××년 11월 12일	
통지인 수하인과 동일		화물 방출(양도) 시 연락해야 할 곳 Plasme Agency	
화물 인수 장소 미국 뉴어크	적하항 미국 뉴어크	컨테이너 수 1	운송업자가 인수한 패키지 수 200
인도지 영국 포츠머스	양륙항 영국 포츠머스	환적 –	선박/항해 LSPL UBRE / 0038E

화인	패키지 수	품명	총중량	크기
20'Steel Dry 컨테이너 번호: POSL3084384	200	와일드 블루베리 패키지 200개	900KG	11.1 M3

선불 운임 선적일: 20××년 11월 14일 운송업자 서명: *Lonnie J. Akers*

packing list 포장(수출품) 명세서
freight and charges 운임과 비용
payable by ~ ~이 지불해야 하는
FOB (Free on Board) 본선 인도 가격
release of shipment 화물의 방출(양도)
receipt 수령, 인수

place of delivery 인도지
transshipment 환적
vessel 선박
marks and numbers 수출포장 외부에 표시된 화인
PKGS (packages) 패키지
gross weight 총중량

 문서 샘플 4

포장 명세서

선적인 Cenntral Materials 뉴욕 뉴욕 Taylor Street 3776, (우편번호) 10007 미국	수령인 Indronestry Co. Pinetown Station Road 1040, (우편번호) 3624 남아프리카 공화국 수신자: Alan Monson

주문일 20XX년 10월 11일	주문 번호 967173	선적일 20XX년 10월 21일
운송업자 President Lines	컨테이너 번호 TA90198	송장 번호 BT-1923
총 패키지 수 375	총중량 23,437.5 KGS	AWB/BL 번호 TXV7483503120

번호	품목 번호	품명	수량	포장 유형	패키지당 총중량
1	Q18602	폴리에스테르	125	상자	87.5KG
2	Q18605	폴리프로필렌	250	상자	50.0KG
3					
4					

비고: 본 상품, 기술, 혹은 소프트웨어는 수출국 관리 규정에 의거 미국으로부터 수출되었습니다.

서명: *Connie D. Aguilar*   날짜: *20XX년 10월 21일*

Connie D. Aguilar, 수출 관리인

---

via ~ ~을 통하여   crate 상자
packaging type 포장 유형   administration regulation 관리 규정

 문서 샘플 1

Statewide Bank

발행일: 20××년 10월 15일
취소불능보증신용장 번호: 9113814

개설은행
Statewide Bank
뉴욕 뉴욕
Hoffman Avenue 3528, (우편번호) 10016

수익자	의뢰인
Derivet Co.	Larrynx Group, Inc.
미네소타 미니애폴리스	펜실베이니아 블룸스버그
Willison Street 204, (우편번호) 55415	Stoney Lonesome Road 3124, (우편번호) 17815

금액: 미화 오십칠만삼천구백 달러 이십 센트. (573,900.20달러)
유효기한: 20××년 4월 14일

관계자 제위에게,

Larrynx Group, Inc.("의뢰인")의 요청으로, 당행은 이 문서로써 귀하 앞으로 미화 오십칠만삼천구백 달러 이십 센트의 취소불능보증신용장을 개설합니다. 본 신용장은 아래에 제시된 서류와 함께 당행에서 발행한 일람불 환어음 지급을 하실 경우 상기에 명시된 당행에서 지급 가능합니다.

1. 다음과 같이 서술된 수익자의 서명된 성명서
   Derivet Co.는 Larrynx Group, Inc.가 프로젝트 AB391에 따른 요구사항을 완료하지 못하여 573,900.20달러를 받을 자격이 있다는 것을 증명합니다.
2. 의뢰인 앞으로 작성된 수익자의 서명된 편지 사본

당행은 본 신용장의 제 조건에 따라 발행된 환어음이 만료일, 혹은 만료일 이전에 정히 지불될 것임을 귀하께 보증합니다.

Statewide Bank
James W. Cruz   James W. Cruz, 신용 담당자
공인된 서명   서명자의 성명과 직책

---

letter of credit 신용장   draft (은행에서 발행한) 수표
irrevocable 취소불능   draw at sight 일람불의 어음을 끊는다
beneficiary 수혜자, 수익자   be entitled to ~ ~을 (받을) 자격이 있다
applicant 의뢰인   in compliance with ~ ~에 따라
expiration 만료, 만기   honor 이행하다, 지불하다

 문서 샘플 2

Maise-Mart Stores Inc.
대차 대조표
회계연도 마감일 20××년 12월 31일

자산	
유동자산	
현금 및 현금 등가물	81,900,000
단기투자	−
재고자산	59,833,000
기타 유동자산	14,398,000
유동자산 총계	156,131,000
장기투자	201,390,000
유형고정자산	593,090,000
무형자산	−
기타 자산	76,010,000
자산총계	1,026,621,000

부채	
유동부채	
매입채무	65,550,000
단기/유동 장기부채	15,330,000
기타 유동부채	1,300,000
유동부채 총계	82,180,000
장기부채	36,700,000
소수주주지분	2,900,000
기타 부채	−
부채총계	121,780,000

자기자본	
우선주	−
보통주	16,900,000
이익 잉여금	46,990,000
자사주	5,550,000
자본 잉여금	3,500,000
기타 자기자본	−
자기자본 총계	72,940,000
부채 및 자기자본 총계	194,720,000

balance sheet 대차 대조표
asset 자산
short term 단기
long term 장기
current 유동

liability 부채
stockholders' equity 자기자본
stock 주식, 주식 자본
earning 소득, 잉여금
surplus 잉여금

Maise-Mart Stores Inc.
손익계산서
회계연도 마감일 20××년 12월 31일

수익	
순매출액	306,102,000
잡수입	1,900,000
총수입	308,002,000
매출원가	248,654,000
총수익	**59,348,000**

비용	
연구개발	–
판매비, 일반지출 및 관리비	21,180,000
비반복적 비용	–
기타	5,330,000
총비용	**26,510,000**
영업이익 (또는 손실)	**32,838,000**

법인세 및 소수주주지분 차감 전 이익	32,838,000
법인세	4,712,000
소수주주지분 차감 전 이익	28,126,000
소수주주지분	230,000
당기순이익	**27,896,000**

income statement 손익계산서
net sales 순매출액
gross profit 총수익
research development 연구개발
non-recurring 비반복적인

operating income 영업이익
operating loss 영업손실
income tax 소득세, 법인세
minority interest 소수주주지분
net income 당기순이익

 문서 샘플 4

Novascot

날짜: 20××년 10월 5일

급여 명세서

직원성명: Seth Crisp

사원번호: INT1091

직함: 재정 고문

급여기간: 20××년 9월

지급 내역		공제 내역	
기본급	1,600.00	소득세	101.45
초과 근무 수당	–	근로자 연금	45.00
상여금	400.50	건강보험	23.00
의료 수당	100.75		
교통 수당	200.00		
식대비	110.00		
기타	–		
지급 합계	2,411.30	공제 합계	169.50

실 지급액	2,241.80

금년 누계 내역	
과세되는 총 임금	21,801.70
소득세	896.40
근로자 연금	414.00

결제 방법: 온라인 이체

은행: Citibank

계좌번호: 0-163812-685

payslip, paystub 급여 명세서

designation 직함

income 임금

basic pay 기본급

allowance 수당

deduction 차감, 공제

overtime pay 초과 근무 수당

pension 연금

taxable 과세되는

electronic transfer 온라인 이체

How to Write English Business Documents

미국 100대 기업

비즈니스
영어문서 작성법

주요 표현 & 어휘 모음집

01. 채용 공고

01. be seeking ~ ~을 찾고 있다
Startup Enterprise **is seeking** an entry level accountant.
Startup Enterprise에서는 신입 회계사를 찾고 있습니다.

02. (have) expert-level grasp of ~ ~에 대한 전문지식
Expert-level grasp of PHP and Perl.
PHP 및 Perl에 대한 전문지식

03. (have) experience in/with ~ ~에 대한 경험
Experience in working with business associates and consultants.
사업 동업자와 컨설턴트와 일한 경험

04. this is a unique opportunity to ~ ~할 수 있는 특별한 기회이다
This is a unique opportunity to develop leadership skills.
리더쉽 기술을 개발할 수 있는 특별한 기회입니다.

05. be exposed to ~ ~에 노출되다, ~을 접하다
You'll **be exposed to** a broad range of actuarial work.
귀하는 광범위한 보험통계 업무를 접하게 될 것입니다.

06. assist with/in ~ ~을 지원
Assist with organizing analytical data.
분석 자료의 정리 지원

07. collaborate with/in/on ~ ~와 협업 (with는 사람/회사, in/on 업무)
Collaborate with sales strategists **on** marketing campaigns.
마케팅 캠페인과 관련해 판매 전략가들과 협업

08. (have) familiarity with ~ ~에 대한 능숙함
Familiarity with CAD tools such as AutoCAD 360.
AutoCAD 360와 같은 CAD 툴에 대한 능숙함

주요 어휘

actuarial 보험통계의	leading 일류, 선두적인
anticipation 예상, 예측	preferred 선호하는
data integrity 데이터 완전성	pricing analysis 가격 분석
dedicated 전용의	problem solving skills 문제 해결 능력
document 문서화하다, 기록하다	proficiency 능숙
empathy 공감	rapid 신속한, 빠른
employ 고용하다	responsibility 책임, 업무
enhance 향상시키다	seek 구하다, 찾다
equivalent training 동등한 교육	underlying data 기본 데이터
familiarity 익숙함, 능숙함	unique 독특한, 특별한
habit 습관	web developer 웹 개발자
iteration 반복	worldwide 전 세계적으로

미니 퀴즈

01. KP Group ⬚⬚⬚⬚⬚⬚⬚⬚⬚ an experienced radio/TV technician.

KP 그룹은 숙련된 라디오/TV 기술자를 찾고 있습니다.

02. ⬚⬚⬚⬚⬚⬚⬚⬚ with InDesign and Photoshop.

인디자인과 포토샵에 대한 능숙함

03. You'll ⬚⬚⬚⬚⬚⬚⬚⬚⬚ to a broad range of marketing opportunities.

광범위한 마케팅 기회를 접하게 될 것입니다.

04. This is a ⬚⬚⬚⬚⬚⬚⬚⬚⬚ to work with top medical personnel.

최고의 의료인과 근무할 수 있는 특별한 기회입니다.

정답 01. is seeking 02. Familiarity 03. be exposed 04. unique opportunity

02. 이력서

01. with ~ year(s) of ~ experience ~년의 ~ 경력을 가진

Senior accountant with 10 years of fund managing experience.

자금관리 경력 10년의 선임 회계사

02. increase web traffic/revenue by ~ 웹트래픽/수익을 ~까지 증가시키다

Increased revenue by 30% for all company products.

회사 전 제품의 수익을 30% 증가시킴.

03. reduce costs by ~ 비용을 ~까지 감소시키다

Reduced marketing costs by over 20% in one quarter.

1/4 분기 마케팅 비용을 20% 이상 감소시킴.

04. graduate from ~ ~을 졸업하다

Graduated from Seohan University with a degree in physics.

물리학 전공으로 서한대학교 졸업

05. build rapport with ~ ~와 친분을 형성하다

Built rapport with local clients for future business opportunities.

미래 사업 기회 도모를 위한 지역 고객들과의 친분 형성

06. (be) responsible for ~을 담당하다

Responsible for writing reports and correspondence for senior management.

경영진을 위한 보고서 및 서신 작성을 담당

07. meet/achieve/exceed sales goals 매출 목표를 충족/달성/초과하다

Met sales goals for first half of 20××.

20××년도 상반기 매출 목표 달성

08. proficient in ~ ~에 능숙

Proficient in Excel and creating spreadsheets.

엑셀과 스프레드시트 작성에 능숙

주요 어휘

academic credentials 학력, 학위

ambitious 야심 있는

arrange 마련하다, 처리하다

attention to detail 꼼꼼함

cell 휴대전화 (=cell phone)

collaboration 협업, 협력

company portal 사내 포탈

coordinate 조직화하다, 수립하다

cross-media 크로스 미디어(여러 미디어를
활용한 마케팅 기법)

expertise 전문

independent 독립적인

interact 소통하다

multitasker 다중작업자, 멀티태스킹 가능한 자

numerous 많은, 다수의

optimization 최적화

outbound call 아웃바운드 전화(발신 전화)

proactive 주도하는, 선도하는

results-driven 결과 중심, 실적주의

senior 선임, 경력직

strategy 전략

substantial 상당한

superb 우수한

technical skills 기술

web traffic 웹트래픽(웹사이트를 방문하는
사용자의 수, 또는 주고받는 데이터의 양)

미니 퀴즈

01. _____ writing expense reports.

지출 보고서 작성을 담당

02. _____ by 55,000 dollars at Terra Company.

Terra 사에서 55,000달러의 비용을 감소시킴.

03. _____ XML and HTML.

XML과 HTML에 능숙

04. _____ with Canadian customers.

캐나다 고객들과의 친분 형성.

정답 01. Responsible for 02. Reduced costs 03. Proficient in 04. Built rapport

5

03. 커버레터

01. be excited/thrilled to apply 지원하게 되어 기쁘다
I **am thrilled to apply** for your firm as a health care technician.
의료 기사로서 귀사에 지원하게 되어 기쁩니다.

02. be currently working as ~ 현재 ~으로 근무하고 있다
I **am currently working as** a receptionist at Ritzy Hotel.
저는 Ritzy 호텔에서 접수원으로 근무하고 있습니다.

03. one of my areas of expertise is ~ 저의 전문분야 중 하나는 ~이다
One of my areas of expertise is designing professional banners.
저의 전문분야 중 하나는 비즈니스 현수막 디자인입니다.

04. continue (in) this line of work 이 (분야의) 일을 지속하다
I would to **continue in this line of work** in the near future.
가까운 장래에 이 분야의 일을 계속해서 하고 싶습니다.

05. as a recent graduate of ~ ~의 최근 졸업생으로서
As a recent graduate of Brown University I know the area very well.
브라운대학교의 최근 졸업생으로서, 저는 그 지역에 관해 잘 알고 있습니다.

06. one of my responsibilities is ~ 저의 담당업무 중 하나는 ~이다
One of my responsibilities was selling ads to local businesses.
저의 담당업무 중 하나는 지역 기업에 광고를 판매하는 것이었습니다.

07. I learned how to ~ ~하는 법을 배우다
I learned how to use Office Suite at my previous company.
저는 전 직장에서 Office Suite 활용법을 배웠습니다.

08. be a great asset to ~ ~에 큰 자산/강점/인재가 되다
I will work feverishly to **be a great asset to** your company.
귀사에 유용한 인재가 될 수 있도록 열심히 일하겠습니다.

주요 어휘

achievement 업적, 성취한 것
ad sales 광고 판매
additional 추가적인
asset 자산, 강점, 인재
blend 조합
business owner 사업주
consideration 사려, 고려 사항
contribute 기여하다
eagerly 간절히, 열심히
editor-in-chief 편집장
excited 흥분한, 기쁜
graduate 졸업생
infrastructure 인프라

innovative 혁신적인
intriguing 아주 흥미로운
line of work 직업의 종류, 업무 분야
margin 마진, 이윤
open one's eyes 눈을 뜨게 되다, 알게 되다
posting 글, 공고
profit 이익, 수익
pursue 추구하다
resolve 해결하다
security technology 보안 기술
streamlining 간소화, 능률화
take to one's heart 간직하다, 마음에 새기다
troubleshoot 고장을 수리하다, 해결하다

미니 퀴즈

01. I am _____ as a botanist in Palm Springs.

저는 팜스프링스에서 식물학자로 근무하고 있습니다.

02. My expertise in marketing should be a _____ to your company.

저의 마케팅에 대한 전문지식이 귀사에 유용한 자산이 될 것이라고 생각합니다.

03. I _____ to apply for Health International.

Health International 사에 지원하게 되어 기쁩니다.

04. I _____ communicate with people at an early age.

어린 나이에 사람들과 소통하는 것을 배웠습니다.

정답 01. currently working 02. great asset 03. am excited/thrilled 04. learned how to

04. 추천서

01. It's my pleasure to recommend ~ ~을 추천하게 되어 기쁘다
It's my pleasure to recommend Josh Lim to your organization.
귀사에 Josh Lim 씨를 추천하게 되어 기쁩니다.

02. enjoy working with ~ ~와 즐겁게 일하다
I **enjoyed working with** Ms. Kime during my time at Intel.
저는 Intel 사에서 Kime 씨와 함께 즐겁게 일하였습니다.

03. have great people skills 대인관계를 잘 맺다
John surely **has great people skills**.
John 씨는 대인관계가 매우 좋습니다.

04. has an eye for ~ ~을 보는 눈(안목)이 있다, ~에 감각이 있다
She **has an eye for** finding good employees.
그녀는 좋은 인재를 보는 안목을 갖고 있습니다.

05. have known ~ for ~ years ~년간 알아 오다
I **have known** Ms. Ewing **for** two **years**.
저는 Ewing 씨를 2년 동안 알고 지내왔습니다.

06. go the extra mile 특별히 애를 쓰다(노력하다)
Jake always **goes the extra mile** to please his boss.
Jake 씨는 늘 상사를 만족시키기 위해 노력합니다.

07. build trust with ~ ~의 신뢰를 얻다
He strives to **build trust with** contractors and clients alike.
그는 도급업자와 고객의 신뢰를 얻기 위해 노력합니다.

08. be eager to learn ~ ~을 배우고(공부하고) 싶어하다
Minhee **is eager to learn** about the poultry business.
민희 씨는 가금업에 대해 공부하고 싶어합니다.

주요 어휘

absolute 완전한, 절대적인

admission 입학

annual 연간의

branch 지점

colleague 동료

dependability 신뢰성

direct supervisor 직속 상관

eager to ~ ~을 열렬히 하고자 하다

energetic 정력적인, 활력이 넘치는

enjoy 즐기다

huge advantage 큰 이익, 이점

in-house 사내

inspire 격려하다

morale 사기

operating expenses 경영비, 운영비

optimistic 낙관적인

outstanding 뛰어난, 걸출한

oversee 감독하다

people skills 대인관계 능력

pleasure 기쁨

staff training 직원 교육

team player 협업(단체 활동)을 잘 하는 사람

thoroughly 대단히, 완전히

trust 신뢰, 신뢰감

unique 유일한

valuable addition 귀중한 추가

미니 퀴즈

01. Vera always [   ] to finish a project on time.

Vera 씨는 제시간에 프로젝트를 마칠 수 있도록 늘 노력합니다.

02. I enjoyed [   ] Sam during his time here.

그가 여기는 있는 동안 저는 Sam 씨와 함께 즐겁게 일했습니다.

03. It's my pleasure [   ] Corey Choi.

Corey Choi 씨를 추천하게 되어 기쁩니다.

04. Ms. Jang [   ] for coming up with solutions to problems.

장 씨는 문제 해결책을 찾는 안목을 갖고 있습니다.

정답 01. goes the extra mile 02. working with 03. to recommend 04. has an eye

05. 팩스

01. here's a copy of ~ ~의 사본을 보내다

Here's a copy of the receipt that you requested.

요청하신 영수증의 사본을 보내드립니다.

02. let me know if ~ ~의 경우 연락 주세요

Let me know if you have any questions.

문의사항이 있으실 경우 연락 주시기 바랍니다.

03. serves as a(n) ~의 역할을 하다, ~이다

This letter **serves as a** response to your latest request.

이 서신은 최근 귀하의 요청에 관한 회신입니다.

04. inquiry/letter/request dated ~ (날짜)에 보낸 문의/편지/요청

This is to reply to your **letter dated** May 15, 20××.

이것은 귀하의 20××년 5월 15일자 서신에 대한 답장입니다.

05. if you need anything else 추가적으로 필요한 것이 있으면

Please contact me **if you need anything else**.

추가적으로 필요한 것이 있으실 경우 연락 바랍니다.

06. be of any further assistance 도움이 되다

Please let me know if I can **be of any further assistance**.

제가 무엇이든 도움이 될 수 있다면 연락 주시기 바랍니다.

07. this is to confirm ~ 이것(서신)은 ~을 확인하기 위한 것이다

This is to confirm that the price in the quote is our best offer.

본 서신은 견적서 표기 가격이 저희 측 최선의 가격임을 확인시켜드리기 위한 것입니다.

08. lay out conditions 조건을 제안하다(표시하다)

The **conditions are laid out** in the last page.

마지막 장에 조건이 표시되어 있습니다.

주요 어휘

agree to ~ ~에 동의(합의)하다

agreement 합의, 합의서, 계약서

condition 조건

confidential 기밀

confirm 확정하다, 공식화하다

consult 상담

contract 계약(서)

dated ~ ~(날짜)인 일자의

document 서류, 문서

fax cover sheet 팩스 표지(겉장)

further assistance 추가적인 도움

geriatric 노인병학

hard drive 하드 드라이브

hold 소유하다, 보관하다

include 포함하다

inquiry 문의

lay out ~ ~을 제시하다

no longer ~ 더 이상 ~하지 않다

personally identifiable information 개인식별정보

recycling 재활용

response 답장, 회신

serve as ~ ~의 역할을 하다

signed 서명된

waste disposal 폐기물 처리

미니 퀴즈

01. ⬚⬚⬚⬚⬚ of the invoice.

인보이스의 사본을 보내드립니다.

02. This ⬚⬚⬚⬚⬚ our acceptance of the shipping conditions.

본 서신은 운송 조건을 확인시켜드리기 위한 것입니다.

03. ⬚⬚⬚⬚⬚ if you have any inquiries.

문의사항이 있으실 경우 연락 주십시오.

04. This is a reply to your ⬚⬚⬚⬚⬚ March 30.

이것은 귀하의 3월 30일자 서신에 대한 답장입니다.

정답　01. Here's a copy 02. is to confirm 03. Let me know 04. letter dated

06. 보고서

01. the objective of this report is to ~ 이 보고서의 목적은 ~이다

The objective of this report is to provide a current overview of the situation.
이 보고서의 목적은 상황에 대한 현재의 개요를 알려드리는 것입니다.

02. make recommendations based on ~ ~을 기반으로 추천을 하다

We would like to **make recommendations based on** the results of the lab test.
실험 결과를 바탕으로 추천사항을 제안하고자 합니다.

03. (have) an assertion that ~ ~이라고 주장을 하다

Comcast **had an assertion that** the press went too far.
Comcast 사는 언론이 선을 넘었다고 주장하였습니다.

04. be appropriate for ~ ~에 적절하다

This extreme measure **was** not **appropriate for** this plant.
이 공장엔 이와 같은 극단적인 조치가 적절치 않았습니다.

05. occur/last from ~ to ~ ~부터 ~까지 발생하다/지속하다

The sale **lasts from** August 10 **to** 31.
세일은 8월 10일부터 31일까지 지속됩니다.

06. recommend that ~ ~을 추천하다

The committee **recommends that** the dress code be modified.
위원회에선 복장 규정을 조정할 것을 추천합니다.

07. be well executed 잘 실행되다

Walmart's marketing strategy **was well executed** on many levels.
월마트의 마케팅 전략이 여러 측면에서 잘 실행되었습니다.

08. be dealt with 처리되다, 다루어지다

Rule breakers will **be dealt with** severely.
규칙 위반자들은 엄중하게 처리될 것입니다.

주요 어휘

address 고심하다, 다루다	follow-up recommendation 후속 추천
after action review 사후검토	formal dress 정장
analysis 분석, 평가	frequency 빈도
appropriate 적절한	ignite 불을 붙이다, 점화하다
approximately 대략, 약	incident (좋지 않은) 일, 사건
assertion 주장	individual basis 각자, 개별적으로
bring under control 억제하다, 진압하다	judgment 판단, 판단력
creativity 창조성, 창의성	measure 조치
current status 현황	objective 목적
determine 결정하다	permissible 허용되는
effectiveness 효과, 효율성	refinery 정제 공장
emit 내다, 내뿜다	relaxation 완화
finding (조사) 결과	thorough 철저한

미니 퀴즈

01. The conference _____ June 30 to July 1.

컨퍼런스는 6월 30일부터 7월 1일까지 진행합니다.

02. The objective of this _____ provide a possible plan of action.

본 보고서의 목적은 가능한 대처 방안을 제공하는 것입니다.

03. Employees _____ benefits could be better.

직원들이 복리후생이 더 나아질 수 있다고 주장합니다.

04. The crisis must be _____ immediately.

이 위기를 즉시 처리해야 합니다.

정답 01. occurs/lasts from 02. report is to 03. have an assertion that 04. dealt with

13

07. 회의록

01. called to order by ~ at ~ ~시에 ~에 의해 개회 선언
Meeting **called to order by** Chair Peterson **at** 5:00 P.M.
오후 5시에 Peterson 의장에 의해 개회 선언

02. approved without modification 수정 없이 승인됨
Last meeting's minutes **approved without modification**.
전 회의의 회의록은 수정 없이 승인됨.

03. made a motion to ~ ~하고자 발의하다
Leslie Hwang **made a motion to** introduce the beta version of Secreta 2.0.
Leslie Hwang 씨가 Secreta 2.0의 베타 판 도입안을 발의했다.

04. consensus (was) reached that ~ ~이라는 합의에 도달하다
Consensus was reached that construction of the high rise should begin immediately.
고층 건물의 시공이 즉시 시작되어야 한다는 합의에 도달했다.

05. be designated as the date and time of ~ ~의 날짜와 시간으로 지정되다
November 21, 20××, 11 A.M. **was designated as the date and time of** the next meeting.
20××년 11월 21일 오전 11시가 다음 회의의 날짜와 시간으로 지정되었다.

06. meeting adjourned at ~ by ~ ~에 의해 ~시에 회의가 종료됨
Meeting adjourned at 11:30 A.M. **by** chair Susan Lee.
Susan Lee 의장에 의해 오전 11:30시에 회의가 종료됨.

07. review the matter further 그 사안에 대해 추가 검토하다
The chair and vice chair agreed to **review the matter further**.
의장과 부의장이 그 사안에 대해 추가 검토하기로 하였다.

08. due to no further business 논의할 사항이 더 없으므로
Due to no further business the security meeting was adjourned at 15:50.
논의할 사항이 더 없는 관계로 보안 회의가 15:50시에 종료되었음.

14

주요 어휘

absentee 결석자, 불참자
adjourn 종료
aggressive 공격적인
agree to ~ ~에 동의하다
announce 공지하다
approval 승인
attendee 참석자
briefing 브리핑, 보고
budget 예산
call to order 개회
carried 가결
closing 끝맺음

designate 지정하다
determine 결정하다
eliminate 제거하다
failed 부결
further business 추가적인 안건
meeting chair 의장
minutes taker 서기, 회의록 작성자
motion 발의
proceedings 진행사항
provide 제공/제출/보고하다
resolved 결의
submit 제출하다

미니 퀴즈

01. ⬚⬚⬚⬚⬚⬚⬚⬚⬚⬚⬚⬚ to launch the new product.

신제품을 출시한다는 합의에 도달했다.

02. The plan was ⬚⬚⬚⬚⬚⬚⬚⬚⬚.

기획안은 수정 없이 승인됨.

03. August 16, 2 P.M. ⬚⬚⬚⬚⬚⬚⬚⬚⬚ as the date and time of the meeting.

8월 16일 오후 2시가 회의의 날짜와 시간으로 지정되었다.

04. Mr. Davis agreed to ⬚⬚⬚⬚⬚⬚⬚⬚⬚ further.

Davis 씨는 그 사안에 대해 추가 검토하기로 했다.

정답 01. Consensus was reached 02. approved without modificaton 03. was designated 04. review the matter

08. 인수인계서

01. be handed over by ~ ~가 인계하다
The responsibility **was handed over by** James Phillips.
James Phillips 씨가 본 업무를 인계하였습니다.

02. be taken over by ~ ~가 인수하다
The project **was taken over by** the CS department.
CS 부서가 본 프로젝트를 인수하였습니다.

03. meet customer needs 고객의 요구를 충족시키다
Meet customer needs based on big data.
빅데이터 기반의 고객 요구 충족

04. achieve company standards 회사의 표준치를 달성하다
Achieve company standards in the production of AK batteries.
AK 건전지 생산에 있어 회사의 표준치 달성

05. status of recent and current projects 최근 및 현재 프로젝트의 현황
This is the **status of recent and current projects**.
최근 및 현재 프로젝트의 현황은 다음과 같습니다.

06. ensure that ~ ~을 확인하다(보장하다)
Ensure that all rules are being observed.
모든 규정이 준수되고 있는지 여부 확인

07. be in accord with ~ ~과 일치하다
The report needs to **be in accord with** the other department documents.
이 보고서는 다른 부서의 문서와 일치해야 합니다.

08. minimize downtime 중단(정지) 시간을 최소화하다
Minimizing downtime is of utmost priority.
중단 시간을 최소화하는 것이 최우선 사항입니다.

주요 어휘

company standard 회사 표준치
annual basis 연간
author 쓰다, 저술하다
comprehensive 포괄적인
documentation 문서, 문서화
downtime 가동 중지 시간
duty 직무, 업무
electronic 전자
external 외부
glossary 용어집
hand over 인계하다
hardcopy 출력된 자료

internal 내부
line efficiency (생산) 라인 효율
maintenance 정비
meet customer need 고객의 요구를 충족시키다
minimize 최소화
oversee 감독하다
reference material 참고자료
reliability 신뢰도
status 현황
supervisor 감독관, 관리자
take over 인수하다
uniform 획일적인, 한결같은

미니 퀴즈

01. Achieve _____ regarding the development of new vehicles.

새 차량의 개발에 있어 회사 표준치 달성

02. You are to _____ all deadlines are met.

모든 마감일을 맞추고 있는지 확인해야 됩니다.

03. The duties are to be _____ by Jack Mills.

Jack Mills 씨가 업무를 인수합니다.

04. _____ is critical during production.

생산 중에 중단 시간을 최소화하는 것이 중요합니다.

정답 01. company standards 02. ensure that 03. taken over 04. Minimizing downtime

17

09. 공지

01. it is our policy to ~ ~하는 것이 우리의 방침이다

It is our policy to keep all personal information private.

모든 개인 정보를 비공개로 유지하는 것이 당사의 방침입니다.

02. you are advised to ~ ~할 것이 권고된다(숙지해야 한다)

You are advised to report any discrepancies on the website.

웹사이트 상의 불일치 사항을 보고해야 함을 숙지하시기 바랍니다.

03. be on the lookout for ~ ~을 경계하다, ~을 세심하게 살피다

Please **be on the lookout for** any suspicious activity in the area.

해당 지역의 의심스러운 활동을 세심하게 살펴주시기 바랍니다.

04. close for maintenance 정비를 위해 폐쇄하다

The Shanghai plant was **closed for** regular **maintenance**.

상하이 공장은 정기 정비 관계로 폐쇄되었습니다.

05. thank you for your support 지원(협조)에 감사하다

Thank you for your support the last two years.

지난 2년간의 협조에 감사드립니다.

06. apologize for the inconvenience 불편함에 사과하다

We **apologize for the inconvenience** the downtime may have caused.

가동 중단으로 인해 야기됐을지 모를 불편함에 사과드립니다.

07. until further notice 추후 공지가 있을 때까지

Please hold on to your receipt **until further notice**.

추후 공지가 있을 때까지 영수증을 소지하고 계시기 바랍니다.

08. we invite you to ~ ~으로 초대하다, ~하기를 요청하다

We invite you to visit our newest theme park.

새로 개장한 저희 테마 파크에 귀하를 초대합니다.

주요 어휘

account information 계정 정보	maintenance 유지, 보수
apologize 사과하다	malicious 악의적인
ask for ~ ~을 요구하다	most often 가장 많이, 일반적으로, 대부분
at this time 현재	nearby 인근의
be advised 권고 받다, 통보 받다	personal information 개인 정보
close 문을 닫다, 폐쇄하다	phishing 피싱 사기
credit card 신용카드	policy 정책, 방침
forward 보내다, 전달하다	reopen 재개
further notice 추후 공지	social security number 주민등록번호
inconvenience 불편	support 협조, 지지
invite 초대하다, (정식으로) 요청하다	suspicious 의심스러운
location 장소, 곳	temporary 임시의

미니 퀴즈

01. This store has been _____.

이 매장은 정비 관계로 폐쇄되었습니다.

02. We sincerely _____ the inconvenience.

불편을 드려 대단히 죄송합니다.

03. It _____ to keep personal information private.

개인 정보를 비공개로 유지하는 것이 당사의 방침입니다.

04. The service will be suspended _____.

추후 공지가 있을 때까지 서비스가 중단됩니다.

정답 01. closed for maintenance 02. apologize for 03. is our policy 04. until further notice

10. 제안서

01. the purpose of this proposal is ~ 본 제안서의 목적은 ~이다

The purpose of this proposal is to introduce a new line of toys.
본 제안서의 목적은 장난감 신제품을 소개하는 것입니다.

02. forge a strategic partnership with ~ ~와 전략적 제휴를 구축하다

You'll be interested to **forge a strategic partnership with** us.
귀사께서는 저희와 전략적 제휴를 맺는 것에 관심을 갖게 될 것입니다.

03. provide customers with ~ 고객에게 ~을 제공하다

The new device **provides customers with** fast Wi-Fi connection.
이 새로운 장치는 고객들에게 고속 와이파이 연결 서비스를 제공합니다.

04. compared to similar products in the industry 업계의 유사한 제품에 비해

The T2 is inexpensive **compared to similar products in the industry**.
T2는 업계 유사 제품에 비해 가격이 저렴한 편입니다.

05. specialize in ~ ~을 전문으로 하다

We **specialize in** over the counter drugs.
저희는 일반 의약품을 전문으로 하고 있습니다.

06. be well suited for ~ ~에 매우 적합하다

This project **is well suited for** Malaysia's tropical environment.
본 프로젝트는 말레이시아의 열대 환경에 매우 적합합니다.

07. offer a variety of ~ 다양한 ~을 제공하다

The organization **offers a variety of** health and human services.
본 기관은 다양한 건강 복지 서비스를 제공합니다.

08. be covered in the package 상품에 포함되어있다

Delivery **is** not **covered in the package**.
배송 서비스는 상품에 포함되어 있지 않습니다.

주요 어휘

benefit 혜택
bulk order 대량 주문
business partnership 업무 제휴
certify 인증하다
cover 다루다, 포함하다, 보장하다
forge 구축하다
including ~ ~을 포함한
itinerary 여행 일정표
licensed 자격 있는, 허가 받은
luxury 사치, 혜택
manufacture 제조하다
Mediterranean Sea 지중해

option 선택, 선택 가능한 사항
overview 개요
pricing 가격 책정, 가격
quality 양질의, 품질이 좋은
round trip 왕복 여행
specialize in ~ ~을 전문으로 하다
strategic 전략적인
superior 우수한
traction 정지 마찰력
travel insurance 여행 보험
travel package 여행 상품
unforeseen 예측하지 못한

미니 퀴즈

01. We _____ of memory chips.

당사는 다양한 메모리 칩을 제공합니다.

02. We are interested in _____ with you.

귀사와 전략적 제휴를 맺는 것에 관심이 있습니다.

03. Tiema Co. _____ car rentals.

Tiema 사는 자동차 대여업을 전문으로 하고 있습니다.

04. _____ in the industry the GX1 is very sturdily built.

업계 유사 제품에 비해 GX1은 아주 튼튼하게 만들어졌습니다.

정답 01. offer a variety 02. forging a strategic partnership 03. specializes in 04. Compared to similar products

11. 매뉴얼

01. describe the process of ~ ~의 절차(과정)를 설명하다

The following will precisely **describe the process of** running SDK 2.0.

다음 내용은 SDK 2.0을 실행하는 절차를 정확히 설명할 것이다.

02. be prepared by ~ ~가 준비하다

The agenda is to **be prepared by** the minutes taker.

본 의제는 회의록 작성자가 준비할 것이다.

03. responsibility of ~ falls on ~ ~의 책임이 ~에게 있다

The **responsibility of** testing **falls on** the chief engineer.

본 시험의 책임은 기관장에게 있다.

04. in accordance with ~ ~에 따라서

In accordance with company rules, the store must close at 7:30 P.M.

회사 규정에 따라 매장은 저녁 7:30시에 문을 닫아야 한다.

05. cover the period from ~ to ~ ~부터 ~까지 유효하다(다룬다)

The warranty **covers the period from** May 1, 20×× **to** April 30, 20××.

이 보증서는 20××년 5월 1일부터 20××년 4월 30일까지 유효하다.

06. provide guidelines to ~ ~에게 지침을 제공하다

This user guide **provides guidelines to** users of the security program ePrinter.

본 사용 설명서는 사용자들에게 ePrinter 보안 프로그램에 대한 지침을 제공한다.

07. be obligated to ~ ~할 의무가 있다

The manager in charge **is obligated to** hand out instructions.

담당 매니저가 지시사항을 배포할 의무가 있다.

08. be limited to ~ ~으로 제한되다

Promotional activities will **be limited to** the immediate vicinity.

판촉 활동은 가까운 인근으로 제한된다.

주요 어휘

additional 추가적인
annual report 연례 보고서
approve 승인하다
Chief Executive Officer (CEO) 최고 경영자
Chief Finance Officer (CFO) 최고 재무 책임자
Chief Operating Officer (COO) 최고 운영 책임자
chief responsibility 주된 책임
consume 소모하다
describe 묘사하다, 설명하다
dose 투여하다, 복용량
effective date 발효일
eligible 자격 있는, 조건이 되는

fall on ~ (책임, 의무 등이) ~에 있다
guideline 지침
invoice register 송장 기록부
note 비고
pharmacist 약사
prescription 처방전
recommend 권고하다, 권장하다
revised date 수정일
scope 범위
tablet 정, 알
task 일, 과업, 과제
verify 검증하다, 확인하다

미니 퀴즈

01. This manual was _____ Ken Lehman.
본 매뉴얼은 Ken Lehman 씨가 준비한 것이다.

02. You will _____ to check the machines daily.
귀하께서는 매일 기계를 확인할 의무가 있습니다.

03. The following _____ of contract writing.
다음 내용은 계약서를 작성하는 절차를 설명할 것이다.

04. _____ with company policy, work hours are from 9 A.M. to 6 P.M.
회사 규정에 따라 근무 시간은 오전 9시부터 오후 6시까지이다.

정답 01. prepared by 02. be obligated 03. describes the process 04. In accordance

23

12. 뉴스레터

01. be a huge upgrade over ~ ~보다 크게 업그레이드되었다
This new version of the program **is a huge upgrade over** the previous one.
이 프로그램의 신규 버전은 이전 버전보다 크게 업그레이드된 것입니다.

02. allow users to ~ 사용자가 ~할 수 있도록 하다
This new function **allows users to** freely communicate with each other.
이 새로운 기능은 사용자들이 서로 자유롭게 소통할 수 있도록 해줍니다.

03. be expected to garner ~ ~을 얻을 것으로 예상되다
The festival **is expected to garner** plenty of attention.
이번 축제는 많은 관심을 끌게 될 것으로 예상됩니다.

04. make the rounds 순회하다, 돌리다
The sign-up sheet is currently **making the rounds**.
참가 신청서는 현재 돌고 있는 중입니다.

05. be known to have ~ ~가 있는 것으로 알려져 있다
The new facility **is known to have** a gym open to all employees.
새로운 시설엔 모든 직원이 사용 가능한 헬스장이 있는 것으로 알려져 있습니다.

06. be verified 확인되다(밝혀지다)
The promotion has **been verified** to be a hoax.
본 홍보 행사는 사실이 아닌 것으로 밝혀졌습니다.

07. this edition contains ~ 이번 호에는 ~이 포함되어 있다
This edition contains numerous tips on how to use the Atrex machine.
이번 호에는 Atrex 기기의 사용 방법에 관한 팁이 많이 수록되어 있습니다.

08. offer a free trial 무료 체험을 제공하다
Amazon is now **offering a free trial** of its Air Premium service.
아마존은 현재 Air Premium 서비스의 무료 체험을 제공 중입니다.

주요 어휘

advice 조언, 충고
all-in-one solution 통합된(하나의) 솔루션
brainchild 아이디어, 발명품
brand new 완전히 새로운
bug fix 버그 수정
constant 끊임없는
contain 포함하다, 함유하다
convenient 편리한
dedication 헌신
edition 판, 호
feature 특징, 특색
free trial 무료 체험
garner 얻다, 모으다

harmful 해로운, 악성
interconnection 상호 접속, 연동
invaluable 매우 유용한(귀중한)
launch 출시, 출시하다
registered member 등록 회원
release 출시, 출시하다
significant 중요한, 중대한
stand for ~ ~을 나타내다, ~의 약자이다
suspicious 의심스러운
testimonial 추천의 글, 추천
thanks to ~ ~ 덕분에
unsubscribe 구독을 취소하다
upcoming 다가오는

미니 퀴즈

01. The new theme park is _____ huge investments.
새로운 테마 파크가 많은 투자를 끌게 될 것으로 예상됩니다.

02. This _____ numerous articles on the event.
이본 호에는 행사에 대한 기사가 많이 수록되어 있습니다.

03. Version 3.0 is a huge _____ the previous one.
3.0 버전은 이전 버전보다 크게 업그레이드된 것입니다.

04. We are _____ trial of our services.
당사는 서비스의 무료 체험을 제공 중입니다.

정답 01. expected to garner 02. edition contains 03. upgrade over 04. offering a free

25

13. 브로셔

01. founded as ~ ~으로 창립

Founded as SUN Studio in June 20××.

20××년도 6월에 SUN Studio로 창립

02. open the country's first~ 국가 최초의 ~을 열다

The Indian government **opened the country's first** e-court.

인도 정부는 국가 최초의 온라인 법정을 열었습니다.

03. visit ~ for more information 보다 자세한 정보를 원하면 ~을 방문하라

Visit us at www.americancard.com **for more information**.

보다 자세한 정보를 원하시면 www.americancard.com을 방문하십시오.

04. begin expansion in ~ ~에서 확장하기 시작하다, ~에 진출하다

The company **began expansion in** the Western United States in 19××.

회사는 19××년에 미국 서부 시장에서 확장을 도모하기 시작했습니다.

05. celebrate ~th anniversary ~주년을 기념하다(맞다)

Alphabet Inc. just **celebrated** its **first anniversary**.

Alphabet 사는 이제 막 1주년을 맞게 되었습니다.

06. be one of the most ~ 가장 ~한 것 중 하나다

WellPoint **is one of the most** dynamic companies in the world.

WellPoint 사는 세계에서 가장 역동적인 기업 중 하나입니다.

07. It takes just ~ ~밖에 안 걸린다

It takes just three simple steps to send your shipment.

귀하의 화물을 보내는 데엔 3가지의 간단한 절차만 거치면 됩니다.

08. check out our ~ 저희의 ~을 확인해보세요

Check out our newest book now.

저희의 새 책을 지금 바로 확인해보세요.

주요 어휘

account transfer 계좌 이체

anniversary 기념일

bill payment 청구서 납부

celebrate 기념하다

check out 확인하다

compensate 보상하다

damage 파손

dependable 믿을(신뢰할) 수 있는

enter 진입(진출)하다, 들어가다

found 설립하다, 창립하다

fund transfer 자금 이체

hack-proof 해커로부터 보호되는(안전한)

loss 손실

market 시장

otherwise 그렇지 않으면

pick up 찾다, 회수하다

process 처리하다

real-time 실시간

register 등록하다, 회원가입을 하다

ship 택배로 발송하다

shipment 수송품, 적하물

specialize in ~ ~을 전문으로 하다

tracking 추적

trusted 신뢰할 수 있는, 믿을 만한

미니 퀴즈

01. Visit us at www.realster.com   .

보다 자세한 정보를 원하시면 www.realster.com을 방문하십시오.

02. RaMX is   original IT companies in Korea.

RaMX 사는 한국에서 가장 창의적인 기업 중 하나입니다.

03.   our newest product now.

저희의 새 제품을 지금 바로 확인해보세요.

04. Trigest   its 10th anniversary in 20××.

Trigest 사는 20××년에 10주년을 맞게 되었습니다.

정답 01. for more information 02. one of the most 03. Check out 04. celebrated

27

14. 전화 메시지

01. return a call 답신 전화를 하다

Brandon Gill **returned your call**.

Brandon Gill 씨가 답신 전화를 했습니다.

02. leave a message 메시지를 남기다

Mr. Simmons **left a message** for you.

Simmons 씨가 귀하께 메시지를 남겼습니다.

03. call to check on ~ ~을 확인하기 위해 전화하다

Vice President Wallace **called to check** on the project.

Wallace 부회장이 프로젝트를 확인하기 위해 전화했습니다.

04. call for someone ~(어떤 사람)을 찾다

Mr. Murray **called for you**.

Murray 씨가 귀하를 찾았습니다.

05. call back 답신 전화를 하다

She **called back** to confirm the meeting.

그녀가 회의를 확정하고자 답신 전화를 했습니다.

06. message taken by ~ ~으로부터 받은 메시지

Message taken by Dong-nam Shin.

신동남 씨로부터 받은 메시지

07. meet to discuss ~ ~을 논의하기 위해 만나다

He would like to **meet to discuss** prices.

그가 가격에 대해 논의하고자 만나고 싶어 합니다.

08. make an appointment 약속(회의)을 잡다

Christy Yamaguchi would like to **make an appointment** with you.

Christy Yamaguchi 씨가 귀하와 약속을 잡고 싶어 합니다.

주요 어휘

appointment 약속
as soon as possible 가능한 한 빨리
call back 다시 전화하다
caller 전화를 건 사람, 발신자
contract terms 계약 조건
discuss 논의하다
leave a message 메시지를 남기다
return a call 답신 전화를 하다
telephone message 전화 메시지
urgent 긴급한, 급박한

미니 퀴즈

01. Mr. Dennis   you.

Dennis 씨가 귀하를 찾았습니다.

02. Douglas   for you this morning.

오늘 아침에 Douglas 씨가 귀하께 메시지를 남겼습니다.

03. He   to confirm something.

그는 무언가를 확정하고자 답신 전화를 했습니다.

04. Jane Kang would like to   .

Jane Kang 씨가 약속을 잡고 싶어 합니다.

정답   01. called for 02. left a message 03. called back 04. make an appointment

15. 보도자료

01. be introduced at ~ ~에 소개되다

Ford's newest SUV **was introduced at** the Detroit Car Show.

Ford 사의 최신 SUV는 디트로이트 자동차 쇼에서 소개되었습니다.

02. be the first of its kind 그 종류(분야)의 최초이다

The 4D TV Smartbox **is** truly **the first of its kind**.

4D TV인 Smartbox는 4D TV에 있어 최초라고 할 수 있습니다.

03. offer the following features 다음 기능(특징)을 제공하다

The system **offers the following features**.

이 시스템은 다음과 같은 기능을 제공합니다.

04. for additional specifications 더 많은 사양을 알아보기 위해

Click this link **for additional specifications**.

더 많은 사양을 보시려거든 이 링크를 클릭해주십시오.

05. have a long history of ~ ~의 긴 역사를 가지고 있다

Shell **has a long history of** safe drilling operations.

Shell 사는 안전한 시추 작업의 긴 역사를 가지고 있습니다.

06. be one's specialty ~의 전문이다

Electronic manufacturing **is Foxconn's specialty**.

전자제품 생산은 Foxconn 사의 전문 영역입니다.

07. employ ~ associates ~의 직원을 고용하다

Prudential Financial **employs** more than 48,000 **associates** worldwide.

Prudential Financial 사는 전 세계적으로 48,000명 이상의 직원을 고용하고 있습니다.

08. to learn more about ~ ~에 대해 좀 더 알아보기 위해

To learn more about this special deal visit our website.

이 특가 상품에 대해서 좀 더 알아보시려거든 저희 웹사이트를 방문하십시오.

주요 어휘

accessory 액세서리
achievement 성취, 달성
aid 원조, 지원
associate 직원
commit 약속하다, 주다
critical 중대한
custom option 사용자 지정 옵션
destroy 파괴하다
device 장치, 기기
disaster 재난
fitting 적합한, 어울리는
groundbreaking 신기원을 이룬, 획기적인

headquarter ~에 본사를 두다
hit 휩쓸다
hub center 물류거점 센터
logistics 물류
relief 구호, 구호품
revolutionary 획기적인
sensitive 민감한
specification 사양
storage capacity 저장 용량
supplies 물자, 물품
throughout the world 전 세계적으로
unique 유일한, 독특한

미니 퀴즈

01. The new phone _____ at the Mobile World Congress.

새 폰은 Mobile World Congress에서 소개되었습니다.

02. Kroger has _____ of excellent customer service.

Kroger 사는 탁월한 고객 서비스의 긴 역사를 가지고 있습니다.

03. Pfizer _____ more than 90,000 associates.

Pfizer 사는 9만 명 이상의 직원을 고용하고 있습니다.

04. The notebook _____ features.

노트북은 다음과 같은 기능을 제공합니다.

정답 01. was introduced 02. a long history 03. employs 04. offers the following

16. 품질 보증서

01. this warranty applies to ~ 본 보증서는 ~에 적용된다
This warranty applies to all Mintchem products.
본 보증서는 Mintchem 사의 모든 제품에 적용됩니다.

02. guarantee the provision of ~ ~의 제공을 보장하다
SE Enterprise **guarantees the provision of** free onsite repair.
SE Enterprise 사는 현장 무상 수리 서비스의 제공을 보장합니다.

03. repair a product 제품을 수리하다
The manufacturer will **repair the product** within seven days.
제조사는 7일 이내로 제품을 수리해드릴 것입니다.

04. obtain warranty service 보증 서비스를 받다
To **obtain warranty service**, please visit the nearest SD service center.
보증 서비스를 받으시려거든, 가장 가까운 SD 서비스 센터를 방문하십시오.

05. you are required to ~ ~을 해야 한다
You are required to pay shipping fees.
귀하(고객)가 배송 비용을 지불해야 합니다.

06. cover damage due to ~ ~으로 인한 손상을 책임지다
This warranty does not **cover damage due to** misuse.
본 보증은 오용으로 인한 손상을 책임지지 않습니다.

07. replace a defective product 불량품을 교체하다
Star Appliances will **replace all defective products** made at its Chinese factory.
Star Appliances 사는 중국 공장에서 생산된 모든 불량품들을 교체해드릴 것입니다.

08. ship a replacement product 교환 상품을 발송하다
We will **ship a replacement product** as soon as we receive your defective product.
귀하(고객)의 불량품을 받게 되는 즉시 교환 상품을 발송해드릴 것입니다.

active 유효

alteration 변경

defect 결함

defective product 결함 상품

equivalent 동일한, 동등한

expired 만료

free service 무상 서비스

maintenance 유지보수

material 자재

natural disaster 자연 재해

neglect 부주의

normal usage 정상적인 사용

receipt 영수증

refund 환불, 환급

repair center 수리센터

repair 수리하다

replacement product 교환(대체) 상품

ship 발송하다

standard 표준

traceable carrier 추적이 가능한 운송사

unauthorized person 허가 받지 않은 사람

unforeseen circumstance 예상치 못한 상황

warranty 품질 보증(서)

warranty period 보증 기간

warranty status 보증 상태

warranty type 보증 유형

미니 퀴즈

01. We _____ of free repair.

당사는 무상 수리 서비스의 제공을 보장합니다.

02. The warranty does not _____ due to misuse.

본 보증은 오용으로 인한 손상을 책임지지 않습니다.

03. KOP will _____ product.

KOP 사는 교환 상품을 발송해드릴 것입니다.

04. This _____ to the Norelco 6945XL.

본 보증서는 Norelco 6945XL에 적용됩니다.

정답 01. guarantee the provision 02. cover damage 03. ship a replacement 04. warranty applies

17. 메모

01. be necessary for/to ~ ~을 위해/하는 데 필요하다
This reorganization **is necessary to** maximize profits.
이익의 극대화를 위해선 이번 조직 개편이 필요합니다.

02. position ~ to be more ~ ~가 더욱 ~될 수 있도록 하다
This **positions** our department **to be more** cost efficient.
이는 우리 부서가 비용 측면에서 더 효율적이 되도록 해줄 것입니다.

03. in the face of stiff competition 치열한 경쟁 속에서
In the face of stiff competition, we must change and adapt.
치열한 경쟁 속에서, 우리는 변화하고 적응해야 합니다.

04. do the best we can to ~ ~하기 위해 최선을 다하다
Kingmaker.com will **do the best it can to** salvage the situation.
상황을 수습하기 위해 Kingmaker.com은 최선을 다할 겁니다.

05. influx of new recruits 신입사원의 전입
The **influx of new recruits** has necessitated the purchase of additional equipment.
신입사원의 전입으로 인해 추가 장비 구매가 필요하게 되었습니다.

06. foster teamwork and cooperation 팀워크와 협업을 발전시키다
This company outing should **foster** more **teamwork and cooperation**.
이번 회사 야유회는 팀워크와 협업을 좀 더 발전시키게 될 것입니다.

07. raise employee morale 직원들의 사기를 높이다
Company executives must think of ways to **raise employee morale**.
회사 중역들은 직원들의 사기를 높일 수 있는 방법을 찾아야만 합니다.

08. appreciate feedback and comments 피드백과 의견에 감사하다
We **appreciate** your **feedback and comments** on the new model.
신상품에 대한 여러분의 피드백과 의견에 감사드립니다.

adapt 적응하다

agenda 의제

agile 민첩한

associate (사업, 직장 내) 동료, 직원

assure 장담하다, 보장하다

attach 첨부하다

company restructuring 구조 조정

company rules 회사 규정

cooperation 협업, 협동

department 부서

displace 쫓아내다, 대체하다

dress code 복장 규정

economic downturn 경기 침체

employee morale 직원의 사기

foster 발전시키다

influx 유입, 전입

motivational speaker 동기부여 강사

policy 정책

position 자리를 잡다

stiff competition 치열한 경쟁

structural change 구조 변화

survival 생존

training seminar 교육 세미나

transition 이행, 전환

01. We would ⬚⬚⬚⬚⬚⬚ and comments on the new office.

새 사무실에 대한 피드백과 의견을 주시면 감사하겠습니다.

02. The company outing should ⬚⬚⬚⬚⬚⬚.

회사 야유회가 직원들의 사기를 높일 것입니다.

03. The reorganization ⬚⬚⬚⬚⬚⬚ for the survival of the company.

회사의 생존을 위해 이번 구조 조정이 필요합니다.

04. We will do ⬚⬚⬚⬚⬚⬚ to remedy the situation.

상황을 개선하기 위해 최선을 다하겠습니다.

정답 01. appreciate feedback 02. raise employee morale 03. is necessary 04. the best we can

35

18. 홍보 이메일

주요 표현

01. you're invited to ~ ~해주십사 귀하를 초대하다
You're invited to visit our newest location at Ulsan.
울산에 개장한 저희 매장을 방문해주십사 귀하를 초대합니다.

02. we'd like to recommend ~ ~을 추천하고자 한다
We'd like to recommend our new Android phone, NK1.
새 안드로이드 폰인 NK1을 추천해 드리고자 합니다.

03. up to ~% off ~%까지 할인
Up to 25% **off**.
25%까지 할인

04. free shipping on orders over ~ ~이상의 주문은 무료 배송
We offer **free shipping on orders over** $100.
100달러 이상 주문 시 무료 배송 서비스를 제공합니다.

05. take advantage of benefits 혜택을 누리다
Take advantage of all these discount **benefits**.
이 모든 할인 혜택을 누리시기 바랍니다.

06. get access to ~ ~을 획득하다, ~에 접근하다
Get access to these incredible savings by scanning the QR code below.
아래의 QR 코드를 스캔하시고 놀라운 할인 혜택을 받아가시기 바랍니다.

07. follow us online 온라인에서 우리를 팔로우하다
Follow us online by registering here.
이곳에 가입하시어 온라인에서 저희를 팔로우하십시오.

08. unsubscribe from future emails 향후의 메일 수신을 거부하다
Unsubscribe from future emails by clicking here.
여기를 클릭하시어 향후 메일 수신을 거부하십시오.

주요 어휘

access 접근(권), 접근하다
all rights reserved 무단 전재를 금하다
benefit 혜택
customer assistance 고객 지원(서비스)
customize 원하는 대로 만들다(바꾸다)
designer brand 유명 브랜드, 명품
discount coupon 할인 쿠폰
exclusive 전용의, 독점적인
existing 기존의
follow online 온라인으로 팔로우하다
forward to ~ ~에게 전달하다
get access 접근하다

great find 대발견, 굉장한 발견물
make a purchase 구매하다
pleasure 즐거움
private 사유의, 전용의
savings 절감
sign in 로그인하다
sing up 등록하다
subscription 구독
take advantage of ~ ~을 이용하다
terrific 엄청난
unsubscribe 수신거부(하다)
view 보다, 열람하다

미니 퀴즈

01. Get _____ free MP3 files.
무료 MP3 파일을 받아가시기 바랍니다.

02. We'd like _____ our newest Internet service.
최신 인터넷 서비스를 추천해 드리고자 합니다.

03. Follow us _____ at Facebook.
페이스북에서 저희를 팔로우해주세요.

04. _____ of many benefits.
많은 혜택을 누리시기 바랍니다.

정답 01. access to 02. to recommend 03. online 04. Take advantage

19. 요청 이메일

01. I'm in charge of ~ 저는 ~을 담당하고 있습니다
I'm in charge of PR at my company.
저는 회사에서 홍보를 담당하고 있습니다.

02. we are interested in ~ 저희는 ~에 관심(생각)이 있습니다
We are interested in receiving an estimate on the X1.
저희는 X1과 관련해 견적을 받을 생각을 갖고 있습니다.

03. Could you send us ~? ~을 보내주실 수 있나요?
Could you send us a brochure on all your products?
귀사의 전 제품에 대한 브로셔를 보내주실 수 있는지요?

04. we would be grateful if ~ ~해주신다면 감사하겠습니다
We would be grateful if you could also send pricing information.
가격 정보도 보내주신다면 감사하겠습니다.

05. you may reach me via ~ ~을 통해 연락하셔도 됩니다
You may reach me via telephone or email.
전화나 이메일로 연락하셔도 됩니다.

06. look forward to ~ ~을 기다리다
I **look forward to** hearing from you.
귀하의 답장을 기다리겠습니다.

07. I am writing to ~ ~을 위해 이메일을 보냅니다(연락드립니다)
I am writing to request a copy of the MOU.
양해 각서를 요청드리고자 이렇게 이메일을 보냅니다.

08. thank you for ~ ~해주셔서 감사합니다
Thank you for your consideration.
이해해주셔서 감사드립니다.

주요 어휘

be looking to ~ ~할 방법을 찾고 있다	inclination 의향, 의사
bulk order 대량 주문	judgment 판단
chain 체인(점)	lucrative 수익성 있는
consideration 사려, 숙고, 배려	on one's behalf ~을 대신해, ~을 위하여
convenience 편리, 편의	pharmaceutical 제약의, 제약
core achievement 주요 업적	product lineup 제품 라인업
credibility 신뢰도, 신뢰성	reference 참고
draft 초안	reference 추천서
exclusive contract 독점 계약	sufficient 충분한
expand 확장하다	supplement facts 보충 정보, 영양 정보
favor 부탁	via ~ ~을 통하여
import 수입하다	willing 꺼리지 않는

미니 퀴즈

01. Could you _____ a mustard sample?

머스터드 샘플을 보내주실 수 있나요?

02. I _____ to your quick reply.

귀하의 빠른 답장을 기다리겠습니다.

03. I'm _____ of marketing and sales.

마케팅과 영업을 담당하고 있습니다.

04. We would _____ if you could send an estimate.

견적서를 보내주시면 감사하겠습니다.

정답 01. send us 02. look forward 03. in charge 04. be grateful

20. 제안 이메일

01. I would like to suggest ~ ~을 제안하고자 합니다
I would like to suggest the following.
저는 다음과 같은 사항을 제안하고자 합니다.

02. conduct market research 시장조사를 실시하다
Sam **conducted market research** for the new model.
Sam 씨가 신제품을 위한 시장조사를 실시했습니다.

03. have good potential 좋은 잠재력(가능성)이 있다
We believe walnuts **have good potential** in Vietnam.
우리는 호두가 베트남에서 좋은 잠재력이 있다고 생각합니다.

04. That is why I propose ~ 이러한 이유로 ~을 제안합니다
That is why I propose that we form a partnership.
저는 이러한 이유로 저희가 제휴 관계를 맺길 제안하는 바입니다.

05. offer the following benefits 다음과 같은 혜택을 제공하다
This contract **offers the following benefits** to your company.
본 계약은 귀사에게 다음과 같은 혜택을 제공합니다.

06. let me know what you think 어떻게 생각하시는지 알려주십시오
Let me know what you think about my proposal.
제가 드린 제안에 대해 어떻게 생각하시는지 알려주십시오.

07. require immediate attention 즉각적인 주의를 요하다
This incident **requires** your **immediate attention**.
이 사건은 귀하의 즉각적인 관심을 요합니다.

08. I think it would be best if ~ ~라면 가장 좋을 걸로 생각됩니다
I think it would be best if you invested in this stock.
귀하께서 이 주식에 투자하시면 가장 좋을 걸로 생각됩니다.

주요 어휘

attend 참석하다
attention 주의
available 이용·가능한, 시간이 되는
consideration 고려
distribution 유통, 배부
extensive 광범위한
go well (어떠한 일 등이) 잘 풀리다
good condition 양호한 상태
guarantee 보장하다
immediate 즉각적인
import contracts 수입 계약
knowledgeable 많이 아는

market research 시장 조사
potential 잠재력
PR Department 홍보부
promotion 홍보
propose 제안하다
recent 최근의
require 필요로 하다
Sales Department 영업부
security leak 보안 유출(누출)
study 연구하다
Technical Department 기술부
wide 넓은, 폭넓은

미니 퀴즈

01. I would _____ a partnership.
제휴를 제안하고자 합니다.

02. I think it _____ if we worked on this together.
이와 관련해 저희가 함께 일하면 가장 좋을 걸로 생각됩니다.

03. Let me _____ about my proposal.
제가 드린 제안에 대해 어떻게 생각하시는지 알려주십시오.

04. I believe the Indonesian market _____.
인도네시아 시장이 좋은 잠재력을 갖고 있다고 확신합니다.

정답 01. like to suggest 02. would be best 03. know what you think 04. has good potential

41

21. 문의 이메일

01. We are looking for ~ 저희는 ~을 찾고 있습니다
We are looking for a methane supplier.
저희는 메탄 공급업자를 찾고 있습니다.

02. I'm interested to know ~ ~에 관해 알고자 합니다
I'm interested to know if you give discounts for Ex-Works.
Ex-Works으로 거래할 시 귀사께서 할인을 제공해주시는지 여부를 알고자 합니다.

03. I would like to inquire about ~ ~에 대해 문의하고자 합니다
I would like to inquire about your many products.
귀사의 여러 제품들에 관해 문의를 드리고자 합니다.

04. revert back to me 제게 다시 연락 주시기 바랍니다
Please **revert back to me** with more information.
좀 더 많은 정보와 함께 제게 다시 연락 주시기 바랍니다.

05. come across your company 귀사를 우연히 발견하다
I **came across your company** at LinkdIn.
링크드인에서 귀사를 우연히 접하게 되었습니다.

06. have a strong online presence 탄탄한 온라인 인지도를 갖고 있다
AT&T **has a strong online presence** nowadays.
AT&T는 현재 탄탄한 온라인 인지도를 확보하고 있습니다.

07. I was wondering if ~ ~인지 궁금합니다
I was wondering if you still do business in Korea and Japan.
귀하께서 아직도 한국과 일본에서 사업을 하고 계신지 궁금합니다.

08. explore a possible cooperation 가능한 제휴(협업)을 알아보다
Feel free to contact us if you would like to **explore a possible cooperation**.
가능한 제휴를 알아보고자 하신다면 제게 언제든 연락 주시기 바랍니다.

주요 어휘

achieve 달성하다
be interested in ~ ~에 관심(흥미)이 있다
come across 우연히 발견하다
cooperation 협업
cost (값, 비용이) ~만큼 들다
digital marketing 디지털(인터넷, 모바일) 마케팅
do business with ~ ~와 거래하다
especially 특히
explore 탐구하다, 검토하다
extended warranty 연장 보증
feel free to ~ 언제든 편하게 ~하다
inquire 문의하다

leading provider 선두적인 공급업체
online advertising 온라인 광고
payment option 결제 방법
presence 존재, 인지
production manager 생산 관리자
relevant information 해당 정보
revert back to ~ ~에게 답변(회신)하다
solidify 강화하다, 굳히다
sparking cable 점화 케이블
strategy 전략
supplier 공급자, 공급업자
type 종류

미니 퀴즈

01. Please ⬚⬚⬚⬚⬚⬚⬚ to me with more details.

자세한 내용과 함께 제게 다시 연락해주시기 바랍니다.

02. We have a strong ⬚⬚⬚⬚⬚⬚⬚.

당사는 온라인 인지도를 확보하고 있습니다.

03. We ⬚⬚⬚⬚⬚⬚⬚ for an iron ore supplier.

저희는 철광석 공급업자를 찾고 있습니다.

04. I'm ⬚⬚⬚⬚⬚⬚⬚ about your product lineup.

귀하의 제품 라인업에 관해 알고자 합니다.

정답 01. revert back 02. online presence 03. are looking 04. interested to know

43

22. 통보 이메일

01. detect irregular activity 일반적이지 않은 내역을 탐지하다

We **detected irregular activity** within your bank transactions.

귀하의 은행거래 내역 중 일반적이지 않은 거래 내역이 탐지됐습니다.

02. for your protection 귀하를 보호하기 위해

For your protection we reset your account's password.

귀하를 보호하고자 귀하의 계정 비밀번호를 재설정하였습니다.

03. upon your verification 귀하께서 입증하시면

The account will be reactivated **upon your verification**.

귀하께서 입증하시면 계정은 재활성화될 것입니다.

04. disregard this notice 이 통지를 무시하다

Please **disregard this notice** if you already paid the subscription.

귀하께서 구독료를 이미 지불하셨다면, 이 통지를 무시해주시기 바랍니다.

05. wrote to you in order to ~ ~하기 위해 귀하께 메일을 드렸습니다

We **wrote to you** last week **in order to** notify you about the price increase.

귀하께 가격 인상에 대해 알려드리고자, 지난 주 귀하께 메일을 드렸습니다.

06. be assured that ~ ~에 대해 확신하다(안심하다)

Please **be assured that** there won't be any more slip ups.

더 이상 그 어떤 실수도 없을 것이오니 안심하시기 바랍니다.

07. work on suitable alternatives 적절한 대안을 마련하다

They are **working on suitable alternatives** to the app.

이들은 앱에 있어 적절한 대안을 마련하고 있는 중입니다.

08. if you have any questions 문의사항이 있으실 경우

If you have any questions please visit our Help Center.

문의사항이 있으실 경우 고객센터를 방문해주시기 바랍니다.

주요 어휘

alternative 대안	no longer ~ 더 이상 ~하지 않다
apologize 사과하다	protection 보호
appreciate 고마워하다, 환영하다	remove 제거하다
assistance 도움, 지원	restriction 제한
discontinue 중지하다	secure 안전한
be assured that ~ ~이니 안심하라	statement 명세서
detect 탐지하다, 발견하다	streamline 간소화하다
disregard 무시하다	suitable 적합한, 알맞은
immediately 즉시	translator 번역기
inconvenience 불편	valued customer 소중한 고객
irregular 불규칙한, 비정상적인	verify 확인하다, 입증하다

미니 퀴즈

01. For _____ your password will be reset.

귀하를 보호하고자 귀하의 계정 비밀번호는 재설정될 예정입니다.

02. Please _____ that the website will be up soon.

홈페이지가 곧 재개될 것이오니 안심하시기 바랍니다.

03. If you _____ please call our Help Center.

문의사항이 있으실 경우 고객센터에 연락 주시기 바랍니다.

04. Please _____ if you don't have an Elastri account.

Elastri 계정이 없으면, 이 통지를 무시해주시기 바랍니다.

정답 01. your protection 02. be assured 03. have any questions 04. disregard this notice

23. 거래 이메일

01. order details are indicated below 주문 내역이 하단에 명시되어있다

The **order details** for your new bicycle **are indicated below**.

고객님의 신형 자전거 주문 내역이 하단에 명시되어 있습니다.

02. can be found on/at ~ ~에서 확인 가능하다

Your receipt **can be found at** your personal page.

고객님의 영수증은 고객님의 개인 페이지에서 확인 가능합니다.

03. view the status of your order 주문 상태를 확인하다

To **view the status of your order** check the email we sent you.

주문 상태를 확인하시려거든 저희가 발송해드린 이메일을 확인해보시기 바랍니다.

04. estimated delivery date 예상 배송일

The **estimated delivery date** of your order is December 1.

귀하께서 주문하신 물건의 예상 배송일은 12월 1일입니다.

05. receive a request 요청을 받다

The department **received a request** to change the design of the website.

부서는 웹사이트의 디자인 변경 요청을 받았습니다.

06. click on the link 링크를 클릭하다

Please **click on the link** to download the update.

업데이트를 다운받으시려거든 링크를 클릭해주시기 바랍니다.

07. link will work for ~ 링크는 ~동안 유효하다

The below **link will work for** only two hours.

아래의 링크는 두 시간 동안만 유효합니다.

08. reset your password 비밀번호를 재설정하다

The administrator **reset your password** for security purposes.

관리자가 보안의 목적으로 귀하의 비밀번호를 재설정하였습니다.

주요 어휘

account 계정
browse 둘러보다
by mistake 실수로
click on ~ ~을 클릭하다
delivery date 배송일, 도착(인도)일
details 상세 내역
enter 입력하다, 적어 넣다
estimated 예상되는
greetings (인사말) 안녕하세요
handling 취급, 처리
ignore 무시하다
indicate 표시하다

invoice 청구서
most likely 아마도, 필시
order confirmation 주문 확인
password 비밀번호
request 요청, 요청하다
reset 재설정하다
status 현황, 상태
store credit (적립) 포인트
subtotal 소계
transaction 거래
user 사용자
username 아이디

미니 퀴즈

01. View the ▨▨▨▨▨ here.

이곳에서 주문 상태를 확인하십시오.

02. Please ▨▨▨▨▨ the link to download the new app.

새 앱을 다운받으시려면 링크를 클릭해주시기 바랍니다.

03. The receipt ▨▨▨▨▨ on an email we sent you.

고객님의 영수증은 보내드린 이메일에서 확인 가능합니다.

04. To ▨▨▨▨▨ click here.

비밀번호를 재설정하려면 여기를 클릭하십시오.

정답 01. status of your order 02. click on 03. can be found 04. reset your password

24. 항의 이메일

01. in good/bad condition 양호한/불량한 상태로

The shipment arrived **in bad condition** this morning.

배송품이 오늘 아침 불량한 상태로 도착하였습니다.

02. cause a delay 지연을 초래하다

The strike **caused a** severe **delay** in the production of the car batteries.

파업으로 인해 자동차 배터리 생산에 심각한 지연이 발생했습니다.

03. I hope to hear back from you 당신으로부터 답변을 듣길 바란다

I hope to hear back from you soon.

곧 당신으로부터 답변을 듣게 되길 바랍니다.

04. contact me 제게 연락해주십시오

Contact me as soon as you get back from your trip.

출장에서 돌아오는 즉시 제게 연락해주시기 바랍니다.

05. be mistakenly given 실수로 (잘못) 받다

Amanda **was mistakenly given** the wrong estimate.

Amanda 씨께서 실수로 잘못된 견적서를 받으셨습니다.

06. put someone under a lot of stress ~에게 스트레스를 많이 주다

The delay in delivery **put me under a lot of stress**.

배송 지연이 제게 상당히 많은 스트레스를 주었습니다.

07. put me in a difficult position 나를 곤란한 입장에 처하게 하다

The machine's malfunction **put me in a difficult position**.

기계 오작동으로 인해 저는 곤란한 처지에 놓이게 되었습니다.

08. arrange compensation 보상을 마련하다

Sprint is **arranging compensation** due to the faulty Internet service.

Sprint 사는 잘못된 인터넷 서비스에 대한 보상을 마련 중입니다.

주요 어휘

bakery 베이커리, 빵집
be unable to ~ ~하는 것이 불가능하다
board 탑승하다
boarding pass 탑승권
carton (음료 등을 담는) 통
compensate 보상하다
compensation 보상
delay 지연
expiration date 유통기한(날짜)
find out that ~ ~이라는 사실을 발견하다
fresh ingredient 신선한 재료

gate 게이트, 탑승구
mentally 정신적으로
mistakenly 실수로
prevent 막다, 방지하다
pride itself 자부심을 가지다
prompt 즉각적인
reschedule 일정을 변경하다, 예약하다
revenue 수익
shortage 부족
suitable 적절한
unfortunate 불행한
unfortunately 불행하게도

미니 퀴즈

01. This gaffe puts us _____.

이 실수로 인해 우리는 곤란한 처지에 놓이게 되었습니다.

02. Please _____ as soon as possible.

빠른 시간 내에 제게 연락해주시기 바랍니다.

03. The weather _____ in the delivery.

날씨로 인해 배송에 지연이 발생했습니다.

04. I was _____ the wrong package.

실수로 잘못된 물품을 받았습니다.

정답 01. in a difficult situation 02. contact me 03. caused a delay 04. mistakenly given

25. 초대 이메일

01. you are cordially invited to attend ~ ~에 참석해주십사 정중히 초청하다
You are cordially invited to attend this year's exhibition.
올해 전시회에 참석해주십사 귀하를 정중히 초청합니다.

02. will be held in/at ~ ~에서 개최될(열릴) 예정이다
The 2nd annual writers' conference **will be held in** San Francisco.
제 2회 작가 회의는 샌프란시스코에서 열리게 될 예정입니다.

03. find detailed directions in/at ~ ~에서 오는 길을 자세히 안내 받다
You can **find detailed directions in** the attached file.
첨부파일에서 오시는 길을 상세히 안내 받으실 수 있습니다.

04. the agenda is as follows 안건은 다음과 같다
The agenda for the November 12 meeting **is as follows**.
11월 12일 회의 안건은 다음과 같습니다.

05. ask for your presence 당신(귀하)의 참석을 부탁하다
We **ask for your presence** at the Deluxe Dining Hall in downtown Seoul.
서울 시내에 있는 Deluxe Dining Hall에 참석해주실 것을 귀하께 부탁드립니다.

06. be pleased to ~ ~하게 되어 기쁘다
I **am pleased to** invite you to a luncheon at our company's expense.
저희 회사 비용으로 부담하는 오찬에 귀하를 초대하게 되어 기쁩니다.

07. directions are enclosed 길 안내가 포함되어 있다
Directions to the location **are enclosed** for your reference.
귀하께서 참고하실 수 있도록 장소로 오시는 길 안내가 포함되어 있습니다.

08. confirm your attendance 당신(귀하)의 참석 여부를 알리다
Please **confirm your attendance** by August 11.
8월 11일까지 귀하의 참석 여부를 알려주십시오.

주요 어휘

agenda 의제

appoint 임명하다, 배정하다

approve 승인하다

ask for ~ ~을 요구(요청)하다

association 협회

attendance 참석

auditor 회계 감사관

be enclosed 동봉(첨부)되어 있다

confirm 확인하다, 확정하다

cordially 진심으로, 정중히

crucial 중대한, 결정적인

directions 오시는 길

helpful idea 도움이 되는 아이디어

outlook 전망

presence 참석

remuneration 보수

representative 대표, 대리인

separate file 개별 파일

shareholder 주주

shareholders'meeting 주주회의

small and medium-sized business 중소기업

speaker 발표자

subject 주제

upcoming 다가오는

미니 퀴즈

01. The expo _____ in Vancouver.

박람회는 밴쿠버에서 열리게 될 예정입니다.

02. We _____ at our company event.

당사의 회사 행사에 참석해주실 것을 귀하께 부탁드립니다.

03. Directions _____ for your reference.

귀하께서 참고하실 수 있도록 오시는 길 안내가 포함되어 있습니다.

04. Please _____ by Friday.

금요일까지 귀하의 참석 여부를 알려주시기 바랍니다.

정답 01. will be held 02. ask for your presence 03. are enclosed 04. confirm your attendance

26. 설문조사 이메일

01. as part of our efforts 저희 노력의 일환으로

As part of our efforts to bring you better services, we are upgrading our website.

더 나은 서비스 제공을 위한 노력의 일환으로, 저희는 홈페이지를 업그레이드하고 있습니다.

02. meet your needs 당신(귀하)의 요구를 충족시키다

To **meet your needs** our company is conducting this short survey.

귀하의 요구를 충족시켜드리고자 저희 회사는 간단한 설문조사를 실시하고 있습니다.

03. as a thank you 감사의 표시로

As a thank you to our loyal customers, we are sending a gift card.

저희 단골 고객 분들에 대한 감사의 표시로, 상품권을 보내드리고 있습니다.

04. thank you in advance 미리 감사해 하다

Thank you in advance for your cooperation.

귀하의 협조에 미리 감사드립니다.

05. take a short survey 짧은(간단한) 설문조사에 참여하다

Please take a minute to **take this short survey**.

잠시 시간을 내어 이 짧은 설문조사에 참여해주세요.

06. express your opinions 당신(귀하)의 의견을 내다

Please use this chance to **express your opinion** on our services.

이번 기회를 통해 저희 서비스에 관한 귀하의 의견을 내주셨으면 합니다.

07. click the link below 아래의 링크를 클릭하세요

Click the link below to take part in the survey.

아래의 링크를 클릭하시어 설문조사에 참여해주시기 바랍니다.

08. appreciate your input 당신(귀하)의 의견을 감사히 여기다(받다)

Sysco would **appreciate your input**.

Sysco 사는 여러분의 의견을 감사히 받아들일 것입니다.

주요 어휘

appreciate 감사해하다, 감사히 여기다

approximately 대략적으로

balance 잔고

buyer 구매자

complete 완료하다

continually 끊임없이, 줄곧

copy and paste 복사하여 붙여 넣다

effort 노력

express 표현하다

forward 보내다

in advance 미리, 사전에

input 조언, 피드백

invaluable 귀중한

item 물품

opinion 의견, 견해

participation 참여

provide 제공하다

record 기록

right away 즉각, 곧바로

seller 판매자

selling experience 판매 경험

survey 설문조사

technical problem 기술적인 문제

valued 귀중한

미니 퀴즈

01. Please take a moment to take a ⬚⬚⬚⬚⬚⬚⬚⬚.

잠시 시간을 내어 이 짧은 설문조사에 참여해주세요.

02. Thank you in ⬚⬚⬚⬚⬚⬚⬚ for your cooperation.

귀하의 협조에 미리 감사드립니다.

03. To ⬚⬚⬚⬚⬚⬚⬚ we are conducting this short survey.

귀하의 요구를 충족시켜드리고자 간단한 설문조사를 실시하고 있습니다.

04. Please ⬚⬚⬚⬚⬚⬚⬚ on our products and services.

저희 제품과 서비스에 관한 귀하의 의견을 내주셨으면 합니다.

정답　01. short survey 02. advance 03. meet your needs 04. express your opinions

27. 감사 이메일

01. Thanks for taking time from your busy schedule to ~
바쁘신 와중에도 시간을 내 ~해주셔서 감사드립니다

Thanks for taking time from your busy schedule to visit us.
바쁘신 와중에도 시간을 내 저희를 방문해주셔서 감사드립니다.

02. to say the least 조금의 과장도 없이, 과장 없이 말해

To say the least, you did the best you could.
과장 없이 말해, 귀하께서는 할 수 있는 최선을 다하셨습니다.

03. appreciate your efforts 당신(귀하)의 노고에 감사해 하다

I **appreciate your efforts** in building rapport with our clients.
저희 고객들과 친분을 쌓기 위해 쏟으신 귀하의 노고에 감사드립니다.

04. hope we can work with you again 당신(귀하)와 다시 일하기를 바라다

I **hope we can work with you again** soon.
조만간 귀하와 함께 다시 일하게 되길 바랍니다.

05. I very much enjoyed ~ ~을 매우 즐기다(즐거운 마음으로 누리다)

I **very much enjoyed** your hospitality.
귀하의 환대를 매우 즐거운 마음으로 누렸습니다.

06. feel free to ~ 편하게(언제든지) ~을 하다

Feel free to contact me anytime.
언제든 제게 편하게 연락하시기 바랍니다.

07. thank you once again 당신(귀하)께 다시 한번 감사해 하다

Thank you once again for sending us the sample we requested.
저희가 요청한 샘플을 보내주신 것에 다시 한번 감사의 말씀드립니다.

08. extend kindness 친절을 베풀다

Thanks for the **kindness** you **extended** during our stay.
저희가 머무르는 동안 친절하게 대해주셔서 정말 감사드립니다.

주요 어휘

appreciate 고마워하다, 환영하다

as ~ ~로서

as we speak 바로 지금

busy schedule 바쁜 일정

communication skills 의사소통 능력

duty 의무, 책무

educational 교육적인

effectively 효율적으로

entertaining 재미있는

extend 주다, 베풀다

feel free to ~ 언제든 편하게 ~하다

hone 연마하다

I feel confident that ~ 나는 ~을 확신한다

inspire 영감을 주다

interested in ~ ~에 관심이 있다

interview 면접을 진행하다

keynote speech 기조 연설

kindness 친절, 다정함

motivate 동기부여를 해주다

perform 수행하다

position 직책

resonate 울려 퍼지다, 반향을 일으키다

sincerely 진심으로

supplementary material 보충 자료

미니 퀴즈

01. I _____ in promoting the X17.

X17을 홍보해주신 귀하의 노고에 감사드립니다.

02. To _____, I very much enjoyed your hospitality.

과장 없이 말해, 귀하의 환대를 매운 즐거운 마음으로 누렸습니다.

03. I hope we _____ again in the future.

미래에 귀하와 함께 다시 일하게 되길 바랍니다.

04. Thanks for taking time from _____ to reply.

바쁘신 와중에도 시간을 내 회신해주셔서 감사드립니다.

- -

정답   01. appreciate your efforts   02. say the least   03. can work with you   04. your busy schedule

28. 매매 계약서

01. be made effective as of ~ ~(날짜)부터 유효하다
This agreement **is made effective as of** January 20, 20××.
본 협정은 20××년 1월 20일부로 유효하다.

02. by and between ~ ~ 간에
This contract is made **by and between** Sears and Robinson.
본 계약은 Sears 사와 Robinson 사 간에 체결되는 것이다.

03. in accordance with ~ ~을 따라서
SK Group agrees to buy the enterprise **in accordance with** this contract's terms.
SK 그룹은 이 계약 조건에 따라 기업을 인수하는 것에 동의한다.

04. arrange for delivery 운송 준비를 하다
The Seller will **arrange for delivery** of the goods by March 1.
매도인은 3월 1일까지 물품 운송 준비를 하도록 한다.

05. be free of defects 결함이 없다
All goods are to **be free of defects**.
모든 물품은 결함이 없어야 한다.

06. on behalf of ~ ~을 대신하여
This contract will be signed **on behalf of** Seller by Jack Johnson.
본 계약은 매도인을 대신하여 Jack Johnson 씨가 서명한다.

07. the agreement is made on ~ 본 협정은 ~에 체결한다
This agreement is made on October 17, 20××.
본 협정은 20××년 10월 17일에 체결한다.

08. have full right and authority 모든 권한을 갖고 있다
Intel **has full right and authority** to apply for compensation.
Intel 사는 배상을 신청할 모든 권한을 가지고 있다.

주요 어휘

be governed by ~ ~의 지배를 받다	on behalf of ~ ~을 대신하여(대표하여)
construe 이해하다, 해석하다	payment 대금 지불, 결제
defect 결함	property 자산
delivery 인도, 배달	raw material 원자재
finished good 완제품	right and authority 권리
good 물품	sales representative 판매 대리인
head office 본사	substantive 실질적인
inclusive of ~ ~을 포함하여	transfer 이전하다, 이관하다
inspect 점검하다	unit price 단가
inventory 재고	warrant 보장(보증)하다
legal owner 법적인 소유자	warranty 보증
made effective 유효하게 되다	workmanship 제작 기술(솜씨)

미니 퀴즈

01. This ＿＿＿＿＿＿＿＿＿＿ on June 30, 20××.

본 협정은 20××년 6월 30일에 체결한다.

02. This contract is made ＿＿＿＿＿＿＿ Tronic and Verbrid.

본 계약은 Tronic 사와 Verbrid 사 간에 체결되는 것이다.

03. The Seller will ＿＿＿＿＿＿＿＿＿＿ of the goods.

판매자는 물품의 운송 준비를 하도록 한다.

04. This contract is ＿＿＿＿＿＿＿ as of May 1, 20××.

본 계약은 20××년 5월 1일부로 유효하다.

정답 01. agreement is made 02. by and between 03. arrange for delivery 04. made effective

29. 근로 계약서

01. hereby employs ~ as a ~ ~을 ~으로서 고용하다
The Company **hereby employs** Employee **as a** laboratory technician.
회사는 직원을 연구소 기술자로서 고용한다.

02. terminate employment 고용계약을 해지하다
Employer or Employee may **terminate employment** at any time.
고용주나 고용인은 언제든지 고용계약을 해지할 수 있다.

03. perform one's duties faithfully ~의 업무를 성실하게 수행하다
The Employee is expected to **perform his duties faithfully**.
직원은 본인의 업무를 성실하게 수행해야 한다.

04. to the best of one's ability and experience ~의 능력과 경험을 바탕으로 최선을 다해
The Executive will act **to the best of his ability and experience**.
중역은 본인의 능력과 경험을 바탕으로 최선을 다해 활동해야 한다.

05. pay an annual salary of ~ ~만큼의 연봉을 지급하다
The Company will **pay an annual salary of** $26,000 to Employee.
회사는 직원에게 연봉 26,000달러를 지급할 것이다.

06. upon one month written notice 1개월 전 서면 통보로
Employer may terminate employment **upon one month written notice**.
고용주는 1개월 전 서면 통보로 고용계약을 해지할 수 있다.

07. be entitled to severance 퇴직금을 받을 자격이 있다
Under the terms of employment, the Executive **is entitled to severance**.
고용 조건에 따라, 중역은 퇴직금을 받을 자격이 있다.

08. renew the agreement 계약을 갱신하다
Both sides are entitled to **renew the agreement**.
양측은 계약을 갱신할 수 있다.

주요 어휘

acknowledge 인정하다
affairs 일, 업무
annual salary 연봉
board of directors 이사회
commence 시작하다
consent 동의, 허락
devote (노력, 시간 등을) 쏟다, 바치다
discharge obligation 의무를 이행(수행)하다
disclose 공개하다
divulge 누설하다
effective date 계약 발효일(유효일)
employee 고용인, 근로자
employer 고용주

faithfully 충실히
hereinafter 이하에
industriously 열심히, 성실하게
legal action 법적 조치
payroll 급여
refer to ~ ~을 가리키다
renew 연장하다, 갱신하다
severance 퇴직금
sick leave 병가
terminate 끝나다, 종료되다
termination 해지, 종료
use good faith 공평하고 정직하게 행동하다
written notice 서면 통보

미니 퀴즈

01. The Company will pay an ▓▓▓▓▓▓▓ of 18,000 dollars.
회사는 연봉 18,000달러를 지급할 것이다.

02. The Company ▓▓▓▓▓▓▓ Charles Hill as a salesperson.
회사는 Charles Hill 씨를 영업사원으로서 고용한다.

03. The Employee is expected to perform his ▓▓▓▓▓▓▓.
근로자는 본인의 업무를 성실하게 수행해야 한다.

04. Employer may ▓▓▓▓▓▓▓ at any time.
고용주는 언제든지 고용계약을 해지할 수 있다.

정답 01. annual salary 02. hereby employs 03. duties faithfully 04. terminate employment

30. 라이선스 계약서

01. commence as of ~ ~(날짜)부로 유효하다

This agreement shall **commence as of** January 1, 20××.

본 약정은 20××년 1월 1일부로 유효하다.

02. continue in full force and effect 완전한 효력을 유지하다

The provisions of this Agreement shall **continue in full force and effect** for one year.

본 약정의 조항은 1년 동안 완전한 효력을 유지한다.

03. automatically renew 자동으로 갱신되다

The license will **automatically renew** unless either party says otherwise.

양 당사자 중 누구라도 반대하지 않는 이상 라이선스는 자동으로 갱신된다.

04. provide written notice of non-renewal 서면으로 비갱신을 통보하다

The licensor must **provide a written notice of non-renewal** for the license to be terminated.

저작권자는 라이선스를 해지하고자 할 경우 서면으로 비갱신을 통보해야만 한다.

05. own all right, title and interest 모든 권리, 소유권 및 이권을 소유하다

The Company **owns all right, title and interest** in the Work.

회사는 저작물에 관한 모든 권리, 소유권 및 이권을 소유한다.

06. agree to be bound by the terms of ~에 대한 약관 준수에 동의하다

I hereby **agree to be bound by the terms of** this license.

본인은 본 라이선스에 대한 약관을 준수할 것에 동의한다.

07. be authorized to use ~ ~을 사용할 수 있는 권한이 있다

You **are authorized to use** the Software for personal purposes.

당신은 개인적인 목적으로 소프트웨어를 사용할 수 있는 권한이 있다.

08. reserve the right to ~ ~할 수 있는 권리를 보유하다

Wizen **reserves the right to** terminate the license at any time.

Wizen은 언제든지 라이선스를 해지할 권리가 있다.

access 접근하다

add-on component 추가 구성요소

automatically 자동으로

commence 시작되다

comply with ~ ~을 준수하다

destroy 파기하다

electronic documentation 전자문서

end-user 최종 사용자

expiration 만료

grant of right 권리 부여

in full force and effect 완전한 효력을 지닌

in your possession 당신이 보유하고 있는

install 설치하다

intellectual property 지적 재산

legal agreement 법률 계약서, 합법적 협정

non-exclusive 독점적이지 않은

non-renewal 갱신되지 않는

non-transferrable 양도할 수 없는

prior 사전의

renew 연장하다, 갱신하다

royalty 인세

undersigned 서명인

upon the receipt of ~ ~을 받은 후

미니 퀴즈

01. The license will _____ every two years.

본 라이선스는 2년 마다 자동으로 갱신된다.

02. This agreement shall _____ of July 1, 20××.

본 협정은 20××년 7월 1일부로 유효하다.

03. You _____ to use the X-Men characters.

귀사는 엑스맨 캐릭터를 사용할 수 있는 권한이 있다.

04. The licensor _____ to claim 30% of all profits.

저작권자는 모든 이익의 30%를 요구할 권리가 있다.

정답　01. automatically renew 02. commence as 03. are authorized 04. reserves the right

31. 비밀 유지 계약서

01. maintain the confidentiality of ~ ~의 기밀을 유지하다
The Receiving Party will **maintain the confidentiality of** the said information.
정보수취자는 앞서 언급된 정보의 기밀을 유지할 것이다.

02. disclose confidential information 기밀 정보를 발설하다
Neither party shall **disclose confidential information**.
양측 어느 쪽이라도 기밀 정보를 발설해서는 안 된다.

03. shall be binding on ~ ~에 대해 구속력을 갖다
The agreement **shall be binding on** the parties and their assigns.
본 약정은 당사자 및 그들의 지명인에 대해 구속력을 갖는다.

04. protect the secrecy of ~ ~의 비밀을 보호하다
The Receiving Party is to **protect the secrecy of** the documents at all costs.
무슨 일이 있어도 정보수취자는 문서의 비밀을 보호해야 한다.

05. be in compliance with ~ ~을 준수하다
You are to **be in compliance with** this Confidentiality Agreement.
당신은 본 기밀 정보 약정을 준수해야 한다.

06. recover liquidated damages 손해 배상금을 받다
PS Group is entitled to **recover liquidated damages**.
PS Group은 손해 배상금을 받을 자격이 있다.

07. refer to ~ by a code name ~을 코드명으로 언급하다
You are to **refer to** the Disclosing Party **by a code name**.
당신은 정보제공자를 코드명으로 언급해야 한다.

08. take appropriate legal actions 적절한 법적 조치를 취하다
Otherwise the Disclosing Party will **take appropriate legal actions**.
그렇지 않으면 정보제공자는 적절한 법적 조치를 취하게 될 것이다.

주요 어휘

appropriate 적절한

assign 지명인

audit 감사하다

authorized 승인된

binding on ~ ~에 구속력이 있는

breach 위반

confidentiality 비밀, 비밀리

exposure 노출

in compliance with ~ ~에 따라(준수하는)

inspect 검사하다

intend 의도하다

legal action 법적 조치

legend 범례

liquidated damage 손해 보상, 확정손해배상금

maintain 유지하다

personnel 인원, 직원

proprietary 등록 상표가 붙은, 소유주의

receipt 수령, 인수

recover (손실 등을) 만회하다, 되찾다

remedy 처리, 치료약, 구제 방법

representative 대리인

secrecy 비밀

successor 계승자

trade secret 영업(기업) 비밀

verify 확인하다

violation 위반

미니 퀴즈

01. You are to refer to the Disclosing Party by a [   ].

귀하는 정보제공자를 코드명으로 언급해야 한다.

02. Otherwise Comcast will [   ] legal actions.

그렇지 않으면 Comcast 사는 적절한 법적 조치를 취하게 될 것이다.

03. The Receiving Party is to [   ] of the following information.

정보수취자는 다음 정보의 비밀을 보호해야 한다.

04. This agreement [   ] on the parties and their assigns.

본 약정은 당사자 및 그들의 지명인에 대해 구속력을 갖는다.

정답   01. code name 02. take appropriate 03. protect the secrecy 04. shall be binding

32. 임대 계약서

01. the lease will begin/start on ~ 임대는 ~(날짜)부로 시작될 것이다

The lease will begin on January 1, 20××.

임대는 20××년 1월 1일부로 시작될 것이다.

02. give written notice of termination 서면으로 해지를 통보하다

The tenant must **give written notice of termination** 60 days in advance.

임차인은 60일 전에 서면으로 해지를 통보해야 한다.

03. prior to the end of the term 기간 만료 이전에

The lessee must return the property **prior to the end of the term**.

임차인은 기간 만료 이전에 자산(부동산)을 반납해야 한다.

04. be responsible for ~ ~에 책임이 있다

The tenant shall **be responsible for** all utilities.

임차인은 모든 공공요금을 부담할 책임이 있다.

05. lease the following equipment 다음과 같은 장비를 임대하다

The Lessor **leases** to the Lessee **the following equipment**.

임대인은 임차인에게 다음과 같은 장비를 임대한다.

06. pay monthly installments of ~ ~만큼의 월부지급을 하다

The lessee shall **pay** to the lessor **monthly installments of** $500.

임차인은 임대인에게 500달러씩 월부지급을 한다.

07. take possession of ~ ~을 취하다(소지하다)

The lessee may **take possession of** the equipment after July 31.

임차인은 7월 31일 이후에 장비를 취할 수 있다.

08. at the expiration of the lease term 임대 기간 만료 시

The property shall be vacated **at the expiration of the lease term**.

부동산은 임대 기간 만료 시 비워져 있어야 한다.

주요 어휘

agent 대리인

automatically renew 자동으로 갱신하다

be entitled to ~ ~에 자격이 있다

be in good repair 수리가 잘 되어있다

commencement 시작, 개시

equipment 장비

in advance 미리, 선불로

in good condition 양호한 상태인

in working order 정상적으로 작동하고 있는

incur 초래하다, 발생시키다

landlord 임대인

late fee 연체료

lease 임대, 임대하다

lease term 임대 기간

lessee 임차인

lessor 임대인

maintenance 유지비

monthly installment 월세

pay in trust 신탁하다, 위탁하다

payable in advance 선불로 지불할 수 있는

premise 부지, 부동산

reimburse 배상하다

renewal term 갱신 기간

security deposit 임대 보증금

surrender 넘겨주다

take possession 취하다, 인수하다

tenant 임차인

utilities 공공요금

미니 퀴즈

01. The Lessee shall   of the copy machine on March 10, 20××.

임차인은 20××년 3월 10일에 복사기를 취할 수 있다.

02. The lease   January 20, 20××.

임대는 20××년 1월 20일에 시작될 것이다.

03. The tenant shall   for all utilities.

임차인은 모든 공공요금을 부담할 책임이 있다.

04. The building shall be vacated   of the lease term.

건물은 임대 기간 만료 시 비워져 있어야 한다.

정답   01. take possession 02. will begin/start on 03. be responsible 04. at the expiration

65

33. 양해 각서

01. provide the framework for ~ ~에 대한 체계(구조)를 제공하다

This MOU **provides the framework for** the project in question.

본 양해 각서는 해당 프로젝트에 대한 체계를 제공한다.

02. confirm their intent that/of ~ ~에 대한 의사를 확정하다

The Parties **confirm their intent of** forming a long-lasting partnership.

당사자들은 장기적인 협력 관계를 형성하는 것에 대한 의사를 확정한다.

03. following completion of due process 적법한 절차를 밟은 후

Following completion of due process, the partners will draw up a legally binding contract.

동업자들은 적법한 절차를 밟은 후 법적 구속력이 있는 계약서를 작성할 것이다.

04. keep (something) confidential (~을) 기밀로 유지하다

The Parties agree to **keep the content of the MOU confidential**.

당사자들은 양해 각서의 내용을 기밀로 유지하는 것에 합의한다.

05. act as representatives of ~ ~을 대표로서 행동하다, ~을 대표하다

The undersigned are to **act as representatives of** their respective Parties.

서명인들은 각각의 당사자를 대표할 것이다.

06. agree to work together 함께 협력할 것에 동의하다

The University and Cisco **agree to work together** to promote new student programs.

대학교와 Cisco 사는 신규 학생 프로그램 홍보를 위해 함께 협력하는 것에 동의한다.

07. shall include but (are) not limited to ~ ~을 포함하지만 이에 국한되지는 않다

Responsibilities of the Company **shall include but are not limited to**:

회사의 책임 사항엔 다음과 같은 내용이 포함되지만 이에 국한되지는 않는다:

08. services to be rendered by ~ ~에 의해 제공될 서비스

Services to be rendered by the Company include planning of the event.

회사에 의해 제공될 서비스에는 본 행사 계획이 포함된다.

주요 어휘

according to ~ ~에 따라
arrangement 준비, 마련, 합의
binding 구속력 있는
confidential 기밀의
continue in force 효력을 유지하다(지속하다)
contractual relationship 계약 관계
cooperation 협력
financial resources 경제적 자원
framework 구조, 체계
hold 개최하다, 열다
in respect of ~ ~에 대한
Information and Communication
Technology 정보 통신 기술
intent 의사, 의향
jointly 공동으로

license 허가하다
licensing transaction 라이선스 제공(허가)
material resources 물질적 자원
ministry 부처
non-exclusive 독점적이지 않은
participant 참가자
registration 등록
remain in place 유지되다
render 제공하다
software economy 소프트웨어 산업
true spirit 진정한 정신
venue 장소
volunteer 자원 봉사자
work together 함께 일하다, 협력하다

미니 퀴즈

01. This MOU ⬚⬚⬚⬚⬚⬚ for the joint project.

본 양해 각서는 해당 공동 프로젝트에 대한 체계를 제공한다.

02. The parties ⬚⬚⬚⬚⬚ together.

당사자들은 함께 협력하는 것에 동의한다.

03. ⬚⬚⬚⬚⬚ of due process, a legally binding contract will be drawn up.

적법한 절차 후에 법적 구속력이 있는 계약서가 작성될 것이다.

04. Services to be ⬚⬚⬚⬚⬚ by Aetna include the following.

Aetna 사에 의해 제공될 서비스에는 다음이 포함된다.

정답 01. provides the framework 02. agree to work 03. Following completion 04. rendered

34. 의향서

01. outline the general terms 전반적인 조항을 기술하다
This LOI **outlines the general terms** of a possible formal agreement.
본 의향서는 체결 가능성이 있는 정식 계약의 전반적인 조항을 기술합니다.

02. perform due diligence 실사를 수행하다
The board will **perform due diligence** to assess the situation.
이사회는 상황을 파악하기 위해 실사를 수행할 것입니다.

03. enter into a legally binding agreement 법적 구속력이 있는 협정을 체결하다
The Parties will **enter into a legally binding agreement** after due diligence.
실사 후, 당사자들은 법적 구속력이 있는 계약을 맺게 될 것입니다.

04. if the terms are acceptable 조항들이 수락 가능하다면
If the terms of this LOI **are acceptable** sign below and forward a copy.
본 의향서의 조항들이 수락 가능하다면 하단에 서명하고 복사본을 전달해주십시오.

05. indicate your acceptance by ~ ~을 통해 수락을 나타내다
Indicate your acceptance of this document **by** signing below.
하단의 서명을 통해 본 문서를 수락한다는 사실을 보여주시기 바랍니다.

06. it is the intention of ~ to ~ ~을 하는 것이 ~의 목적이다
It is the intention of this Letter **to** form a basis of agreement.
본 의향서의 목적은 협약의 근간을 형성하는 데 있습니다.

07. award the contract to ~ ~와 계약을 맺다
We hope to **award the contract to** you by the end of the month.
저희는 이달 말까지 귀사와 계약을 맺기를 원합니다.

08. form an interim agreement 임시 협정을 맺다
This Letter of Intent will **form an interim agreement** between the Parties.
본 의향서는 당사자 간의 임시 협정 관계를 설정해줄 것입니다.

주요 어휘

acceptable 수용할 수 있는

at closing 거래 완료 시

definitive 최종적인

discontinue 중단하다

due diligence 실사

execute 집행(이행)하다, 작성하다

execution 체결, 실행, 이행

finalization 최종화, 최종 승인

general terms 일반적인 조항

installation 설치

intention 의도, 의사, 목적

interim 임시, 잠정

layout 배치, 설계

legally binding 법적인 구속력을 갖는

mobilization 동산화

ongoing 진행 중인

original 원본의

outline 서술하다

permit 허가증

physical inspection 물질적 검사, 실사

pursuant to ~ ~에 의하여, ~에 따라

real property 부동산

square feet 제곱 피트

survey 조사

under no circumstances 어떤 상황에서도

undertake 착수하다

미니 퀴즈

01. We hope to ⬚⬚⬚⬚⬚⬚⬚⬚⬚ to you.

저희는 귀사와 계약을 맺기를 원합니다.

02. If the terms ⬚⬚⬚⬚⬚⬚⬚⬚ sign below.

조항들이 수락 가능하다면 하단에 서명해주십시오.

03. The LIO ⬚⬚⬚⬚⬚⬚⬚⬚⬚ of a possible contract.

본 의향서는 체결 가능성이 있는 계약의 전반적인 조항을 기술합니다.

04. Indicate ⬚⬚⬚⬚⬚⬚ by signing below.

하단의 서명을 통해 수락한다는 사실을 보여주시기 바랍니다.

정답 01. award the contract 02. are acceptable 03. outlines the general terms 04. your acceptance

35. 제휴 계약서

01. form a partnership under the name of ~ ~의 이름으로 제휴를 맺다

The Partners are to **form a partnership under the name of** S&S.

동업자들은 S&S라는 이름으로 제휴를 맺게 될 것이다.

02. each partner shall contribute ~ 각 동업자는 ~을 기여하다

Each partner shall contribute 5,000 euros.

각 동업자는 5,000유로를 기여하게 될 것이다.

03. share in the operating profits 운영 이익 배당에 참여하다

All parties will **share in the operating profits**.

모든 당사자들은 운영 이익 배당에 참여하게 될 것이다.

04. reserve the right to withdraw 탈퇴할 권리를 가지다

The Partners **reserve the right to withdraw** from the Partnership.

동업자들은 제휴에서 탈퇴할 권리를 가지고 있다.

05. be dissolved by majority vote 다수결로 해지되다

The contract can **be dissolved by majority vote**.

본 계약은 다수결로 해지될 수 있다.

06. pay an amount of ~ as franchise fee 가맹비로 ~만큼 지불하다

The Franchisee is to **pay an amount of** $5,000 **as a franchise fee**.

가맹 사업자는 가맹비로 5,000달러의 금액을 지불해야 한다.

07. pay a monthly royalty 매월 로열티를 지불하다

You are to **pay a monthly royalty** of $250 to the Franchisor.

귀사는 로열티로 매월 250달러를 가맹 본부에 지불해야 한다.

08. terminate upon the occurrence of ~ ~의 발생으로 해지되다

The agreement can **terminate upon the occurrence of** embezzlement.

본 계약은 횡령이 발생했을 시 해지될 수 있다.

주요 어휘

abandonment 포기, 유기
annual 연간의
contribution 기여
debt 빚, 채무
default 불이행
dissolution 해소, 해지
franchise fee 가맹비
franchise 프랜차이즈, 가맹
franchisee 프랜차이즈 가맹점, 가맹 사업자
franchisor 프랜차이즈 기업, 가맹 본부
generate 발생시키다, 초래하다
grant 부여, 부여하다
gross sales 총매출액
initial 첫, 초기의

insolvency 파산
loss 손실
majority vote 다수결
misuse 남용
non-compliance 불이행
operating profit 운영 이익
partnership 동업, 제휴
proprietary 소유주(자)의, 등록 상표가 붙은
ratio 비율
repeated 반복되는
trademark 상표권
traveler 여행자
unauthorized 무단
withdrawal 탈퇴, 철회

미니 퀴즈

01. Each partner   to withdraw from the partnership.
각 동업자는 제휴에서 탈퇴할 권리를 가지고 있다.

02. All parties will share in the   .
모든 당사자들은 운영 이익 배당에 참여하게 될 것이다.

03. You are to   of 500,000 won.
귀사는 로열티로 매월 50만 원을 가맹 본부에 지불해야 한다.

04. Each partner   25,000 dollars.
각 동업자는 25,000달러를 기여하게 될 것이다.

정답   01. reserves the right 02. operating profits 03. pay a monthly royalty 04. shall contribute

36. 상업 서류

amount paid 납부금액
balance due 미납금액
check 수표
collect 수금하다, 징수하다
delivery date 납품(배송)일
freight 운임
line total 공급금액
payable to ~ ~을 수취인으로 하는

purchase order 구매 주문(서)
Qty (Quantity) 수량
quotation, quote 견적(서)
S&H (Shipping and Handling) 운송료
sales receipt 영수증
UN (Unit of Measure) 측정 단위
unit price 단가
valid until ~ ~까지 유효하다

37. 무역 서류

AWB (Air Waybill) 항공 화물 운송장
be subject to ~ ~에 따라 변경 될 수 있다
BL (Bill of Lading) 선하증권
CIF (Cost, Insurance and Freight)
운임 보험료 포함 가격
consignee 수하인
country of origin 원산지
currency 통화
FOB (Free on Board) 본선 인도 가격

gross weight 총중량
marks and numbers 수출포장 외부에 표시된 화인
packing list 포장(수출품) 명세서
payable by ~ ~이 지불해야 하는
place of delivery 인도지
release of shipment 화물의 방출(양도)
transshipment 환적
via ~ ~을 통하여

38. 재무 서류

balance sheet 대차 대조표
basic pay 기본급
gross profit 총수익
income statement 손익계산서
irrevocable 취소불능
letter of credit 신용장
liability 부채
net income 당기순이익

net sales 순매출액
operating income 영업이익
operating loss 영업손실
overtime pay 초과 근무 수당
payslip, paystub 급여 명세서
pension 연금
stockholders'equity 자기자본
surplus 잉여금

좋은 책을 만드는 길
독자님과 함께하겠습니다.

미국 100대 기업 비즈니스 영어문서 작성법

개정1판2쇄 발행	2023년 02월 03일 (인쇄 2022년 12월 14일)
초 판 발 행	2017년 06월 15일
발 행 인	박영일
책 임 편 집	이해욱
저 자	SD어학연구소
편 집 진 행	심영미
표지디자인	김도연
편집디자인	조은아 · 박서희
발 행 처	(주)시대고시기획
출 판 등 록	제 10-1521호
주 소	서울시 마포구 큰우물로 75 [도화동 538 성지 B/D] 9F
전 화	1600-3600
팩 스	02-701-8823
홈 페 이 지	www.sdedu.co.kr
I S B N	979-11-383-0699-7 (13740)
정 가	22,000원